QUE LA COLA NO MUEVA AL PERRO

LA AVENTURA DE HACER CRECER TU EMPRESA SIN QUE TODO DEPENDA DE TI

RONY ZAGURSKY

BARKER & JULES

BARKER ⊜ JULES

QUE LA COLA NO MUEVA AL PERRO
La aventura de hacer crecer tu empresa sin que todo dependa de ti

Edición: Barker and Jules™
Diseño de Portada: María Elisa Almanza | Barker & Jules Books™
Diseño de Interiores: María Elisa Almanza | Barker & Jules Books™
Diseño de ilustraciones: Adela Galante

Primera edición - 2020
D . R .© 2020, Rony Zagursky
Imágenes páginas (39, 45, 47, 92, 175, 184, 186) pizzarron blanco original
"Designed by katemangostar / Freepik"
Gráfica (pág. 70) propiedad intelectual Adizes Institute

I.S.B.N. | 978-1-64789-202-9
I.S.B.N. eBook | 978-1-64789-203-6

BARKER & JULES, LLC
2248 Meridian Blvd. Ste. H, Minden, NV 89423

"Crecer cuesta, y cuesta mucho". Como bien lo menciona Rony emprender es un camino largo y sinuoso, por ello no necesariamente debemos transitarlo solos. Libros como este nos dan una visión amplia de cómo cometer menos errores, cómo hacer las cosas de forma distinta y, por supuesto, cuando tenemos el privilegio de tener un buen coach que nos oriente, que nos evite algunos golpes y pueda acompañarnos por este maravillo camino, tendremos mejores resultados, menos soledad y podremos crear "empresa" para poder cumplir con nuestro cometido de "crear valor" y hacer historia.

Abraham (Avi) Bleier, CEO Garabatos

México

Libro muy inspirador, entretenido y que invita a no parar de leerlo. Da un camino sencillo de cambio de chip para transformar la empresa y a sus líderes.

Helios Herrera, escritor, conferencista, empresario, creador del

programa "Cámbiate el Chip"

México

Si quieres hacer crecer tu negocio y no sentirte atrapado, debes leer este libro que te da las pautas para lograrlo.

Dan Schwarzblat, fundador y CEO de Chilim Balam

México

En definitiva un libro para compartir con mi equipo y con otros CEO's, que desean crecer sin sacrificar su libertad.

Moisés Marcovich, fundador y CIO de Grupo Sinestesia

(El Japonez, La Nonna, Buena Tierra y otros)

México

Que la cola no mueva al perro es un libro poderoso e instructivo para líderes empresariales. Rony Zagursky da en el blanco con su comprensión de los equipos y cómo resolver los problemas que suboptimizan el rendimiento del equipo. Si lideras un equipo o desarrollas líderes, lee este libro.

Mark E. *Green, autor de Activators -A CEO's Guide to Clearer Thinking and Getting Things Done and Creating a Culture of Accountability,* **conferencista, coach de negocios y liderazgo de CEO's y sus equipos directivos**

USA

Se escriben tantos libros de liderazgo que se centran en hacer crecer el negocio o cuidar a los empleados. Rony ha escrito un libro increíble que se enfoca en cuidarse a sí mismo, a la familia, el negocio y su legado.

Howard Shore, autor bestseller, conferencista y CEO de Activate Group, Inc.

USA

Rony brinda comprensión de los equipos y cómo resolver los problemas que impiden que los equipos se vuelvan efectivos.

Kevin Lawrence, autor de Your oxygen mask first y consejero de CEO's y equipos directivos

Canadá

Increíble libro, se lo recomiendo a cualquiera que lidere un equipo.

Alex Vorobieff, CEO Highmark Communications

USA

Un libro que busca inspirarte a través de historias, información, estadística, herramientas, apps y acontecimientos. Te brinda un mapa de cambio organizacional sencillo y aplicable, para hacer de la empresa un mejor lugar de trabajo, más rentable y que permita crecer.

Wolf Bielas, CEO Wolfpack Ventures

USA

Un libro que marca un mapa de cambio y desarrollo organizacional. Lectura obligada para cualquiera que se sienta atrapado y desee desarrollar su negocio.

Ferenz Feher T., CEO Feher Consulting

México

Muchas veces en la operación diaria, nos perdemos en detalles y no seguimos la estrategia original, este libro te hace consciente de ello y te permite consolidar la estrategia, a la vez que sumas detalles de sintonía. Rony toca estos temas de una manera clara y accionable.

Alberto Modiano, VP Supply Chain

Nestlé Mexico

Rony es un gran coach de negocios, se preocupa por sus clientes y ha marcado una gran diferencia en sus vidas profesionales y personales. Este libro nos permitirá a todos vislumbrar de lo que es capaz. Bien vale la pena leer para cualquiera.

Abhay Sisodiya, estratega y coach internacional de negocios. Socio de Maher Advantage Inc.

Canadá

Lectura recomendada y necesaria para todo empresario. Rony utiliza una historia ficticia, pero muy real como método de enseñanza, lo cual hace muy fácil la comprensión del tema. El autor nos permite entrar a la mente de Dan y sentir lo difícil que es verse en el espejo, aceptando que quizás en nuestro caso la cola sí está moviendo al perro.

Dany Shor, fundador y CEO de Pygsa Advertising SA de CV, Pide un access SA de CV y Taimingo SA de CV

México

La realidad es que en muchas ocasiones falta la estrategia y la consecuente ejecución para llevar a cabo estos cambios. Los cambios requieren nuevas formas de hacer de las personas y esto es lo más difícil de conseguir. Cada uno en su posición vive su "caja de confort" aunque se queje de la misma. Los cambios atemorizan y por esto existe tanto fracaso empresarial. En este libro Rony nos explica con una veracidad aplastante cómo visualizar este problema y darle solución.

Lluís M. Gras Balaguer, business educator, Scale Up business, autor del libro *El Pegamento de las Organizaciones*

España

Después de haber conocido a Rony durante una década, puedo dar fe del viaje que lo ha llevado a ser un autor creíble que ofrece valiosos contenidos y herramientas a los dueños de negocios. El libro de Rony se basa en su propio viaje y en la experiencia de ayudar a los emprendedores a construir grandes negocios. Contiene herramientas prácticas para usar, sin importar lo que te suceda como líder de una empresa en crecimiento. El enfoque narrativo de las historias, conecta la cabeza y el corazón del lector y a menudo aborda las áreas más desafiantes que los líderes empresariales tienen miedo de enfrentar: la soledad del liderazgo, el estrés constante de las necesidades de crecimiento, pero también ¡la alegría del éxito y la realización!

Keith Cupp, fundador y CEO Gravitas Impact Premium Coaches

USA

Estrategia, visión e innovación sobre cómo puede reducir su carga de trabajo al mismo tiempo que aumenta sus ganancias, realizado a través de una fábula emocionante y atractiva. Este notable libro le dará la información necesaria para identificar y tratar con clientes, empleados y proveedores tóxicos, al tiempo que crea un negocio sistematizado que puede funcionar sin usted de manera eficiente.

Cindy Ashton, award-winning TV Host of #CindyUncorked, singer/ entertainer, keynote speaker & presentation trainer

USA

Los emprendedores son como emperadores que siempre están en busca de nuevos territorios para anexar a su imperio; sin embargo, es esa expansión alimentada por el éxito explosivo lo que muchas veces termina por debilitar los fundamentos de su emprendimiento. Ese es el punto desde donde Rony Zagursky parte, para llevarnos por una historia que resulta lectura obligada para quien sueña con hacer crecer su negocio.

Felipe Del Rio, business strategy coach

Perú

Rony usa una historia como método de capacitación, lo cual hace muy fácil la lectura y comprensión. Recomendado para todos los CEO's y sus equipos directivos.

Cloe Madanes, President, Robbins-Madanes Training

USA

TABLA DE CONTENIDO

Aun en momentos en los que estás atascado en la arena,
sale sin explicación alguien a ayudarte.

Suelta y confía.

AGRADECIMIENTOS

¡Gracias!

Escribir un libro es más difícil de lo que pensaba y más gratificante de lo que podría haber imaginado.

Adela, nada de esto hubiera sido posible sin tu apoyo y confianza en mí: todos esos días de debatir, revisar borradores, hacer espacios para poder aterrizar mis ideas en papel, post its; cuántos libros por todos lados, cuántas horas de encierro, desveladas… sobre todo, de creer en que puedo inspirar posibilidades y generar un real impacto en la vida de la gente. Escogiste compartir junto conmigo la vida y a diario me enseñas algo nuevo, ante todo: a "soltar y confiar".

Me gustaría agradecer a la gente que me ha ayudado a lo largo de mi vida. Me considero afortunado de haberlos conocido y haber recorrido parte de nuestra aventura en esta roca gigante que viaja por el espacio.

También a mi familia, que siempre me ha apoyado en mis aventuras.

A mi mamá, por enseñarme la importancia de la dedicación y fuerza para sacar a sus cinco hijos adelante.

A Pepe, por escucharme en momentos críticos que requerían tomar una decisión.

A Olga, por siempre ser un apoyo y pilar en mi vida; fueron innumerables noches en las cuales nos desvelamos platicando en la cocina.

Dany, por ser alguien que me brinda una nueva perspectiva de las cosas.

Roxy, por tu tenacidad, paciencia y dedicación.

A mis sobrinos, que todos han sido una fuente de conocimiento en diversas formas: con cada uno de ustedes aprendo cosas y me encanta ver cómo van desarrollando sus diferentes personalidades, estilos y gustos.

A mis cuñados y a mi suegra que han sido una fuente de apoyo de creatividad, perspectiva que me provoca ser más creativo y agregar valor a nuestro entorno.

A mis amigos, que han sido una fuente de alegrías, perspectivas y aventuras. Donde he vivido, he contado con una comunidad de amigos que han estado en buenas y en malas, que han brindado un hombro en el momento de llorar y un *lejaim* en el momento de festejar.

Extiendo mi gratitud y respeto a gente increíble que me ha guiado a lo largo de mi camino, a la que considero maestros: David Chávez, Moisés Marcovich, Alberto Modiano, Alejandro Romo, Jim Tenuto, Mark Green, Paul O'Kelly, Alnoor Kassam; equipo de Coach in a Box; equipo de Korn Ferry; equipo de Gazelles; equipo de Gravitas; equipo de Frost and Sullivan, Executive Forums, Diana Neuner, Jacob Szmuilowicz, Howard Shore, Kevin Lawrence, Alex Vorobieff, Travis Medley, Peter Boolkah, Ed Capaldi, Keith Cupp, Ricardo Chávez, Óscar Bonfil, Abhay Sisodiya, Helen Attridge, Eliezer Davidsohn, Chicole Ghitis, Aquiles Núñez, Helen Valleau, Jamie MacRae, Dorothy Holden, Doris Vega, Heydi Abreu, Sergio Montes de Oca, Claude Strickner, Carlos Sclar.

A la comunidad de Habonim Dror, que fue una escuela de vida, donde aprendí el arte de la educación no formal, el sentido de pertenencia y la colaboración.

Adela Mez, gracias por tu apoyo en las fotos increíbles que se usaron para la publicación de este libro.

También me gustaría agradecer a todos aquellos líderes de pensamiento que han influenciado y cambiado mi forma de pensar, a los cuales he tenido el privilegio de conocer y de quienes he podido aprender directamente: Verne Harnish, Patrick Lencioni, Anthony Robbins, Cloe Madanes, Brad Smart, Dan Ariely, Ryan Holiday, Tim Ferris, John Warrillow, Daniel Pink, Salim Ismail, Tony Hsieh, Kevin Lawrence, Howard Shore, Mark Green.

A todos los clientes que han retado mi pensamiento y confiaron en mí y también a todos aquellos CEO's y equipos directivos, los cuales me han dado el honor de asistirlos en sus procesos de crecimiento organizacional, acompañándolos en sus recurrido. Además, me permitieron obtener más conocimiento y experiencia; me retaron a ser la mejor versión de mí y a contar con las mejores herramientas para afrontar los mayores desafíos que se nos presentaron.

INTRODUCCIÓN

El crecimiento conlleva complejidad y la complejidad es un cáncer organizacional que puede matar poco a poco a las empresas si no se la maneja adecuadamente. Por eso, se puede explicar que son solo pocas empresas las que logran salir de la etapa de Start-up para convertirse en una empresa que perdure más allá de la existencia del dueño. Conforme la empresa va creciendo, requiere más atención y cuidado de parte de su fundador, lo cual implica un sacrificio de tiempo, libertad y dinero, de los cuales se tenía la intención de tener más al momento de emprender. Esto se debe a que, al crecer, la empresa comienza a implementar un montón de soluciones temporales que, eventualmente, se vuelven permanentes y que después se vuelven hábitos que al final se hacen leyes. Pero no necesariamente esas soluciones temporales eran las adecuadas para el progreso a largo plazo de la empresa, incluso lo más probable es que hayan sido buenas soluciones para el momento inmediato en que se necesitaron, y fueron, por tanto, útiles, aunque, pasando el tiempo, han quedado de manera permanente y de forma silenciosa sin que nadie recuerde que ya cambiaron las reglas del juego o la forma de operar, generando complejidad, que es lo que mata a la organización de manera silenciosa. Esas soluciones, eventualmente, son hábitos, que repetimos sin darnos cuenta de que los tenemos o hacemos; se convierten en parte normal de nuestra vida.

Es como la historia de unos peces que se encuentran en medio del mar. El atún saluda alegremente a sus amigos delfines y les pregunta: "¿Qué tal la temperatura del agua el día de hoy?". A lo cual los delfines responden: "¿Qué es agua?". Es decir, los delfines están tan inmersos en esa realidad que ni siquiera pueden distinguir que todo lo que está a su alrededor es agua.

De forma similar les sucede a los dueños de las empresas que están en crecimiento: viven con una serie de malestares, frustraciones y complejidades que son ocasionadas por sí mismos y son tan evidentes pero tan ocultas a su propio ojo como es el agua para los delfines. Es difícil identificar lo que no funciona cuando eres tú mismo quien está inmerso en esa realidad.

Los CEO's que fueron fundadores de su empresa tuvieron el valor, suerte o locura de comenzar su negocio enfrentando de forma diaria los retos que llevan no solo a crecer la empresa, sino también los retos de sobrevivir el día a día viviendo angustias como no contar con el dinero para pagar la siguiente nómina, insatisfacción de clientes, amenaza de la competencia, ineficiencia operativa, rotación de personal; frustración por no tener un equipo de trabajo que entienda sus ideas, planes y visiones, ausencia de un equipo al cual pueda delegar; quejas por parte de su esposa, principalmente por no estar presente con la familia. Es como si ese sueño de libertad se transformara en una rutina diaria de angustia por lograr salir del día a día sin tener el control de la empresa. Pareciera como si la cola moviera al perro, en lugar de que el perro mueva la cola.

Es el CEO/fundador el que está a merced de las necesidades de la empresa, sintiéndose atrapado en un círculo vicioso de urgencias, quejas y frustraciones. Todo depende de él, se siente solo, frustrado y atrapado.

Muy en el fondo hay un problema de que falta confianza y un método o sistema de trabajo. Tener centralizados las decisiones y los controles es solo una demostración de que el CEO no cuenta con gente a su alrededor en la que confíe plenamente, de la que no tenga miedo de que le robará o cometerá errores; por ejemplo, se presenta la necesidad de que el CEO sea quien ejecute los movimientos bancarios.

Por otro lado, la falta de metodología y/o sistema de trabajo provoca que cada quien hace las cosas como cree entender, para lo cual, desgraciadamente, no cuenta con la perspectiva completa ni con la experiencia del CEO; de ahí que cometen muchos errores, los cuales no son permitidos, al contrario, son castigados, pues el/la líder de la organización quiere que las cosas se hagan como las haría él/ella, entonces, en vez de delegar la organización, queda paralizada. Aquí se puede ver que muchas de las problemáticas comienzan en la cabeza, en el CEO, lo cual da una ventaja enorme, ya que eso está en control interno, lo que permite el desarrollo y cambio tanto del CEO como de la empresa.

Esta es una situación común, hay muchos CEO's/fundadores alrededor del mundo que viven esta frustración, falta de control de su empresa y esa soledad al estar en el liderazgo de la empresa y su familia, restringiéndose muchos de sus pensamientos y, sobre todo, miedos por esa gran necesidad de pretender, ante familia, amigos, sociedad, empresa y hasta la competencia, que todo está bien, que todo está en control, pero, por dentro, tienen una sensación de ser impostores al saber que las cosas no están funcionando bien.

No obstante, hay formas diferentes de hacer las cosas. Y son precisamente esas formas de hacer diferentes las cosas las cuales permiten retomar el control de la empresa no solo por el bien de tener un presente alegre, abundante, de buenos resultados y buena reputación, sino también para asegurar un futuro de la empresa, pero también del patrimonio y bienestar de su familia.

Ese alto nivel de dependencia del fundador en la empresa, por el cual no se puede ausentar siete días para irse de vacaciones con su familia sin la necesidad de llevarse el token o contraseñas del banco, sin el miedo de que las cosas se pueden ir por la cañería en cualquier momento; esa dependencia de que muchas decisiones pasan por sus manos todos los días, por lo cual es de suma importancia que tenga su celular o computadora a la mano, aunque esté tratando de disfrutar el castillo de arena que construye con sus hijos, podría hacernos concluir que el fundador no tiene una empresa, sino, más bien, tiene un autoempleo, con un nivel muy alto de responsabilidad, con un potencial de beneficios enormes.

Esta es una realidad que viven muchos CEO's/fundadores, pero no es la realidad que deben vivir, hay formas diferentes de hacer las cosas, solo que no lo saben, y es normal, porque vivimos en un mundo donde todo mundo pretende que las cosas están bien y todo el apoyo y atención están hacia las empresas Start-ups (emprendimiento) o corporativas.

Las empresas medianas, de rápido crecimiento o conocidas como Scale Up, tienen comportamientos predecibles dentro de los cuales algunos son adecuados y otros tóxicos. En este libro, abordaremos algunos de los comportamientos tóxicos y las soluciones para corregir el rumbo y la operación de la empresa.

La realidad puede ser muy diferente para los fundadores/CEO's si cuentan con una empresa en la que NO todo dependa de él, en la que se pueda ausentar y saber que todo estará bien; en la que pueda contar con un mejor control, donde sea el líder el que mueva la empresa, tal como hace el perro con su cola, y no al revés.

Si tú o tu empresa aún no viven esta realidad de estrés y frustración, de igual manera este libro te será de gran ayuda para implementar metodologías y herramientas, asegurando un crecimiento sano y evitando muchas de las trampas comunes de crecimiento.

El proceso de cambio es doloroso, tanto como reacomodar un hueso roto que dicen que duele más que el dolor de cuando se rompió, pero es un dolor que vale la pena, ya que los beneficios son enormes; dentro de estos estará la posibilidad de concentrarse en actividades las cuales disfruta y agregan valor, recuperar el sueño y dejar las pastillas contra el insomnio; acercarse a su familia, visualizar resultados, utilidades, dinero en la cuenta bancaria, equipo confiable de trabajo y un plan estratégico en el cual puede ir más allá de la vida propia del fundador, pudiendo dejar un legado. Por ello, en busca de lo anterior, este libro es una guía de los primeros pasos que hay que dar para poder crecer de una manera sana.

No podemos solucionar un problema en el mismo nivel en el que lo creamos. Por ello, debemos aprender acerca del siguiente "nivel". Conforme pasa el tiempo, vamos aprendiendo más y más, y nos damos cuenta de que las decisiones que tomamos en el pasado no fueron las mejores, hoy lo sabemos, pero la realidad es que cuando decidimos, en ese entonces, era lo mejor.

Conocer más te ayuda a identificar mejor las cosas. Por tanto, este libro será un recorrido a través de una historia ficticia basada en la recopilación de situaciones reales que se me han presentado en sinnúmero de clientes a lo largo de mi carrera: Dan es líder de su empresa, Plastypack, y quiere tomar control de ella, quiere que crezca, pero no a pesar de su salud, bienestar y familia. Así, el nivel de conciencia de Dan y del lector evolucionan para poder aplicar cambios.

Vamos a convertir esa angustia en una aventura, identificando lo que no sirve y poniendo en acción buenas prácticas que se vienen usando en empresas de rápido crecimiento en diversas industrias y diversos países. Será un recorrido a través de la vivencia de Dan para poder diagnosticar o identificar comportamientos tóxicos en la organización, generar soluciones y hábitos más constructivos.

A lo largo del libro, se habla de montos de dinero, para los cuales usaré cifras en dólares por cuestiones prácticas, ya que el libro y las herramientas son utilizadas de forma internacional. En este momento el tipo de cambio es de $22 MXN por dólar; $3,657 pesos colombianos por dólar; $0.8611 euros por dólar.

Conocerás una metodología de trabajo que ayuda a desarrollar y hacer crecer las empresas. La ventaja de las metodologías, que son repetibles, se pueden probar y medir; son un conjunto de herramientas probadas que llevan una secuencia de ejecución y que, puestas en práctica, ayudan a lograr un resultado deseado. Es como tener una receta de un postre, del cual, si sigues los pasos de la receta, puedes obtener un resultado igual o similar a los anteriores; incluso otros cocineros pueden seguir la receta y obtener el mismo resultado. Esto hará el camino más divertido y la toma de decisiones, más sencilla.

Precisamente es por eso que escribo este libro. Llevo más de veinte años asistiendo y coacheando empresas de tamaño corporativo, como medianas empresas, pero, sobre todo, el desarrollo, tanto organizacional como de sus líderes, de empresas Scale Up (medianas de rápido crecimiento) en once países (México, USA, Suiza, República Dominicana, Jamaica, Trinidad y Tobago, Cuba, Colombia, Nicaragua, UK, Israel). Para ello, estudié un sinfín de metodologías de desarrollo organizacional encontrando grandes herramientas que funcionan en cada una de ellas y que permiten obtener lo mejor de cada una.

¿Cómo lo he logrado? Siendo coach certificado de Gazelles, Lominger de Korn Ferry, Robbins Madanes Institute, Global Novations, DBM, Frost and Sullivan, ACN, Coach in a Box, además de consultando muchos libros y cursos a lo largo de mi camino, como, en particular, Adizes. Sobre todo, lo he hecho al poner en práctica, una y otra vez, las diferentes herramientas en empresas con culturas radicalmente distintas, así como con productos o servicios, uno más distinto al anterior, pero en todas identificando que sin importar la industria o el país de origen, el comportamiento de las empresas es predecible y modificable.

He trabajado con clientes de todo tipo de industrias en su proceso de cambio. Yo soy experto en el proceso de cambio y crecimiento organizacional. Así, por ejemplo, sin yo ser experto en producción de alimentos, en venta de seguros, en inteligencia artificial, en manufactura de cajas de seguridad, construcción, data centers, agencias de publicidad y muchos más, he podido comprobar que estas herramientas funcionan, así como funcionan los antibióticos sin importar la raza, religión o nacionalidad de quien los necesite: funcionan porque el cuerpo humano es predecible y modificable, se maneja de una manera estándar al margen de sueños y anhelos diferentes. Lo mismo sucede en las empresas.

Soy creyente del poder del aprendizaje en el juego, por lo cual, la transformación de las empresas que asisto es con "educación no formal": uso la capacitación frontal, lecturas, cambios, juegos de mesa, para transformar el pensamiento de los miembros de la organización.

Este libro está escrito en forma de una fábula de cambio y transición de una empresa, Plastypack, y Dan, su CEO, con el fin de ayudar a CEO's y a sus equipos directivos a comprender la realidad que viven y a usar herramientas de cambio.

Escribo este libro desde el conocimiento y verdad que sostengo el día de hoy. Si en el futuro me doy cuenta o aprendo que las prácticas que hoy utilizo no siguen vigentes, haré la corrección.

Mis clientes esperan de mí una verdad honesta y directa; prefieren conocimiento sobre el confort, lo cual hace de nuestra relación algo muy especial, ya que esperan, de mí y mi equipo de trabajo, escuchar lo que necesitan oír y no oír lo que quieren escuchar.

Mi trabajo en las empresas es mostrarles a los CEO's y a su equipo directivo lo que no está funcionando bien, con el fin de corregirlo. Sí les aplaudo sus victorias, pero me quieren no solo para ser su "porrista", sino también para ser su "abogado del diablo".

Si estás dispuesto a escuchar lo que necesitas oír, quieres tomar el control de la empresa, hacer el esfuerzo de cambiar paso a paso los malos hábitos o actividades tóxicas que hacen en tu empresa, este libro te será de ayuda. Te muestro parte del camino hacia una empresa en crecimiento controlado y alegre, donde la parte más difícil no es implementar las herramientas, sino hacer que perduren a través del tiempo, que se conviertan en hábitos.

Hace algunos años estuve en una reunión con Dina Dwyer-Owens, quien transformó la empresa que heredó de su padre; ahí dijo algo que tiene mucha razón y ha impactado mucho la forma en la que veo las cosas y enseño a mis clientes: "Design what you want or deal with what you get", es decir, que diseñes lo que quieres tener o lidia con lo que se generó.

Es una fortuna que podamos decidir cómo queremos que opere la empresa. No somos víctimas de las circunstancias, sino que podemos elegir y transformar las organizaciones. Todo depende de nuestras decisiones, de las herramientas que nos permitan tomar mejores decisiones que se conviertan en hábitos más adecuados.

Aquí encontrarás la información inicial para que eleves tu nivel de conciencia y puedas hacer que sea el perro quien mueva la cola, no al revés.

En nuestra página https://adaptable.com.mx/contenidos-eventos/herramientas/ y http://www.colanomuevaalperro.com/ puedes encontrar herramientas, formatos, agendas de reuniones y más, los cuales puedes bajar sin costo, para que comiences a implementar los cambios necesarios.

1 CONOCIENDO LA REALIDAD DE LA EMPRESA

● Un paciente le dice a su doctor que le duele todo el cuerpo, que cada vez que se toca con su índice derecho le duele. El Dr. lo examina y le dice que su problema no está en el cuerpo, sino que tiene roto el dedo.

● Las empresas tratan de arreglar todo lo que se les presenta al mismo tiempo, como si todo fuera una prioridad; sin embargo, es importante encontrar la causa raíz, para poder trabajar los hábitos tóxicos correctos. La más común es el alto nivel de dependencia del CEO/dueño en la operación diaria de la empresa.

La secretaria de Dan me hizo pasar a su oficina y me ofreció algo de tomar. Dan tardaría unos diez minutos en llegar.

Rony: Un té de hierbabuena está perfecto. Muchas gracias.

Pude observar que el escritorio de Dan estaba saturado de papeles, había tokens de banco por todos lados, algunos libros de negocio en el fondo, muestras de su producto, post its con ideas y lo que parecían pendientes distribuidos en dos paredes; en general, se veía mucho desorden. Y en eso llega Dan.

Dan: Disculpa mi retraso, de nuevo tuve que atender una emergencia de la operación del día a día, pero ya quedó todo bien.

Rony: No te preocupes, lo importante es que ya estamos aquí. Te recomendó mis servicios Samuel, gran tipo, le tengo mucho cariño. Me gustaría saber qué es lo que te platicó Samuel y por qué cree que yo te puedo ayudar.

Dan: Me gusta, directo al punto.

Rony: El tiempo es valioso.

Dan: Hace como un mes estuve en una capacitación de finanzas, donde había algunos dueños de empresas. A la hora de la comida me senté junto con Samuel, en la conversación le platicaba lo frustrado que me siento y atrapado en el negocio, que siento que todo depende de mí, siento que mi gente no está comprometida o simplemente no tiene capacidad; no logro dormir bien, estoy teniendo problemas en mi matrimonio por mi estrés y dedicación al negocio. Que mi sueño de ser un gran emprendedor y tener libertad, tanto financiera como de tiempo, era solo una fantasía. Casi de inmediato me preguntó si tenía quien me ayudara a navegar la empresa, un coach o consultor, alguien que me auxiliara en poner mis ideas en orden, tener una perspectiva externa y tomar decisiones más adecuadas, a lo cual le respondí que no tenía a nadie. Fue ahí donde me sugirió llamarte. Me comentó que él estuvo en una situación muy parecida a la mía y que ahora está en una mejor situación tanto profesional como personal, así que por eso te llamé.

Rony: Me alegro de que Samuel esté agradecido y satisfecho con el trabajo que hemos realizado al punto de recomendarte mis servicios. Me gustaría conocer un poco más tu situación para ver si yo soy una buena solución para tus necesidades, para lo cual te haré muchas preguntas. De antemano, te ofrezco disculpas, ya que en algunas de ellas te puedes incomodar, pero quiero que sepas que toda la información que me proporciones me dará claridad en cómo ayudarte, así que te pido la mayor honestidad y vulnerabilidad.

Dan: Quiero pensar que contestaré las preguntas con la mayor honestidad y trataré de no incomodarme.

Rony: Antes de empezar, debo comentarte que es común que en este tipo de reuniones los CEO me tratan de "vender" la gran empresa que tienen, porque están acostumbrados a alardear el éxito que han tenido con el mundo. A mí no es necesario que me vendas la empresa, yo necesito saber qué funciona y qué no funciona, que exploremos ambos lados de la moneda para poder tomar control y crecer.

Dan: Para eso te traje, para que hablemos de lo que no está funcionando bien, pero si identificas que te "estoy vendiendo" la empresa, déjame saber.

Rony: También te puedo asegurar la confidencialidad de nuestra conversación. Parte clave de mi trabajo es contener información confidencial que hace a las empresas débiles, porque precisamente son esas áreas las que trabajo. Mi éxito es tu éxito. Platícame un poco de la historia de la compañía y dónde estás parado el día de hoy.

Dan: Empezó con un sueño de poder ser independiente, de salir del trabajo en el cual estaba y que me ahogaba. No me gustaba reportar ni tampoco cumplir con un horario específico, pero, sobre todo, era ese sueño de tener la libertad financiera y de tiempo, poder viajar a muchos lados con mi familia y poderle brindar todo lo que quisiera; siendo empleado, mi potencial estaba limitado. Fue el 8 de febrero del 2010 cuando, conversando con un amigo, se llama Isaac, me comentó que tenía muchos problemas con uno de sus proveedores y que no encontraba a nadie que le pudiera satisfacer su necesidad de empaques. Además, ese proveedor estaba en problemas financieros, lo cual provocaba que su empresa siempre estuviera en riesgo. Yo contaba con un capital y con muchas ganas de emprender, así que decidí preguntarle que si yo compraba a su proveedor, él aseguraría la compra del producto por los dos siguientes años; su respuesta fue un "sí, seguro, me urge resolver ese problema y qué mejor que resolverlo junto contigo". Así que llamé al Ing. Manuel, el dueño de la empresa Plastypack, y en un par días después ya estábamos reunidos en su oficina. Le comenté que yo estaba interesado en emprender una nueva empresa y que había escuchado que su empresa mostraba problemas de flujo de efectivo y de satisfacción del cliente. Para mi sorpresa, el Ing. Manuel me comentó que ya estaba viejo, que él ya había hecho su patrimonio y que ya no quería seguir viviendo con esta presión, que estaba dispuesto a vender la empresa; él ya no la quería dirigir y vivir el estrés del día a día. Le pregunté cuánto capital se requiere para operar la empresa un mes. Me dijo que se requerían $68,000 USD al mes, con eso cubría todos los gastos, y que habría una utilidad del 16%, facturando $954,000 USD al año. Le pregunté por cuánto vendería la empresa. Me dijo que quería $363,636 USD. En ese momento yo tenía $45,000 USD ahorrado. No había forma de conseguir esa cantidad de dinero para pagarle al Ing. Manuel, además de poder mantener a mi familia en los siguientes meses. Entonces llegamos a un acuerdo: que le pagaría $410,000 USD, pero distribuidos en 3 años. Ese día renuncié a mi trabajo y, a partir de ese día, la empresa ya era "mía". Pasé de empleado al orgulloso dueño de Plastypack. Acudí a amigos, familia y conocidos, para que me prestaran dinero para los pagos iniciales y poder comenzar con la operación. Costó trabajo que los empleados viejos me aceptaran como el nuevo dueño de la empresa. Algunos de los clientes le tenían mucha lealtad al Ing. Manuel y se mostraron renuentes. Pero todos entendieron que vendría un cambio positivo, que seríamos más eficientes y nuestros clientes estarían más contentos. Al principio, las cosas estaban saliendo bien, fuimos mejorando las cosas, la operación, los resultados, las entregas.

Rony: Ok, y hoy en día, si estoy aquí, ¿quiere decir que algo ya no está funcionando tan bien? Platícame una cosa que te quita el sueño en la noche.

Dan: Wow, ¿solo una? La verdad hay muchas cosas que me quitan el sueño. El pago de la nómina, las constantes quejas de parte de los clientes, el sentirme atrapado en una empresa para la que creo no estar preparado para manejar; las ventas van cayendo. Me siento agotado porque todo depende de mí.

Rony: ¿Cuál de todos los quitasueños que me comentabas te impactan más?

Dan: No lo sé. Todos.

Rony: Entiendo, entonces déjame seguir profundizando para encontrar con más claridad cuál es tu verdadera molestia.

Rony: ¿Cuántos empleados tienes en la empresa?

Dan: 85.

Rony: ¿Cuánto facturas al año y con qué porcentaje de utilidad?

Dan: $3,181,000 USD con un 12% de utilidad.

Rony: Ese 12% de utilidad, ¿es normal en tu industria?

Dan: No, hasta donde tengo entendido mi competencia más importante tiene una utilidad del 20%.

Rony: Por lo que llevamos al momento, veo aquí que tienes un problema de ejecución. Por un lado, tienes una utilidad baja con respecto a tu industria, lo cual te pone en riesgo a mediano plazo; pero tu eficiencia está muy baja, ya que tu revenue per employee (RPE), es decir, tu ingreso por empleado está sumamente bajo. En Latinoamérica, el RPE es de $50,000 USD de ingresos por cada empleado; en países del primer mundo el RPE es de $100,000 USD de ingresos por empleado. Como puedes ver, en tu caso tenemos $3,181,000 USD/85 empleados, lo cual nos da $37 kUSD; esto nos dice que tienes más gente de la que necesitas o debes aumentar tus ventas sin incrementar la nómina.

Dan: Nunca había escuchado ese indicador de negocios, pero me ilustra bien como está la empresa.

Rony: De hecho, será uno de los números que usaremos más. Nos dará una claridad de la situación de la empresa y con eso podrás tomar mejores decisiones. ¿Qué tan acertado es tu cumplimiento de los objetivos que estableces trimestralmente?

Dan: La verdad, no establezco objetivos trimestrales. De cierta forma, establezco objetivos mensuales.

Rony: Ok. ¿Qué tanto logras esos objetivos?

Dan: Nunca lo he medido, pero diría que cumplo un 70% de lo que creo que vamos a lograr.

Rony: Para la siguiente pregunta déjame aclarar un concepto. Los directores de una empresa no necesariamente están ligados con el "título nobiliario" o con el sueldo; directores son aquellas personas que dirigen específicamente un departamento. Típicamente, está el director de Ventas, el de Administración, el de Operaciones y Recursos Humanos. ¿Cuentas con un equipo directivo en el cual puedas delegar tareas y con el que te reúnas frecuentemente para discutir la estrategia y el progreso?

Dan: No exactamente, solo tengo 2 directores, el de Ventas y de Operaciones, pero se llevan tan mal que no puedo hacer las juntas, así que me reúno con cada uno por separado.

Rony: O sea que ¿tú funcionas de mensajero?

Dan: Se podría decir que sí. Nunca lo había pensado así, pero tienes razón funciono de mensajero entre ellos dos, cosa que me tiene un tanto frustrado, porque cada uno me da su versión y soy yo quien está en medio. De Administración y Recursos Humanos, tengo 2 personas, pero no tienen el mismo nivel que los otros dos, lo cual lo hace más complicado.

Rony: Ok, déjame entender. Entonces, en vez de tener una reunión con 5 personas, ¿tienes 5 reuniones con 1 persona cada una?

Dan: Viéndolo así, creo que tengo 15 reuniones o más, con 1 persona cada una, porque debo ir y venir con la información. No sabes cuánto me frustra sentir que soy yo el que trabaja para ellos y que debo tomar todas las decisiones.

Rony: Y así lo estás haciendo. Tú trabajas para ellos, pero eso se debe a que tienes mal tu metodología de trabajo y esta situación es muy común. ¿Recontratarías entusiastamente al equipo que está a tu alrededor?

Dan: Uy, esa está difícil, déjame pensar. Mmm, la verdad es que no. Hay varias personas con las que no estoy contento con su desempeño o no confío mucho en ellas, pero no tengo otra opción, las necesito en la empresa.

Rony: Puede ser que gran parte de la razón por la cual tienes exceso de gente y drama en la organización se deba a que tienes gente en la cual no confías o tiene mal desempeño.

Dan: Sí, muy probablemente.

Rony: Además que aquellos que tienen mal desempeño y siguen trabajando en la empresa son una carga y/o estorbo e incluso un mal ejemplo para los demás de la organización.

Dan: Sí, en definitiva, pero, como te mencioné antes, necesito manos para operar el día a día. Si como estamos hoy no nos damos abasto, no me quiero imaginar si alguien de esa gente se va.

Rony: Entiendo tu preocupación, pero parte de tu problema de ineficiencia se debe a esa gente. Los cambios duelen y llevan riesgo, eso no quiere decir que vamos a cambiar cosas a lo loco, pero sí se deben tomar decisiones que suelen ser dolorosas. ¿Cuántos días te puedes ausentar de la empresa? Y antes de que me contestes, déjame aclarar: por ausentar me refiero que estás ya sea de vacaciones o en un curso o tal vez visitando proveedores clave en Alemania o una reunión con un cliente importante en Colombia, para lo cual no tienes contacto ni por email ni por teléfono, no traes los tokens o claves del banco para hacer pagos. Ausencia es cero presencia. ¿Cuántos días te puedes ausentar?

Dan: Uy, esa me la pones muy difícil e incómoda. La verdad es que cada vez que voy a abordar un avión, siento que el mundo se va a acabar mientras estoy en el vuelo. Pero, realistamente, me puedo ausentar 2 días, siempre y cuando no caiga en día de pago de quincena, ahí si no hay forma alguna que me ausente.

Rony: Cuando tu personal se va de vacaciones, ¿se ausenta? ¿Cuánto tiempo?

Dan: Para mí es muy importante que la gente tome sus vacaciones y se desconecte del negocio, que recargue pilas. El tiempo depende de ellos, pero si se pueden ir una semana está genial.

Rony: ¿Notas la ironía en lo que me dices?

Dan: Auch, esa pregunta sí me incomodó. Es cierto, ellos se pueden ir del negocio, y yo no. Pero no veo cómo hacerlo diferente.

Rony: Para eso estamos aquí. En este momento solo estoy tratando de entender tu realidad y ver de qué manera ayudarte. En caso de que haya una eventualidad económica que provoque que no ingrese dinero en la cuenta bancaria, una situación como la que del H1N1 en el 2009 o la covid-19 en el 2020, ¿cuántos meses o días sobrevive la empresa con el flujo de efectivo que tienes en ella?

Dan: Para eso, necesitaría llamar a Alex, quien lleva la administración y finanza de la empresa. Ahora le mando un mensaje y le pido que venga.

Rony: Ok, espero. Sin embargo, por lo que veo la respuesta es "no lo sé".

Dan: Así es, no sé cuánto tiempo, mi instinto me dice que tenemos 1 mes en flujo de efectivo que nos daría suficiente gasolina para soportar 1 mes sin ingresos operando de manera normal.

En eso entra Alex, con muchos papeles en la mano, con cara de preocupación.

Dan: Alex, te presento a Rony, nuestro coach/consultor de negocios; él nos va a ayudar a que las cosas cambien y funcionen mejor. Te quería preguntar, en caso hipotético de que no tengamos ingresos en la cuenta de banco, por cualquier razón, pero queremos seguir operando de manera normal, ¿cuánto tiempo nos dura el flujo de efectivo que tenemos?

Alex: Yo diría que nos dura unos 15 días.

Dan: ¿Cómo? ¿Solo 15 días? Yo pensaba que teníamos reservas para 1 mes.

Alex: No, por eso cada quincena estoy sufriendo para tener los recursos. Tenemos problemas con cuentas por cobrar; hay muchos clientes que ya se pasaron en su tiempo de pago; la inversión de las nuevas máquinas está teniendo una repercusión importante; aún no nos aumentan la línea de crédito por parte del banco.

Comencé a ver cómo Dan se empezaba a enfurecer, cuando tomó un respiro y le dijo a Alex que era todo, que se podía ir.

Dan: Para colmo no conozco la realidad en la que estoy, mi gente no me dice las cosas como son.

Rony: ¿No te dicen o no haces las preguntas correctas?

Dan: No me dicen, la puerta de mi oficina está siempre abierta.

Rony: Yo diría que ambas cosas. El que no te digan, ¿se puede deber a que no tienen la confianza o te tienen miedo?

Dan: Espero que no sea por miedo, pero veo tu punto. Sí les puede dar miedo venir conmigo a darme malas noticias. Cada vez tengo menos paciencia a que me traigan problemas en vez de soluciones.

Rony: ¿Con respecto a "no hacer las preguntas correctas"?

Dan: Pues, por lo que voy descubriendo, puede ser que no estoy haciendo las preguntas correctas. Nunca le había pedido a Alex que me dijera cuánto flujo de efectivo tenemos convertido en días y me parece un número muy interesante a revisar.

Rony: No solo es interesante, es vital para asegurar la continuidad de la empresa. En un mundo ideal, deberías tener 6 meses de flujo de efectivo para afrontar eventualidades, ya que con esa cantidad de dinero, te vas a sentir mucho más seguro tomando decisiones, sobre todo que tengan riesgo.

Dan: ¿6 meses? Eso es un mundo de dinero.

Rony: Correcto, pero ¿cómo te sentirías si tuvieras ese dinero disponible?

Dan: Mucho más tranquilo, menos estresado. Estaría increíble, pero no veo forma de hacer algo así.

Rony: Pues eso es algo que se debe ir creciendo poco a poco. Por ejemplo, ya sabemos que tu flujo de efectivo son 15 días. Un buen objetivo para Alex y la organización es que aumentemos a 17 días; una vez que se logre, establecemos un nuevo objetivo: a 19 días. Así, poco a poco lo irás logrando. Te tomó años llegar a la situación en la que estás. Corregir el rumbo nos tomará un tiempo, se requiere de paciencia, visión clara, un equipo de trabajo y poner en práctica los compromisos.

Dan: Ya empiezo a ver un poco más claro dónde pueden estar nuestros problemas.

Rony: ¡Qué bueno!, ya que si no podemos identificar la causa raíz de los problemas, es imposible tener una solución que funcione a largo plazo. Me acordé de una historia, de esas que platican en los MBA's: que un dueño de una fábrica le llama a un técnico para que le arregle su máquina principal, que estaba parada. Ya otros técnicos habían ido a su fábrica, le cobraron caro y no solucionaron el problema. Este nuevo técnico no tenía la mejor pinta. Le explicaron la problemática que tenía la máquina. Sacó un estetoscopio, pidió que pusieran en marcha la máquina y comenzó a escuchar atentamente los ruidos que la máquina emitía. Después de unos minutos, pidió que pararan la máquina, sacó un desarmador y apretó un tornillo. Nuevamente arrancó la máquina, la cual comenzó a funcionar muy bien. El dueño le preguntó cuánto le debía; el técnico le dijo: "Son $1,000 USD". "Wow, ¿1,000 USD por apretar un tornillo?", agregó el dueño. El técnico contestó: "No, son $2 USD por apretar el tornillo, pero $998 USD por saber cuál tornillo apretar".

Dan: Ya veo, entonces, ¿estás descubriendo cuáles son los tornillos por apretar?

Rony: Correcto. De nada nos sirve estar tratando de arreglar muchas cosas a la vez y no ser efectivos. Manejar demasiadas prioridades al mismo tiempo solo conlleva que hagamos cosas a la mitad y no veamos resultados claros. ¿Cuáles son los 3 indicadores de éxito de una empresa?

Dan: Ventas, utilidades y participación de mercado.

Rony: Esas son definiciones de evaluación de empresas de los 80 y 90, que se han quedado marcadas en la mente de los CEO's. Y yo creo que se quedan cortas, porque solo ven la fotografía de manera parcial. **Los 3 indicadores con los cuales nosotros desarrollamos las empresas son: el RPE (ingresos por empleado), días de ausencia del líder y, por último, confiabilidad, esto es, porcentaje de cumplimiento de objetivos.**

Rony: **RPE:** los ingresos por empleado son un índice de eficiencia utilizado para determinar los ingresos generados por persona que trabaja en una empresa. El índice de ingresos por empleado es importante para determinar la eficiencia y la productividad del empleado promedio de una empresa. Para muchas empresas, sus mayores gastos son salarios y beneficios para los empleados. Además, la fuerza laboral es lo que impulsa el éxito empresarial. Por lo tanto, las empresas, generalmente, desean un alto RPE para compensar los gastos pagados a los empleados. En general, un RPE más alto suele indicar una empresa más productiva y eficiente. El índice de ingresos por empleado es particularmente útil para analizar empresas que operan en industrias de servicios; sin embargo, ilustra muy bien la realidad para las de manufactura. En el caso de USA, se maneja un

RPE de $100,000 USD por empleado al año; en el caso de Latinoamérica es de $50,000 USD por empleado al año.

Rony: **Días de ausencia**: es la cantidad de días que tú como CEO y fundador te puedes ausentar en su totalidad de la empresa. La mejor manera de medir el liderazgo es en la ausencia del mismo, así que hay que poner a prueba este. Una ausencia efectiva es sin operar actividades diarias, delegando funciones para que la empresa continúe sin necesidad de la presencia del CEO, así como de sus decisiones, dando oportunidad de que el equipo directivo tome decisiones por el bien de la empresa mientras el CEO puede estar de vacaciones, en alguna capacitación en algún lugar remoto o visitando ya sea clientes o proveedores estratégicos. Además de los beneficios ya mencionados que trae la ausencia, provoca en los CEO's la posibilidad de terminar con una serie de pendientes que postergan constantemente; eso sucede porque uno de los días más efectivos de la gente en las empresas es el día antes de que se va de vacaciones. Con este indicador, además puedes medir el nivel de dependencia del CEO, así como el blindaje que esta tiene ante una eventualidad. Entre mayor es el número, menos nivel de dependencia del dueño, lo cual implica que se puede hacer una sucesión más fluida (smooth).

Rony: **Confiabilidad** en porcentaje de cumplimiento de objetivos. Los equipos directivos establecen objetivos cada trimestre, en los cuales trabajan durante ese periodo para cumplirlos. Lo cercano que sus resultados lleguen a sus objetivos preestablecidos indica la capacidad de pronosticar y cumplir sus compromisos. Asimismo, es la confiabilidad de cumplimiento de los compromisos hechos con sus clientes, ya que cada vez los tiempos son más cortos y todo cliente planea sus servicios y productos basados tanto en los tiempos internos como en los tiempos de entrega de sus proveedores, por lo que si los últimos no cumplen sus entregas en tiempo, provocan ineficiencias, caos e incertidumbre.

Dan: Ahora entiendo muchas de las preguntas que me hacías hace unos momentos.

Rony: Proporcióname, de los últimos 5 años, los ingresos que tuvieron, así como la cantidad de empleados por año. Ahora dime cuántos días te podías ausentar por año, así como el nivel de confiabilidad de cumplimiento de objetivos.

Año	Facturación	Empleados	RPE	Días ausencia	Confiabilidad
2015	$ 1,781,818.00	100	$ 17,818.18	0	No confiable
2016	$ 2,281,818.00	80	$ 28,522.73	0	No confiable
2017	$ 2,645,454.00	83	$ 31, 872.94	0	No confiable
2018	$ 2,827,272.00	90	$ 31, 414.13	0	No confiable
2019	$ 3,054,545.00	80	$ 38,181.81	2	50%
2020	$ 3,190,909.00	85	$ 37,540.11	2	70%

Rony: Como puedes ver en los números que tenemos, tu RPE está bajo, con máximo 2 días de ausencia de tu parte y con 70% de confiabilidad de cumplimiento de objetivos.

Hubo silencio en la sala, Dan no sabía qué decir, solo se podía ver su incomodidad y sus ojos analizando los números que tenía frente a él. Después de un par de minutos le pregunté:

Rony: Si tuvieras la oportunidad de invertir dinero en esa empresa, ¿qué harías?

Dan: Si estos números fueran los de una empresa en la cual estoy a punto de invertir dinero, muy probablemente me desmotivaría. Se ve ineficiencia en el RPE, un nivel de dependencia total del dueño y bajo cumplimiento de promesas. El nivel de riesgo es alto.

Rony: Si alinearas todos los esfuerzos de la empresa para que mejoráramos estos indicadores, ¿qué tendrías que cambiar?

Dan: En verdad que esto es muy ilustrativo y a la vez horrífico. La información que estoy viendo me abre los ojos. Esto ya no puede seguir así. Entonces tendría que hacer cambios en la forma en que operamos, debo aprender a delegar mejor para poderme ausentar y muchas más cosas. Mi cabeza está girando a una velocidad increíble, no sé ni por dónde empezar.

Rony: Me parece que por eso estamos conversando. Después de lo que hemos platicado, te puedo decir que sí te puedo ayudar. Las cosas no tienen que seguir como están hoy en día.

Dan: Creo que hay alguna forma diferente de hacer las cosas. Como están ahora no están funcionando.

Rony: ¡Qué bueno que no te conformas con lo que hay y quieres hacer las cosas diferentes! ¿Alguna vez has usado un GPS, Waze o Google maps?

Dan: Sí, claro, desgraciadamente ya me hice adicto a Waze, a donde voy uso esa app con la finalidad de llegar más rápido; es más, hasta se me ha olvidado cómo llegar a lugares, creo que me he vuelto muy dependiente de la herramienta.

Rony: ¿Cuáles son los pasos al usarla?

Dan: Abro la app y le pongo a dónde quiero ir y me da rutas para que yo elija.

Rony: Estás casi en lo correcto, lo primero que hace la app es ubicar tu posición geográfica, para entender dónde estás, a lo cual llamamos el punto A; al momento en que estableces el destino, es decir, el punto B, calcula las rutas y tú eliges la que quieres. En dado caso de que te salgas de ruta, Waze lo que te dice es…

Dan: Recalculando.

Rony: Exacto. Eso es lo que estamos haciendo, entendiendo cuál es el punto A de origen donde estás parado hoy como empresa y empresario. El punto B lo veremos en nuestra próxima reunión y de ahí definiremos la ruta, desde la cual mediremos constantemente, y cuando nos salgamos recalcularemos una nueva ruta.

En ese momento, me paré de la silla, y en un rotafolio escribí en el punto A las características de la empresa hoy en día, comentándole:

Rony: En resumen, estas son las cosas que identifico que te tienen atorado y por las que no tienes control de la empresa: no tienes un equipo directivo en quien delegar, no hay un plan estratégico de negocios que seguir y en el que todos estén alineados: no solo hay baja productividad y eficiencia, sino que además los clientes están insatisfechos con el servicio que se les presta. Además, tú duermes poco y tienes problemas en tu matrimonio porque tu mente se la vive en el negocio.

Dan: Mejor, no lo pude haber dicho yo.

Rony: Mencionaste que tu gente no está comprometida, dime más.

Dan: Siento que a la gente no le importa lo que está pasando aquí, hay muchos problemas y todo depende de mí.

Rony: Al entrar a la empresa, noté que hay algunas cosas descuidadas, pintura en mal estado, basura fuera de su lugar, uniformes en mal estado y tu oficina en un desorden.

Dan: Sí hay cosas que se han venido acumulando en el tiempo y se ha dejado de poner cuidado a cuestiones estéticas de la empresa. De mi oficina, no veo por qué sea un problema, yo vivo bien en mi desorden.

Rony: Las empresas son reflejo de su líder, si su oficina es un desorden, es un tanto incongruente exigir al resto de la organización que esté ordenada. Respecto a los descuidos "estéticos", tienen un impacto importante. ¿Estás familiarizado con la teoría de las ventanas rotas?

Dan: Nunca había escuchado eso.

Rony: **La teoría de las ventanas rotas** tiene su origen en un experimento que llevó a cabo un psicólogo de la Universidad de Stanford, Philip Zimbardo, en 1969, el cual consistía en abandonar un coche en el deteriorado barrio del Bronx de aquella época: pobre, peligroso, conflictivo y lleno de delincuencia. Zimbardo dejó el vehículo sin placas de circulación y con las puertas abiertas para simplemente observar qué ocurría. Al cabo de diez minutos, el coche fue desvalijado de a poco. Tres días después, ya no quedaba nada de valor en el coche y a partir de ese momento el coche fue destrozado. Sin embargo, esa era apenas la primera parte del experimento. La segunda, consistía en abandonar un vehículo idéntico, en condiciones similares, en un barrio muy rico y tranquilo: Palo Alto, en California. A lo largo de una semana nada le pasó al vehículo. Pero Zimbardo decidió intervenir: tomó un martillo y golpeó algunas partes del vehículo, entre ellas, una de sus ventanas. El coche mostraba ahora signos de maltrato y abandono. Y entonces, se confirmó la hipótesis de Zimbardo. ¿Qué ocurrió? A partir del momento en el que el coche se mostró en mal estado, los habitantes de Palo Alto se lanzaron sobre el vehículo a la misma velocidad que lo habían hecho los habitantes del Bronx. Este experimento es el que dio lugar a la teoría de las ventanas rotas, elaborada por James Wilson y George Kelling: si en un edificio aparece una ventana rota, y no se arregla pronto, inmediatamente el resto de las ventanas acaban siendo destrozadas por los vándalos.

Dan: Es como cuando compras un coche nuevo, lo mantienes intacto. Cuando se lo entregas al valet parking lo cuida muchísimo, pero si trae dos que tres rayones y una abolladura, no le va a poner cuidado porque piensa "si el dueño no lo cuida, qué más da que yo lo cuide, no se va a dar cuenta".

Rony: Lo mismo sucede en la empresa. La gente tomará cuidado de las cosas con base en lo que vean que se está cuidando.

Dan: Tomaré nota de que se vayan corrigiendo algunos de estos puntos que mencionas. No quiero que la gente no cuide la empresa, porque da la impresión de que yo no la cuido. Solo me enfoqué en otras cosas más importantes.

Rony: No lo dudo, seguro que estuviste trabajando arduo en mantener viva la empresa, ahora tenemos la oportunidad de cambiar la cultura y los resultados. Quieres que la gente se preocupe, involucre e inclusive se apasione, bien, pues eso se debe ver reflejado en acciones más que en palabras.

Dan: Bien lo decía mi abuelita: "Tus acciones hablan tan fuerte que no escucho tus palabras". Queda anotado.

Rony: Probablemente esta sea la última pregunta que tenga para ti el día de hoy. ¿Por qué cambiar? ¿Por qué no dejar las cosas como están y que continúes como ya sabes manejar la empresa?

Dan: Porque quiero ser libre, ya no quiero vivir de esta forma, siempre en la urgencia y angustiado. Quiero poderme ir de vacaciones como lo hacen mis empleados, quiero poderme ausentar y saber que las cosas van a seguir bien. Quiero tener más dinero a mi disposición y poder construir un patrimonio para mi familia.

Rony: Para el punto B, escribimos: libertad, mejor control y abundancia económica.

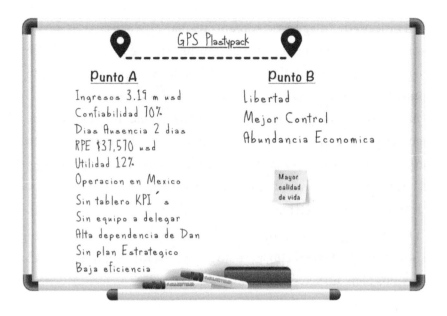

Dan: Me gusta este mapa visual, me ayuda a entender dónde estamos y a dónde vamos.

Rony: Perfecto. Para que nuestra relación funcione es importante cumplir con 3 requisitos: a) tú eres el líder del cambio y debes estar involucrado en todo el proceso, b) tu equipo será parte del proceso de trabajo, c) que estés tranquilo con la idea de que mi función, por un lado, es capacitar, pero también es mostrar lo que no está bien, lo cual puede ser visto como "crítica". Estos 3 puntos no son negociables; si no quieres involucrar al equipo, simplemente las cosas continuarán como están ahora; si tú no eres el líder del cambio y tu equipo no te ve involucrado en esto ellos tampoco lo estarán, y si no funciono yo como ese "abogado del diablo" mostrando o criticando lo que está mal, no hay razón de que yo trabaje con ustedes.

Dan: Me encanta. De ti espero la mayor honestidad, dime las cosas tal cuales son. Prefiero estar con gente que me dice lo que necesito escuchar en lugar de lo que quiero oír. ¿Qué sigue?

Rony: Pues por mi parte te haré llegar el contrato. Necesito un organigrama de la empresa y los emails de las 4 personas que deberían ser tu equipo directivo y de unas 10 personas más; toda esta gente va a participar en un proceso de "diagnóstico organizacional", para lo cual les enviaré un cuestionario y a algunos les haré una entrevista. De esa forma tendré una fotografía más completa de la situación de la empresa. De momento nos reuniremos tú y yo, hay algunas cosas que aún debemos aterrizar antes de involucrar al equipo directivo. De antemano me disculpo, ya que, a lo largo del proceso, te hablaré de unos términos que son en inglés, esto es porque gran parte de mi capacitación y trabajo ha sido con gente anglosajona, sino también porque hay ciertos términos que solo existen en inglés o las traducciones son terribles.

Dan: Estoy igual, casi todos los libros de negocio que leo son en inglés, así que ahora pocheo mucho, pero no hay problema. Siempre y cuando los definamos bien, no veo problema.

Conclusiones

- Al inicio de cualquier proceso de cambio y/o transición organizacional, es de suma importancia que definas claramente el punto de partida A y el destino final B, como si fuera un GPS entendiendo el mayor factor que detiene el crecimiento que, usualmente, es que "todo depende del dueño".

- Recuerda que los 3 indicadores claves de crecimiento y aumento del valor de la organización son: Confiabilidad, RPE (ingresos por empleado) y días de ausencia del líder.

- Ya que tienes en claro la importancia de entender dónde estás parado, puedes comenzar a tener acciones para corregir.

ESTABLECIENDO UNA VISIÓN DE CRECIMIENTO

● Está Alicia, del país de las maravillas, parada frente al gato sonriente, al cual le pregunta "¿A dónde van estos dos caminos?", a lo cual el gato le responde: "¿A dónde vas tú?". Ella contesta que no lo sabe, así que el gato le comenta: "Si no sabes a dónde vas no importa que camino tomes".

● Sin saber hacia dónde te diriges cualquier esfuerzo tiene resultados mediocres. Ya que sin saber hacia dónde te diriges, ¡cómo puedes liderar a un equipo a que sus esfuerzos estén alineados y tengan resultados positivos en la empresa!

Rony: ¡Qué bueno verte de nuevo y gracias por la confianza depositada en mí! Ya avancé con el diagnóstico organizacional. Tu gente fue muy cooperativa respondiendo los cuestionarios, así como también participando abiertamente en las entrevistas. Ya tengo una fotografía más completa de cómo se encuentra la empresa y qué debemos hacer.

Dan: ¿Qué salió? ¿Qué debemos trabajar?

Rony: Te resumo los hallazgos. No hay un plan de negocios. Existe una guerra entre departamentos. Hay presencia de una cultura organizacional de echar la culpa. No hay forma de medir resultados de manera objetiva. Eres la universidad de tu competencia; es decir, entrenas gente y cuando están listos la competencia se los roba. Alto nivel de rotación. Tus flujos de efectivo son muy deficientes. No cuentas con un método de trabajo. No hay nada estandarizado. No hay criterios de selección. Las tomas de decisiones son centralizadas principalmente en ti y no hay un equipo directivo. De manera muy resumida, no tienes una empresa, tienes un autoempleo, todo depende de ti.

Dan: No me gusta lo que escucho, pero lo entiendo. Estoy de acuerdo, no es una empresa, depende de mí totalmente, es peor que tener un trabajo, porque al menos si fuera empleado me podría ir de vacaciones y no me preocuparía de si hay dinero o no para la nómina. Si fuera empleado, no hubiera tenido que hipotecar la casa para inyectar capital a la empresa. Así que no me gusta donde estoy y lo que he creado. Creo que por eso estoy trabajando contigo.

Rony: Correcto, ese es el plan, que le demos la vuelta, que puedas liberar el potencial de la empresa y el tuyo. En los últimos años todo mundo está vendiendo la fantástica idea de ser emprendedor, la cual está increíble y contribuye mucho con la sociedad, pero hay poco contenido, material y asesoría que ayude a empresas que ya superan el tamaño de Start-up, que están en la fase de Scale Up. Ya más adelante te explicaré las etapas de las empresas, pero, de momento, regresemos a lo que debemos corregir.

Rony: Para ponerlo de forma gráfica, vives en una situación donde la cola mueve al perro, no al revés. Es decir, tú estás a merced de lo que necesita la empresa. Hay que darle la vuelta, que sea el perro quien mueva la cola.

Dan: Me encanta la imagen mental. Estoy de acuerdo, es el perro quien debe mover la cola. Sí me siento víctima y prisionero de mi propia empresa.

Rony: Si te sirve de consuelo, es bastante común esta situación. La transición de una Start-up a una empresa sólida que viva en fase de Scale up lleva muchos cambios de actitudes, hábitos y formas de tomar decisiones. De forma sencilla, te hace falta un método diferente de trabajo.

Dan: ¿Método?

Rony: Sí, **las metodologías son herramientas probadas** que aceleran los resultados. Como se dice en México: "No hay necesidad de inventar el hilo negro o el agua mojada", ambos ya existen. No hay necesidad de inventar la receta de una pizza margarita, siendo que se puede utilizar el conocimiento y formas de trabajo que se han utilizado en el pasado para hacer la pizza margarita, es repetir la fórmula del éxito. Lo mismo es para esta nueva fase de la empresa. Emplearemos metodología.

Dan: Entiendo. Yo tocaba piano de niño y me enseñaron bajo una metodología, la cual no entendí sino hasta que quise aprender a tocar guitarra. Ahí me di cuenta de que se usa un método ligeramente diferente, de esa forma pude aprender más fácil bajo el sistema del maestro.

Rony: Bueno, continuemos entendiendo dónde estamos parados, cuál es nuestro punto A del GPS. Una fotografía más completa nos arroja que tenemos una organización con baja eficiencia, sin un plan estratégico, con altísima dependencia de ti, sin un equipo directivo en el cual puedas delegar; no hay tableros de indicadores que muestren la realidad de la organización, cuentas con una variedad excesiva de productos, tienes una base de datos de clientes de los cuales no conocen cuál es el cliente ideal, no hay promesa de marca, no existe ventaja competitiva…

Dan: Para, para. Me está doliendo el estómago. Lo peor es que cada una de las cosas en algún momento las leí o alguien me comentó de ellas, pero no tenía tiempo para corregirlas. Tengo libros sugeridos para casi todos los problemas que mencionas.

Rony: De casualidad, ¿tienes los libros apilados uno sobre otro o todos juntos en un librero esperando a que los leas e implementes una idea de cada uno?

Dan: Sí, la verdad que tengo los dos. En la oficina tengo un librero con algunos de los libros sugeridos y en casa tengo en la mesa de noche libros apilados.

Rony: A esos libros apilados se les conoce como "la torre de la culpa". Culpa, porque cada vez que uno la ve, siente culpa de saber que ahí está la solución, pero no hay tiempo o energía para leer y solucionar, hasta que uno se vuelve inmune a la culpa y uno simplemente continúa.

Dan: Así es, no hay tiempo ni energía, pero no tengo otra opción. Esto debe cambiar, porque me puede costar la casa que está hipotecada, el negocio, mi salud y hasta mi matrimonio.

Rony: Pues sí entiendo, ya estás en un momento en que tu única alternativa es hacer tiempo para ir trabajando y resolviendo cada una de las cosas que nos ayudarán a que tomes control de la organización. ¿Cuál sería tu punto B en el GPS? Es decir, el destino al que vamos.

Dan: Quiero que se terminen mis problemas, que la gente viva con menos drama, que me pueda ir de vacaciones, desconectarme de mi celular y no viajar con el token del banco.

Rony: Es un buen primer paso; sin embargo, hay que pensar a más largo plazo. Lo que describes son requisitos de ese destino final. Usemos el **BHAG**, que son las siglas en inglés de big hairy, audacious goal, es decir, un Objetivo grande, audaz y retador. Fue un término que creó Jim Collins en su libro *Build to Last*, donde menciona que este objetivo a largo plazo debe ser creado para definir a dónde quieres llegar en los próximos 10 a 30 años. Uno de los BHAG's más conocidos y que modificaron nuestra sociedad fue el de Bill Gates cuando dirigía Microsoft, que estableció como su BHAG "una computadora en cada escritorio". Toma en consideración cuando lo dijo en los años 80, que las computadoras eran grandes, aparatosas y caras. Simplemente era una locura pensar que se cumpliría ese objetivo. No solo lo cumplió, sino que además ahora contamos con una computadora en cada bolsillo: el celular es una computadora. Él se estableció una meta, la cual persiguió constantemente, era su norte.

Rony: ¿Qué pasa cuando sabes a dónde quieres llegar? **Es mucho más fácil planear desde el futuro hasta el presente.** Si tienes claro en dónde quieres estar en 30 años, puedes definir dónde vas a estar en 20, en 10, en 5, en un año e incluso en un trimestre. De esa forma, alineas todas las acciones, inversiones, proveedores, esfuerzos, planes, ideas, productos, empleados y clientes hacia el mismo objetivo. Es como el poder del rayo láser, que cuando se usa a niveles altos de concentración corta diamantes. El BHAG funciona como un punto B en el GPS, a muy largo plazo.

Rony: Así que el BHAG es como escalar alguna punta de los Himalayas, para lo cual hay que planear cómo iremos subiendo y dónde acamparemos. Suponiendo que el BHAG es a 20 años, definimos dónde deberíamos estar en 10 años, luego en 3 a 5 años, luego en 1 año y, por último, un trimestre. De esa forma los objetivos que establezcamos para la organización para este siguiente trimestre estarán alineados a un objetivo a muy largo plazo.

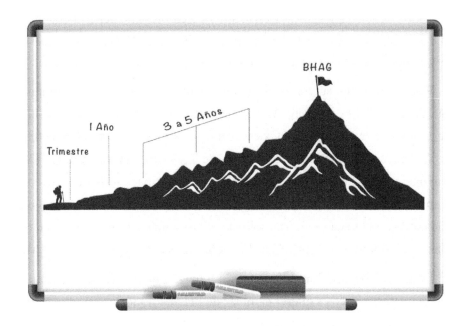

Rony: Te comparto algunos de los BHAG's que han transformado a las empresas. Google: "organizar la información del mundo"; Facebook: "conectar al mundo"; Uber: "transportación confiable como agua corriendo donde sea y para todos"; Tesla: "acelerar la transición a un mundo de energía sustentable"; Alibaba: "hacer fácil el poder de hacer negocios donde sea"; Evernote: "recuerda todo"; SpaceX: "hacer posible la exploración y asentamiento humano en Marte". Comprometerte a ese objetivo a largo plazo te simplificará la vida, ya que te obsesionarás a caminar y medir el progreso hacia ese destino que para ti es tan importante, evitando distracciones.

Dan: Entiendo.

Rony: ¿Cuál es la mayor visión que tienes de la empresa? ¿Puedes imaginar la empresa en 20 años, 10 años?

Dan: La verdad, en este momento solo logro ver a lo mucho a 3 años. Las condiciones de mercado han cambiado tanto y mi empresa no está exactamente en mi control.

Rony: Perfecto, no tenemos que establecer un objetivo a 30 años ahora. De hecho, son pocas las empresas que tiene el lujo de tener esa visión. Comencemos con lo que más puedes ver o te gustaría alcanzar.

Dan: Pues en 3 años, me gustaría que ya la empresa no dependiera de mí, que facturáramos 3 veces lo que facturamos hoy, que duplicáramos nuestra utilidad y abrir operaciones en Colombia.

Rony: Excelente, suena como un reto brillante. Entonces, al momento, ya sabemos cuál es el punto A. Hoy facturamos 3.8 mdd con una utilidad de 12% y solo operamos en México, con un alto nivel de dependencia tuya. En 3 años, quieres facturar 9.5 millones de USD con una utilidad de 24% y con operaciones en México y Colombia, con participación de tu parte en la empresa sin que sea dependencia. Fíjate cómo de esta forma no te tienes que apoyar de una buena memoria, solo necesitas establecer un objetivo a largo plazo y plasmaremos en papel las diferentes fases para llegar a ese objetivo.

Dan: ¡Qué bueno! Porque la verdad no tengo buena memoria. Lo que sí me inquieta un poco es querer cambiar de BHAG. ¿Qué pasa si estoy caminando en la dirección incorrecta?

Rony: No sé si es la dirección incorrecta, pero es mejor caminar hacia una dirección específica en vez de caminar sin sentido. Además, eres tú quien establece los objetivos, así que no están escritos en piedra, por lo cual los puedes cambiar, solo que te recomiendo comprometerte con tu BHAG el primer año; al final de este año, evaluamos qué tan vigente está tu BHAG. Es muy probable que al final de este año, me digas que ese BHAG está corto y que ya logras ver más adelante. Así que comencemos a caminar hacia tu destino deseado. Entonces, si es ahí donde queremos llegar en 3 años, ¿qué deberíamos lograr en 1 año a partir de ahora?

Dan: Siguiendo una misma línea deberíamos facturar al menos 4.09 mdd; eso implica un aumento de nuestras ventas en 28% y nuestra utilidad debería ser al menos de 16%. Respecto a la dependencia mía, me gustaría que me pudiera ir de vacaciones con mi familia 2 semanas sin tener que estar conectado al negocio a distancia; mi esposa me quiere matar cada vez que en vacaciones me ausento de vivir experiencias con mis hijos.

Rony: Pues sí: "happy wife happy life". Me encanta, ya queda más claro. Y para lograr este objetivo de un año, ¿dónde deberíamos estar parados en 3 meses?

Dan: En ventas deberíamos alcanzar 1.59 millones de USD en este trimestre, es nuestra temporada fuerte y debo aprovecharla. Sobre la utilidad, pues me gustaría que tuviéramos 14%, eso mostraría progreso. Y respecto a mí, pues no lo sé, ¿me podrías sugerir algo?

Rony: Claro, sugiero que este trimestre tengamos por objetivo contar con un equipo directivo que trabaje basado en un tablero de indicadores, de esa forma tendrás visibilidad y claridad.

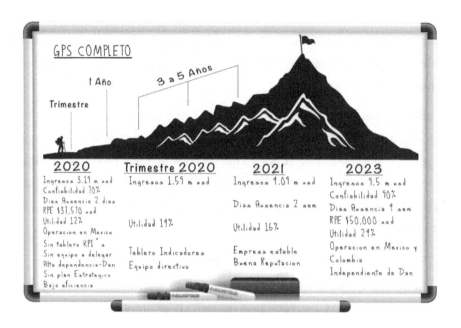

Dan: Me gusta la idea.

Rony: Estos objetivos que pusimos en el rotafolio, te pido que los pongas en tu oficina, en un lugar en donde los veas todos los días, y que escribas tu BHAG en un papel que puedas poner en tu billetera. Vamos a sacar provecho de tu sistema reticular activo (SRA).

Dan: Sistema re… ¿qué?

Rony: **El sistema reticular activo** es el centro de atención en el cerebro. Es la clave para "encender su cerebro". Alguien puede programar deliberadamente el sistema reticular activo eligiendo los mensajes exactos que envía desde su mente consciente. Por ejemplo, cuando quieres comprar un Honda blanco, de manera sorprendente comienzas a ver Hondas blancos en las calles. Segundo, tu sistema de activación reticular no puede distinguir entre "eventos reales" y realidad "sintética". En otras palabras, tiende a creer cualquier mensaje que le des. Imagina que vas a dar un discurso, puedes practicar dar ese discurso visualizándolo en tu mente. Esta práctica de "simulación" mejorará tu capacidad de pronunciar el discurso.

Dan: Recuerdo cuando Andrea, mi esposa, estaba embarazada, veía mujeres embarazadas por todos lados. Lo mismo me pasó cuando quisimos comprar nuestro departamento, comencé a ver anuncios de venta por todos lados. Un día, de broma, le pregunté a Andrea si esos letreros los pusieron a propósito para nosotros.

Rony: ¡Establecer una meta funciona, en parte, porque establecemos nuestro SRA para prestar atención a las cosas que nos ayudarán a lograr la meta! Así, el SRA está funcionando, ya sea que se lo haya configurado intencionalmente o no. Establecer metas y pensar en ellas todos los días ayuda a programar tu SRA, para prestar atención a las cosas que apoyarán tu meta.

Dan: Me gusta, pero debo admitir que estoy sintiendo miedo.

Rony: Esa es muy buena señal. Recuerda que se llama BHAG, donde la H tiene que ver con "Hairy", que es el miedo. Miedo implica que estás saliendo de tu zona de confort, que te estás atreviendo a ir más allá de tus límites.

Rony: Es mejor establecer una meta en vez de no tener ninguna. La gran mayoría de la gente evita establecer metas por miedo de fracasar. Te puedo asegurar que no establecer una meta no evita no fracasar, solo no te das cuenta de ello. Es mejor establecer una meta y trabajar hacia ella, y en caso de fallar, pues en realidad no fracasaste, sino progresaste hacia un destino en específico. Para mí, fracasar es haber cometido errores y ni siquiera haber aprendido de ellos.

Dan: Bien dijo Nelson Mandela: "I never lose, either I win or I learn"; o sea, "Yo nunca pierdo, ya sea que gano o aprendo".

Rony: Así que usemos ese miedo a tu favor. Que sea un consejero y no un carcelero.

Dan: Me gustó eso, deja lo apunto para no olvidarlo. Me parece un buen lema de vida "que el miedo sea un consejero no un carcelero". Pero tener un objetivo me va a limitar.

Rony: Los límites son buenos, nos ayudan a simplificarnos la vida. Verás, una persona que es vegetariana, aparentemente está limitada en las cosas que puede comer y pareciera que su vida es más complicada, pero, en realidad, su vida comienza a tomar una forma más sencilla, ya que si, por ejemplo, va a Cheesecake Factory, en vez de pasar horas revisando el menú, tan solo tiene que buscar las opciones vegetarianas o preguntarle al mesero.

Dan: Sí, ese menú es interminable. Cuando termino de revisar el menú, ya no me acuerdo de qué opciones se me antojaron y debo volver a empezar. Se vuelve frustrante.

Rony: Así es, los límites ayudan a simplificar la toma de decisiones, porque ya solo debes tomar decisiones dentro de un grupo más selecto. Fíjate cómo sucede lo mismo cuando curioseas las diferentes películas en Netflix, puedes pasar al menos una hora buscando qué quieres ver y, al final, no recuerdas qué te llamaba más la atención. Si en el buscador pusieras un "límite" de películas de acción, te ayuda a simplificar tu toma de decisiones. Primero hay que imaginar lo que uno quiere crear, comprometerse a lograrlo, hacer un plan para lograrlo, tomar acción, medir los resultados y ajustar sobre la marcha.

Dan: Esto suena como "el poder de la atracción" o la película *El secreto*.

Rony: Pues no está lejos de eso, estamos hablando lo mismo, solo que no con un pensamiento mágico de que si lo piensas y deseas, simplemente sucede. En realidad, hay que trabajar para lograrlo. Pero sí ayuda tener muy clara la visión de lo que quieres lograr, pensar en ello todos los días y trabajar por ello. La gran mayoría de la gente prefiere no establecer un objetivo porque implica un compromiso y la posibilidad de fracasar. La ironía es que si no hay un objetivo no hay posibilidad de sentirte exitoso. Por cierto, ¿cuál es tu definición de éxito?

Dan: Éxito sería ser reconocido como un gran empresario, tener mucho dinero en la cuenta de banco, viajar en primera clase y dar pláticas de mi historia de vida.

Rony: Yo pensaba parecido a ti, hasta que descubrí que esa definición de éxito me estaba haciendo miserable la vida, entonces conocí la filosofía de Earl Nightingale, que dijo: "Success is the progessive realization of a worthy goal or ideal", es decir, que éxito es el progreso constante hacia un objetivo que vale la pena. Suena muy simplista, pero si te das cuenta, sentir progreso paulatino da una sensación de éxito. Puedes sentirte exitoso hoy con las condiciones que tienes, solo debes sentir que progresas.

Dan: No me queda claro.

Rony: ¿Alguna vez has estado a dieta, queriendo estar en mejor condición física?

Dan: ¿Quién no?

Rony: Exacto. Donde cada día es una batalla por comer sano y hacer ejercicio, cada día logrado es una victoria generada, y conforme van pasando días de victorias, tu estima aumenta, cada vez te sientes mejor, más seguro de ti mismo; y mejor cuando la báscula o tu ropa confirman los resultados. Cada vez que ves un poco de progreso hacia tu objetivo, te debes sentir…

Dan: ¡¡¡Exitoso!!! Ya entendí. Sí hace sentido. Pareciera mediocre la definición, pero con esa definición tengo oportunidad de sentirme bien hoy y lograr resultados. Con mi antigua definición de éxito, solo sentía frustración. La pondré en práctica.

Rony: Parte del proceso que estamos trabajando, lleva una profundidad en cambiar ideas, creencias y definiciones, sobre todo las tuyas, porque tú eres el que mayor impacto hace en la organización. La empresa es un reflejo del líder. Cambiar de ideas o creencias es clave en el desarrollo de la organización, porque implica que tú te has desarrollado. Si la empresa cambia es porque tú cambiaste.

Dan: Es tan duro que incluso duele la cabeza de pensar tan diferente de pronto.

Rony: Sí, es doloroso el cambio, porque es como cuando se rompe un hueso que, al momento de sellarse, ocurrió mal, así que hay que volver a romper el hueso para acomodarlo de manera correcta. Dicen que duele más volverlo a romper que la primera vez que sucedió.

Dan: ¡¡¡Sí, es horrible!!!

Rony: Pues en esta empresa se han sellado algunos huesos mal acomodados, lo cual nos llevará a que hay que romper algunos huesos para volver a acomodarlos. No prometí un proceso sin dolor, prometí que cambiaría para bien. En el proceso sentirás dolor, pero este terminará.

Rony: Lo bueno es que ya estamos avanzando en el proceso, ya conocemos con más claridad la realidad de la empresa, ya no estás combatiendo fantasmas, ahora ya tienen nombre y soluciones, así como también ya sabemos hacia dónde vamos. Albert Einstein solía decirles a sus alumnos que si él tuviera una hora para resolver el problema del mundo utilizaría 55 minutos en analizar el problema para llegar a un diagnóstico certero, y una vez conociendo las causas, tardaría 5 minutos en encontrar una solución. Ese GPS es el diagnóstico. Sabemos dónde estamos parados y hacia dónde vamos. Tener esa claridad ayuda enormemente a que podamos tomar decisión con la mayor información.

Rony: Es muy común que los líderes de las empresas estén frustrados de que la gente no está alineada, que no trabaja hacia un mismo objetivo y que tiene muchos problemas de comunicación. La ironía es que el CEO, la gran mayoría de las veces, no ha creado ese objetivo común y/o la gente lo interpretó diferente; en ambos casos es su responsabilidad establecer y que la gente entienda. Si quieres que la gente esté en la misma página, hay que crear la página. Eso es lo que estamos haciendo.

Dan: Honestamente, a mí también me hará bien, ya que cambio de objetivos seguido, mi esposa me dice que no me comprometo con un objetivo. Te juro que no es falta de compromiso, sino que hay cosas que van teniendo más urgencia.

Rony: ¿Y no estás cansado de vivir en las urgencias?

Dan: Sí, mucho. Hasta pareciera que soy bombero, apagando fuegos todo el tiempo.

Rony: Anthony Robbins dice que "The road to somewhere leads to nowhere", así que es mejor establecer un objetivo específico. Si tienes claro que tu objetivo es abrir operaciones en Colombia, ¿hay actividades, productos, proveedores que te vengan a la mente que debes eliminar y otros que deberías incorporar?

Dan: Sí, claro, debo empezar a tener relaciones con la Cámara de comercio de Colombia y eliminar a mi proveedor de nómina, que no veo cómo ayudaría con esa visión.

Rony: Excelente, ya estás experimentando el efecto de tener claros tus objetivos. Te ayudan a decir NO a lo que es necesario sin sentir remordimiento, ya que hay una razón de ser por la cual dices que NO y comienzas a buscar recursos que apoyen el objetivo.

Rony: ¿Has notado cómo aquellos países que tienen visión y planeación estratégica son mucho más evolucionados y tienen mejor calidad de vida? Por ejemplo, los países anglosajones como USA e Inglaterra tienen una visión y un plan a largo plazo, trabajan por el bien común y por lograr los planes como nación, ellos piensan a 40 o 60 años. Desgraciadamente, en México y Latinoamérica, no es el caso, pensamos, a lo mucho, en plazos de 4 años. Cada vez que sube un nuevo presidente, pareciera que la computadora se resetea y todo comienza casi de cero, no hay un plan a largo plazo. Así que, como puedes ver, tener una visión ayuda en gran medida.

Rony: Ahora es momento de que empieces a involucrar a tu equipo en el proceso. Para lo cual es importante que te reúnas con ellos y les expliques el GPS, el punto A, la situación actual, y el Punto B, el objetivo que quieres alcanzar como compañía.

Dan: Pero ¿qué pasa si no me compran la idea, si no les gusta la visión?

Rony: Pues hay varias opciones: a) les puedes vender mejor la idea; b) escuchas su retroalimentación, tal vez te pueden ayudar a tener algo más completo e integral, c) no tienes a la gente correcta y es mejor que se bajen del barco cuanto antes.

Dan: Viéndolo así, es sencillo. Ojalá todos se suban al barco.

Rony: Si encuentras resistencia, es normal. A la gente no le gusta el cambio, prefiere vivir en su zona de confort aunque esté incómoda. Cuando más resistencia vas a ver será cuando implementemos tableros de indicadores, cuando empecemos a medir los resultados de la gente; ahí veras su incomodidad y que va a preferir al método de trabajo anterior: SIN MÉTODO.

Conclusiones

● Definir con la mayor claridad posible el punto de destino en un cierto plazo de tiempo ayuda a comprender con mejor facilidad el equipo, las herramientas, los recursos, etc., que necesitas para llegar, ya que si no planeas a dónde vas, es muy probable que no llegues.

● Ya que tienes un punto de destino asegúrate de que todos comprendan lo mismo: que el lenguaje que hablen en tu organización sea consistente y coherente.

HABLANDO UN LENJUAGE COMÚN

● El anuncio de Berlitz muestra de una manera muy graciosa cómo el lenguaje es clave para la comunicación efectiva. En el video se ve cómo en la torre de control alemana, donde se habla con el USS coast guard, este hace un llamado de SOS mencionando "We are sinking", y el operador contesta "What are you thinking about?".

● En cada comunidad se habla un idioma o lenguaje particular, con sus denominaciones y slang. Sin embargo, si no se aclaran los términos, la posibilidad de que la gente esté entendiendo cosas diferentes en un mismo enunciado es muy alta.

Nos reunimos en la oficina de David, otro de mis clientes, que lleva un proceso más avanzado, en el cual ya llevamos un camino recorrido. El mismo David podrá compartir parte de su experiencia, pero, en particular, la problemática y caos que vive si una parte fundamental de la empresa no está correcta. Me refiero, específicamente, al lenguaje. Nos quedamos unos minutos hablando en el estacionamiento antes de subir a la oficina de David.

Rony: ¿Qué dirías si tienes solo 60 segundos para negociar la vida de una persona que está secuestrada por un terrorista?

Dan: Eeeeh. Uy, no sé. ¡Qué difícil!

Rony: Chriss Voss es un ex-agente del FBI que hacía las negociaciones de rehenes, y hoy en día es el CEO de The Black Swan Group, donde no solo va por el mundo realizando negociaciones arriesgadas como las de rehenes, sino también va enseñando a emprendedores a negociar de manera adecuada. Él dice que la clave es el lenguaje que se usa, ya que cada palabra tiene un impacto emocional. Porque cuando está negociando con un terrorista, no puede ni debe utilizar las herramientas de escucha activa, que te provocan hablar desde "yo entiendo que estés enojado", "yo escucho que estás molesto", sino más bien hablar como "al parecer estás molesto y harto de la situación...", ya que la forma en la que hables determinará el tipo de negociación que logres.

Dan: Wow, ya me imagino el entrenamiento que necesitan tener para poder tener conversaciones así de delicadas.

Rony: Por lo que explica él, en lo que más se concentra es en el manejo del lenguaje adecuado, para generar la empatía correcta. Entremos a la oficina de David, para que lo puedas conocer y te platique un poco de lo que él vivió en el proceso y el impacto del lenguaje.

David: Es un gusto conocerte, Dan, estás en buenas manos de Rony y su equipo. Nos han ayudado mucho en nuestro proceso de crecimiento.

Rony: Me gustaría que le platicaras tu experiencia respecto al lenguaje común. El conflicto constante que surgía a razón de no "hablar el mismo idioma".

Dan: Gracias por recibirnos, aunque, según yo, todos hablamos el mismo lenguaje e idioma en mi empresa.

David: Me parece que te vas a sorprender. Yo también creía que hablábamos el **mismo idioma**, pero con la ayuda de Rony nos dimos cuenta de que no era así, que mientras unos hablaban de un término en específico, realmente significaba otra cosa. Y me tenía frustrado que el equipo no se comunicaba de manera sencilla y que cada uno interpretaba las cosas diferentes. Te voy a poner un ejemplo: yo pedía que me informaran del avance de las ventas, para lo cual pedía me entregaran el monto facturado; para mí era obvio que todos entendían qué es el número de facturado, pero me entregaban la información de las órdenes de compra, que no son lo mismo: una lleva a la otra, pero no son lo mismo. También pasaba que mientras alguien en el equipo hablaba de nuestro cliente final, en realidad estaba hablando del consumidor, porque no teníamos claro que había diferencia entre consumidor final y cliente.

Dan: No entiendo, ¿no es lo mismo consumidor y cliente?

Rony: No necesariamente, depende del producto, servicio y compañía. No hay regla general. Para definirlo de manera sencilla, cliente es la persona a la cual yo debo satisfacer sus necesidades y por consecuencia él/ella está dispuesto/a a pagar un precio por el valor que adquiere de nuestra parte. El consumidor es aquella persona que consume el producto. En ocasiones es la misma persona para ambos roles, pero en otras, no; por ejemplo, el cliente de Nestlé, específicamente en cereales, son los supermercados de mayores, y sus consumidores son mayormente las madres de familia que se preocupan por el bienestar y salud de sus hijos. Esas madres son los clientes del cliente de Nestlé y claro que tiene un impacto en su opinión y satisfacción, pero Nestlé se debe concentrar en tener satisfecho al supermercado. En un siguiente nivel, la madre es la clienta y sus hijos los consumidores.

David: En nuestro caso tenemos dos líneas de productos. Nos tomó tiempo entender la diferencia entre cliente y consumidor en cada uno de ellos, lo veíamos de manera genérica y mal planteada, lo cual nos tenía sumamente estresados. Somos un call center, donde recibimos muchísimas llamadas. Al principio, pensábamos que nuestros clientes eran las personas que llamaban; sin embargo, con la ayuda de Rony, entendimos que nuestros clientes son los profesionistas que pagan por la publicidad y debido a esa publicidad entran las llamadas a nuestros números, desde donde hacemos el levantamiento de datos y asignamos una cita de los consumidores, que ellos son clientes de nuestros clientes. Ahora entendemos a quienes debemos hacer muy felices es a nuestros clientes y que debemos poder distinguir la retroalimentación según de quien venga, porque tienen diferente peso e importancia. No es lo mismo recibir retroalimentación de un cliente que de un cliente del Top 10.

Rony: Aún no hemos llegado ahí con Dan, no hemos hecho el trabajo de categorización de clientes, pero hazme un favor y explícale de una vez qué es Top 10.

David: El Top 10 son los 10 clientes más importantes que tenemos en el grupo y su satisfacción tiene más peso que cualquier otro tipo de clientes, ya que son ellos quienes realmente mantienen viva la organización. Son el tipo de cliente ideal que queremos tener más.

Dan: Entonces, ¿descubrieron muchas diferencias en el lenguaje?

David: Muchísimas. Yo empecé el negocio con 3 personas. Hoy somos una empresa de 160 personas. Yo asumí que todos entendían lo que se pedía y decía, lo cual no sucedía y me generaba muchísima frustración. El lenguaje no era claro más que al parecer para mí: pedía reportes de utilidad y me daban el número de facturación, preguntaba la capacidad instalada disponible para atender a nuevos clientes y recibía números y perspectivas diferentes por cada persona. No solo teníamos percepciones diferentes, sino que los números eran distintos.

Rony: Como puedes ver, Dan, es muy común que la gente tiende a asumir que todo mundo entiende. El cerebro humano utiliza la "función" de asumir, para evitar procesar mucha y constante información; sin embargo, en los negocios debemos evitar que la gente asuma, las cosas deben estar lo más claras posible, para evitar confusiones y/o buenas intenciones. Uno de mis mentores, David Chávez, me enseñó hace algún tiempo que en inglés asumir se escribe ASSUME, y que de forma graciosa él dice que la palabra hay que dividirla ASS/U/ME, lo cual representa Ass between U and ME, es decir, que es "el idiota que queda entre tú y yo". Asumir es muy peligroso.

Dan: Pero ¿por qué no todos entenderían el mismo mensaje de lo que se dice en la empresa?

David: Porque cada persona viene de un antecedente diferente, con conocimiento distinto y nunca ha trabajado en tu empresa. Es tu responsabilidad de que la gente esté entrenada en tus procesos y lenguajes.

Rony: No estoy seguro si te platiqué, pero la queja más común en los miembros de empresas que quieren crecer está en la comunicación. Deja te digo que la comunicación nunca es el problema, sino todo lo que está debajo de ella. La comunicación solo es una evidencia de que algunas cosas no están funcionando bien. Es como ver la punta del iceberg, pero debajo hay problemas de procesos, metodologías, indicadores, políticas, lenguaje, etc.

Rony: En infinidad de veces me ha sucedido, cuando voy a Latinoamérica a trabajar en talleres o juntas de trabajo. Yo digo algo que, por ejemplo, en México es una cosa, y en Colombia significa algo diferente. A modo de ilustración: en México el término "ahora" significa 'más tarde', y "ahorita" significa 'en este momento'; pero en República Dominicana, "ahora" es 'en este momento', y "ahorita" es 'más adelante'. En México, se habla de "popote", pero en Colombia, de "pajilla". Y así muchos casos.

Dan: Ya empiezo a ver. Sí, recuerdo cuando fui de trabajo a Venezuela y renté un auto en el que venía uno de mis socios comerciales venezolano. Mientras manejaba, él comenzó a gritar "Policía acostado, policía acostado", de pronto sentí cómo el auto pasó por encima de algún objeto. Frené de inmediato, casi con las lágrimas en los ojos y pensando que no vería a mi familia en mucho tiempo por estar en la cárcel por haber matado a un policía. Mi socio me miró y me preguntó qué sucedía. Le expliqué que lo sentía mucho y que no quería ir a la cárcel, que no era mi intención atropellar a un policía. Es ahí donde soltó la carcajada y me dijo que un "policía acostado" en Venezuela es lo que en México sería un tope o en Estados Unidos un speed bump.

Los 3 reímos mucho de la historia. A todos nos han pasado situaciones donde las palabras significan cosas diferentes.

Rony: Las palabras tienen, otro significado según el lugar y la educación. Es tu responsabilidad establecer el **"diccionario" para tu empresa**, para asegurarte de que la gente hable el lenguaje que quieres, aunque la gente sea de tu mismo país y región. Mi esposa y yo somos de círculos casi iguales, pero en la casa en la que ella creció la frase "tenemos que hablar" es 'tenemos un tema pendiente y hay que conversarlo', mientras que en la casa en la que yo crecí "tenemos que hablar" significa que hay algo muy malo que hice y voy a ser castigado.

Dan: Sí, yo crecí igual que tú.

Rony: Mira un ejemplo de cómo el lenguaje puede impactar la confusión y el drama en la organización. En este "acertijo" verás que recibes respuestas muy distintas: si tuviera 4 huevos, un ladrón lleva 3 huevos y el gallo de mi casa pone 5 huevos, ¿cuántos me quedan?

Dan: Deja hago cuentas. Yo diría que tengo 6 huevos, es decir, son 4 que tengo menos 3 que se lleva el ladrón más 5 del gallo.

David: Según yo, tendría 7 huevos. Es decir, tengo 4 y el ladrón lleva 3.

Dan: ¿Y qué hay de los 5 del gallo?

Rony: El gallo no pone huevos, es la gallina. Imagina que le preguntas a tu equipo este acertijo, ¿cuántas respuestas diferentes tendrías?

Dan: Pues somos 5, yo creo que, al menos, 4 respuestas diferentes.

Rony: ¿Ves? Todo empieza por el lenguaje. Cosas tan sutiles como el hecho de que el ladrón "lleva" es muy diferente a "se lleva": "lleva" implica que trae y "se lleva" implica que las toma.

Dan: Me pregunto cuánta confusión existe en la organización por diferencias de lenguaje.

David: Ni te imaginas, es mucha. Mi mayor conflicto con el equipo fue que la gente entendiera y me respondiera correctamente la pregunta de cuánto ganamos en este trimestre. Para mí, ganar es la utilidad del periodo, pero algunos de los miembros de mi equipo pensaban que ganar el dinero es lo que facturamos, mientras que otros pensaban que es el dinero que ingreso en la cuenta de banco. Teníamos 3 números diferentes para la misma pregunta.

Dan: ¿Y qué se hace? Ya me preocupé. Sí me han sucedido cosas similares, donde pregunto una cosa y me contestan otra. Y ahora con tantas preguntas que se manejan vía emails o mensajes de WhatsApp, no puedo ver su cara para ver si entendieron correctamente mi pregunta.

Rony: ¿Qué se hace? Un diccionario de la empresa.

Dan: ¿Diccionario de la empresa?

David: Sí, mira, te presto el diccionario de nuestra empresa. Cada vez que llega un nuevo miembro a trabajar con nosotros, parte de su capacitación es en los términos y lenguaje que usamos en la empresa. No nos gusta asumir que la gente entiende lo que queremos decir, preferimos educar a la gente en vez de vivir con confusiones y conflictos.

Dan: Suena interesante, y ¿cómo hago el diccionario?

Rony: Reúnete con tu equipo y hagan una lista de todos los términos que se usan en la empresa. Después discutan el significado de cada uno de ellos. Una vez que hayan llegado a una conclusión o definición, póngala por escrito. El diccionario es un documento vivo que irá aumentando términos conforme pase el tiempo. Puede ser que modifiquen definiciones que aparentemente tenían correctas, solo el tiempo les dirá lo que tenían bien y mal.

David: Solo el hecho de tener la discusión en equipo de los términos ayuda a poner las cosas más claras y comienzan a bajar barreras que existen entre los miembros del equipo.

Rony: Como coaches tenemos un entrenamiento donde logramos escuchar los diferentes niveles de lenguaje. Ya que el modo en que habla la gente tiene un impacto brutal en como piensa y actúa. Por ejemplo, no es lo mismo que una persona te responda: "Debo hacer el inventario" que "Tengo que hacer inventario" que "Quiero hacer inventario". Aparentemente, los 3 enunciados son lo mismo, solo superficialmente, pero si miras con detalle y profundizas, "tengo que" tiene que ver con algo que estoy obligado; el "debo" tiene que ver con un pendiente de importancia, y "quiero" tiene que ver con el gusto por hacer algo. Si no me crees, en los enunciados que te dije, cambia la palabra inventario por ejercicio. Fíjate cómo el significado cambia y la energía con la que la persona está participando.

Dan: Ya veo, es cierto, no es lo mismo "quiero hacer ejercicio" que "tengo que hacer ejercicio". "Quiero" es por gusto, y "tengo", pues es que me obligaron.

Rony: Ahora profundicemos. El lenguaje con el que habla la gente también te demuestra la realidad en la que vive, si se siente parte del equipo o no, si está contenta con la vida. Dave Logan, en sus estudios y en su libro de *Liderazgo Tribal*, nos explica que los grupos de gente son pequeñas tribus, cada una de las cuales tiene su cultura y lenguaje dependiendo de la etapa en la que se encuentre. **Existen 5 etapas**. Mientras las explico, ve identificando gente que tengas en la empresa que encaja con el perfil.

Dan: Tomo nota.

David: Creo que será un buen recordatorio. Esto lo vimos hace algún tiempo. Seguramente ahora podré entender mejor las cosas. Es que me pasa que cuando vuelvo a leer un libro o ver una película, veo cosas que no había visto antes.

Rony: **Etapa 1**, se llama "La vida apesta", esta representa el 2% de la población mundial. Una tribu en la etapa 1 tiene un ambiente hostil. Las personas con una mentalidad de etapa 1 sienten que la vida es cruel e injusta. A menudo creen que deben ser violentos u odiosos para sobrevivir. Es muy recomendado NO contratar gente que manifieste este tipo de pensamiento, dañará la cultura de la organización y generará un ambiente hostil.

Dan: Creo que tengo un par de esos en la empresa, que siempre están en desacuerdo con todo solo por estar en desacuerdo, sin fundamento. Son gente infeliz y nadie quiere trabajar con ellos.

Rony: **Etapa 2**, se llama "Mi vida apesta", esta representa el 25% de la población.

Dan: ¿Y eso es mejor?

David: Claro, porque no es lo mismo pensar que todo está mal, a pensar que mi vida está mal. Si veo que mi vida es la que está mal, por lo menos puedo identificar que hay gente que tiene cosas mejores que yo.

Rony: Además considera que la gente, según en la etapa en la que está, atrae a gente similar. La segunda etapa se caracteriza por la apatía: las personas con esta mentalidad no piensan que *toda* la vida es horrible, solo que *su* vida es horrible. No creen que su situación pueda mejorar, por lo que evitan la responsabilidad a toda costa. Ocurre con frecuencia en entornos altamente burocráticos, donde muchas personas realizan trabajos aburridos y repetitivos en cubículos. Probablemente culparán al jefe, al sistema o su educación como los causantes de que no pueden hacer algo más creativo. Los empleados no mostrarán iniciativa a menos que tengan que hacerlo.

Dan: Alguna vez en la vida me sentí así. No era la mejor persona con la cual podían convivir, lo bueno es que cambié una serie de circunstancias en la vida y ya no me siento de esa manera.

David: Todos pasamos por eso y de cuando en cuando regresamos a esa etapa. Lo bueno de tener las etapas es que te ayudan a identificar dónde estás y dónde está la gente a tu alrededor.

Rony: **La tercera etapa** se llama "Yo soy genial, pero tú no", es la mentalidad más común, que afecta al 48%. Desafortunadamente, sigue siendo negativo y poco saludable, pero mucho mejor que las primeras etapas. Se caracteriza por el egoísmo y la arrogancia hacia los demás. Las personas con mentalidad de etapa 3 solo se preocupan por sus propios intereses. Formarán vínculos de dos lados con otras personas de la etapa tres, pero solo si ambos lados se benefician directamente. Un empleado con una mentalidad de etapa 3 probablemente se siente bastante solo, en gran parte porque a menudo ve a sus colegas como incompetentes o flojos.

Rony: Por ejemplo, un médico le dijo una vez a Dave Logan, el autor de este libro, que las enfermeras son solo enfermeras porque no son lo suficientemente inteligentes o trabajadoras como para ser médicos. Considera cuán solo debe sentirse este médico: piensa que sus colegas carecen de la inteligencia para apreciar su trabajo y no son tan dedicados como él. Su actitud y declaración de la etapa 3 no solo es desagradable con sus colegas, sino que también lo afecta negativamente. Una etapa de la cultura tribal 3 hace que un lugar de trabajo sea improductivo, ya que impide la cooperación real entre los miembros. Los empleados individuales pueden beneficiarse a veces en la etapa 3, pero es necesaria una buena colaboración para que cualquier proyecto significativo tenga éxito, y los empleadores de esta etapa generalmente están demasiado interesados en colaborar bien.

David: En el ejemplo del doctor, si no tiene suficiente confianza en sus colegas para delegarles algunas responsabilidades, no tendrá tiempo para trabajar en la sutura entre sus tareas diarias habituales o simplemente no podrá ejecutar cirugías, porque evidentemente está demostrando desconfianza de su equipo.

Rony: Completar un objetivo significativo como ese es bastante difícil por sí solo: requiere la ayuda de otros. Una mentalidad de etapa 3 realmente puede obstaculizar la cooperación necesaria en cualquier lugar de trabajo próspero.

Dan: Pero, por lo que veo, es mejor la etapa 3 que las anteriores.

Rony: **Etapa 4** se llama "Somos geniales", representa el 22%. Esta es la etapa a la cual hay que aspirar. Es un ambiente de trabajo de colaboración y visión común, donde lo que importa son los resultados del grupo, conseguir el bien común. Una pregunta común que se hacen los miembros en esta etapa es ¿qué le conviene a la empresa? Con base en ello toman decisiones. Los miembros de la tribu están unidos en torno a valores comunes y una causa noble en la que realmente creen. Los miembros están más dedicados a la causa de la tribu que a su propio éxito. Esta colaboración y compromiso saludables hacen que los entornos de trabajo de la etapa cuatro sean los más exitosos. El poder de aprovechar todas las ideas de los miembros puede allanar el camino para una verdadera innovación.

Dan: En definitiva, estamos en la etapa 3. Veo más rasgos de la etapa 3 en mi gente que de la etapa 4.

Rony: En 2003, por ejemplo, IDEO diseñó algunos edificios nuevos para el grupo hospitalario Káiser Permanente. Antes de comenzar, trabajaron junto con el personal de Káiser en situaciones de juego de roles, pidiéndole que fingiera ser pacientes. Al hacer esto, descubrieron que los nuevos edificios eran innecesarios: era mejor reorganizar el espacio que ya tenían. Mantuvieron su valor de centrarse en los pacientes sobre su deseo de expandirse y colaboraron para encontrar la mejor solución.

David: Ahora que conocemos esto, cuando contratamos gente, buscamos que al menos piense como etapa 3 y le ayudamos a evolucionar a una etapa 4. Me aseguro de corregir a la gente cuando dice "yo" en vez de "nosotros". Quiero erradicar la mentalidad individualista y que se piense como un grupo. Quiero que los clientes nos vean como una empresa unida, no dividida en departamentos.

Rony: **Etapa 5** se llama "La vida es grandiosa", representa el 2%. Es la más rara de las etapas, es casi utópica. Son pocas las tribus que logran esta etapa y lo hacen por un pequeño periodo, después regresan a la etapa 4. En la etapa 5, la causa central de la tribu es lo único que les importa a los miembros. No trabajan para alcanzar los objetivos de la empresa para beneficio personal. En cambio, sienten una sensación de asombro casi religiosa sobre su causa o las posibilidades que ofrece, al punto que no ven a otras empresas de la misma industria como su competencia, sino que son empresas que complementan la misión que ellos tienen. Por ejemplo, la compañía de biotecnología Amgen fue extremadamente exitosa en la década de 1990. Cuando se le preguntó quién era su principal competidor, no nombró otra compañía, sino hábitos tóxicos en sí misma. No pretendía convertirse en la corporación más exitosa en su campo, en cambio, realmente quería derrotar a adversarios como el cáncer o la obesidad.

Dan: Está interesante y es una buena guía y sí, definitivamente estamos en la etapa 3. ¿Cómo cambiamos a la etapa 4?

Rony: Tú debes ser un líder tipo 4, ser un ejemplo para ellos, generar un idioma o lenguaje común, objetivos que solo se pueden alcanzar con el esfuerzo y trabajo colaborativo; es decir, que no los puedes alcanzar solo, sino que necesitas el apoyo de tus compañeros, reforzar la pregunta ¿qué le conviene a la empresa?. Pero comencemos con esos.

David: Ahora, con este repaso, me doy cuenta de cuánto hemos progresado. Hoy cuento con un equipo que, en vez de poner pretextos o pelear por tener la razón, se ha vuelto más humilde, sabe pedir ayuda y recibirla. Mi equipo está más preocupado de que logremos los resultados de la empresa en lugar de que alguno de ellos brille y el resto no, como nos pasaba antes.

Dan: En mi empresa la confusión que se ha generado es debida a que el de Ventas habla de precios sin aclarar si son precio final; el de Producción, hablando de capacidad instalada teórica en vez de capacidad real, lo cual provoca problemas de planeación y estrategia comercial; el de Finanzas, hablando del monto que se facturó, en vez de hablar de la cantidad de cuentas por cobrar. Por ejemplo, en los indicadores de Carlos, de Ventas, este habla de porcentajes cuando su objetivo está en cantidad de piezas vendidas. Tristemente, me doy cuenta de la importancia del lenguaje y que no contamos con un idioma organizacional correcto, que promueva el éxito en vez de caos.

Conclusiones

- Si tienes un lenguaje adecuado, tu organización evita mucho drama y confusión, lo que te permitirá tomar mejores decisiones en menos tiempo.
- El lenguaje y las problemáticas que se manifiestan están relacionados a la etapa en la cual la organización está viviendo.

ETAPAS Y HÁBITOS TÓXICOS DE LAS ORGANIZACIONES

● Así como los seres humanos presentan ciertos comportamientos según la etapa que están viviendo, lo mismo sucede en las organizaciones. Hay hábitos y comportamientos que son correctos para el momento que se vive y hay otros hábitos que son destructivos, ya que pertenecen a etapas anteriores.

Rony: Las empresas son organismos vivos que tienen comportamientos predecibles, lo cual nos ayuda a anticiparnos a lo que vendrá sobre cómo se comportará la empresa. Así como los seres humanos tenemos etapas de vida en las que hay comportamientos adecuados, cualquier comportamiento de otra etapa sería inadecuado. Esos comportamientos son conocidos como hábitos. Pongamos de ejemplo que si nos interrumpe un niño de 2 años una reunión, entra y eructa, ¿qué nos pasaría?

Dan: Seguramente nos reiríamos.

Rony: ¿Qué sucede si el que entra es tu vendedor estrella y eructa?

Dan: No sé, pero sería muy incómodo. Como que no estaría bien.

Rony: Precisamente a eso me refiero. No estaría bien porque no corresponde ese comportamiento a esa edad. Lo mismo pasa en las empresas. Para cada etapa hay un comportamiento interno que promueve hábitos y actividades. Debemos entender cuál es la etapa en la que estás y qué hábitos están presentes, y de ahí ver qué es adecuado para este momento.

Dan: Pero ¿para qué quiero ver qué sucede dentro si tengo el problema de que la competencia me está ganando clientes?

Rony: ¿De qué te preocupa la competencia si, al parecer, el enemigo está dentro de casa? Los departamentos no se apoyan, los directores viven en conspiraciones y en juegos de echar la culpa. Primero arreglemos lo que está dentro, después nos preocupamos de la competencia. Para esto, solo debes ser un poco diferente y mejor, solo debes tener una ventaja competitiva y explotarla al máximo.

Rony: Hay 2 indicadores que nos muestran la etapa y la problemática que vive la empresa, son la cantidad de empleados y el RPE. Deja te comparto las etapas de la organización según el modelo de Daniel Priestley:

- **Start-up**. Cada negocio comenzó como un concepto en la mente de alguien, con entusiasmo y nerviosismo en previsión del lanzamiento. Al trabajar con ideas, planes, prototipos y conjuntos de habilidades, alguien creó una visión, esperando recompensas de dinero, un trabajo más significativo y una mayor libertad. Fue brillante en su mente y así comenzó.

- **Wilderness** (1-2 fundadores). Después del lanzamiento, la mayoría de las empresas terminan en modo de supervivencia, con los fundadores trabajando solos. No hay un equipo que los ayude a realizar ventas, brindar el servicio o las operaciones diarias. Los propietarios quedan con poco tiempo libre, dinero o libertad. Oscilan entre el estrés y el aburrimiento, a menudo sintiéndose perdidos e incapaces de ver una manera de romper el ciclo. En el Reino Unido, Estados Unidos y Australia, el 75% de todas las empresas no llegan a un punto en el que puedan emplear a nadie.

- **Boutique de lucha** (3-12 personas con bajos ingresos por persona). Un pequeño equipo comienza a formarse y los roles se vuelven más centrados. La boutique en dificultades puede pagar salarios básicos, pero no es muy rentable. Se define por la geografía (por ejemplo, Brighton Pizza Shop, Tampa Bay Printing) y no desarrolla muchos activos; principalmente, el tiempo de intercambio es por dinero.

- **Boutique de estilo de vida** (3-12 personas con altos ingresos por persona). Un equipo pequeño y dinámico con gastos generales relativamente bajos, pero se forma una cultura de alta energía. El equipo se autoorganiza, se divierte desarrollando activos digitales que llegan a las personas a nivel mundial y el negocio parece mucho más grande de lo que es. El propietario recibe mejores ingresos de los que podría obtener en un trabajo corporativo con más libertad, mayor impacto y menos estrés. Este tipo de negocio a menudo se centra en una "persona clave de influencia", que es conocida, apreciada y confiable en su industria.

- **El desierto** (13-40 personas). Durante esta fase de ampliación, el negocio es demasiado grande para ser una pequeña boutique y demasiado pequeño para ser un gran negocio. Los gastos generales aumentan con personal adicional e inversión en crecimiento. El negocio requiere líderes, gerentes y técnicos, pero no puede permitirse estos roles. Aunque el negocio fundamental es sólido, deja de ser rentable e invertir en proyectos a largo plazo mata el flujo de caja. La cultura se daña cuando se tira en dos direcciones: la estructura plana del pasado frente a la cultura profesional del futuro. Necesita crecer o reducirse rápidamente antes de quedarse sin efectivo.

- **La fábrica** (más de 40 personas con bajos ingresos por persona). Agregar un alto número de empleados sin mejorar los ingresos por persona crea un negocio estresante conocido como fábrica. El negocio siempre está al borde de un precipicio financiero a medida que la nómina avanza mes a mes. No hay dinero para recompensar a los de alto rendimiento y se van, y no hay dinero para investigación y desarrollo, por lo que las cosas se estancan. El negocio comienza un ciclo de recortar gastos generales y erosionar los pocos activos que alguna vez tuvo.

- **Rendimiento** (40-150 personas con altos ingresos por persona). Este es un equipo dinámico de profesionales que trabajan con activos comerciales de alta calidad. El negocio es casi irreconocible de la boutique de estilo de vida que alguna vez fue. La cultura, la marca, los sistemas y los productos han cambiado y la empresa ahora presta servicios a más mercados y territorios. Hay beneficios saludables de activos estratégicos bien desarrollados (principalmente digitales o intangibles). Los dueños de negocios pueden esperar y disfrutar de las ganancias o salir por una cantidad de dinero que cambia la vida.

● **Unicornio** (más de 250 personas con ingresos ultra altos por persona). Este es un equipo de rendimiento que estaba en el lugar correcto, en el momento correcto, con la oportunidad correcta y el acceso a una gran cantidad de fondos, como Facebook, Uber, Tesla y LinkedIn. Recibe mucha atención y logra elevadas valoraciones en un corto periodo. Estas empresas son casi imposibles de replicar, aunque lo intentan miles de imitadores.

● **La corporación** (más de 250 empleados y establecida en el mercado). Esta gran bestia burocrática establecida tiene muchos activos y muchas personas trabajan para sudar o mejorarlos. Las corporaciones solían disfrutar de una posición dorada porque no mucho podía destronar a un negocio con escala y fuerza global. Más recientemente, cada corporación ha tenido que pensar como un equipo emprendedor o arriesgarse a ser interrumpida por un actor de rápido crecimiento o un unicornio inesperado. El dinero que fluye alrededor de las corporaciones ahora es un juego justo para los ambiciosos equipos empresariales.

Conocer estas etapas que son predecibles te guía a tomar acciones para tener el negocio que se desea.

Dan: Ya veo, creo que nosotros estamos entre fábrica y rendimiento.

Rony: Correcto, y esas son las empresas que son mi especialidad. También se le conoce como Scale Up a esta etapa. El impulsor de esta corriente de Scale Up es Verne Harnish, el cual fue mi maestro y me enseñó innumerables herramientas con las cuales transformó a las empresas, lo cual me dio la certificación de International Gazelles Coach.

Dan: Recuerdo que leí el libro de Verne de *Dominando los Hábitos Rockefeller*, libro que me abrió los ojos y del que logré implementar un par de las ideas, pero después lo olvidé.

Rony: También tuve la fortuna de trabajar un proyecto en Nestlé con Ichak Adizes, el cual es un gurú en transformaciones organizacionales para corporativos. Él mapeó el ciclo de vida corporativo, donde la etapa de **empresas Go-Go** define muy bien la etapa de Plastypack. Adizes diría que las empresas Go-Go son compañías que tienen ya algún producto o servicio exitoso, que crece rápidamente en ventas y tiene un fuerte flujo de efectivo. La compañía ya no está sólo sobreviviendo, está floreciendo. Los clientes clave están muy contentos con los productos y cada vez piden más. Hasta los inversionistas están comenzando a emocionarse. Con este éxito, todos rápidamente olvidan las tribulaciones de la infancia. El éxito constante rápidamente transforma esta confianza en arrogancia. Con una A mayúscula. Las Go-Go's son susceptibles a diversificarse rápidamente y tratar de abarcar demasiado. Tienen tantas ollas en la estufa que no pueden prestarle atención a cada una. Tienen que hacer decisiones y compromisos que jamás deberían haber hecho y comienzan travesías de las cuales conocen muy poco.

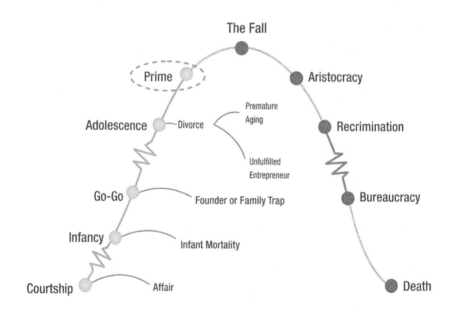

Dan: Pues en definitiva estas 3 perspectivas nos definen bien, somos empresa Go-Go de la metodología de Adizes; empresa Scale Up de la filosofía de Harnish, y empresa rendimiento de los estudios de Priestley.

Rony: En esta etapa hay una serie de "hábitos tóxicos" o hábitos que no son adecuados y se presentan muy seguido. Te los comparto y mientras ve tomando nota en cuáles te sientes identificado o, mejor aún, apunta si tienes algún ejemplo de que ese mal hábito está en la organización. Para fines prácticos los nombraremos HT (hábitos tóxicos).

● **HT1: Fomentando un mal ejemplo.** La organización es un reflejo del director y de su equipo; y, curiosamente, de lo que ellos se quejan es lo que provocan, así que hay que entender lo que está desatando o comenzando ese comportamiento en la compañía. Por ejemplo, si la gente no está dando resultados, muy probablemente se deba a que el dueño o equipo directivo nunca exigió resultados y el personal no está enfocado en alcanzar objetivos. Por eso insisto en que, casi siempre, todos los hábitos tóxicos de las empresas tienen su origen y terminan en el equipo directivo, aunque en ocasiones agentes externos las generan, pero ellos las propician.

● **HT2: Administración por best seller.** En USA le conocen como "the flavor of the month". Este es un síntoma que refleja el comportamiento de un dueño de negocio que constantemente asiste a cursos, lee libros, artículos y cualquier tipo de información sobre tendencias, metodologías, y si la idea le parece novedosa o adecuada la quiere implementar de inmediato en su negocio. Por ejemplo: el dueño leyó un libro que se llama *Profit First*, llega a la organización y les dice a todos que dejen lo que están haciendo porque, a partir de ahora, hay que asegurar la rentabilidad del negocio. Dos semanas después, cae en sus manos el libro de *La estrategia del océano azul* y le dice al equipo que lo anterior lo van a detener porque, ahora, lo indispensable es la ventaja competitiva para distinguirse de la competencia. Si bien es indispensable que el dueño esté informado y en la búsqueda del conocimiento, también es cierto que este cambio constante vuelve loco al equipo de trabajo y, eventualmente, el equipo sabe que en un par de semanas las prioridades cambiarán y llegarán al punto de no creerle al dueño. Se vuelve un juego de Pedro y el lobo, en donde la moda durará mientras llegue una nueva tendencia a implementar. Más allá de que el equipo no entra en la dinámica de este círculo vicioso, la verdad es que tampoco hay compromiso, porque los empleados no darán avances, pues saben que en algunos días las prioridades cambiarán, entonces no hay ninguna necesidad de esforzare en realizar algo y llevarlo a su fin.

● **HT3: Falta de ajuste a los planes.** En México hay una frase popular que ejemplifica este punto, se le llama "Proceso Paloma, donde el equipo da dos pasos y la cagan". Es un comportamiento de hacer planes y cometer errores sin corregir las actividades. Se debe a que en la organización no hay mediciones o registro de los errores. Se presenta más en organizaciones que viven en abundancia, ya que los errores se disfrazan entre todos los resultados. Sin embargo, cuando a la empresa se le presenta alguna crisis, estos errores resaltan y deben ser atendidos, sin ajustar los planes, procesos o hábitos, para obtener el resultado deseado.

● **HT4: Análisis vs. Parálisis.** De forma cómica, en Latinoamérica se le conoce como "el zopilote estreñido", refiere a aquel equipo directivo que se la pasa planeando y no se atreven a equivocarse. Se concentran demasiado en planear y no toman decisiones que los lleven a ejecutar. Hablan mucho del futuro viendo a largo plazo, perdiendo de vista la situación actual, lo cual los hace no actuar. Solo analizan y analizan las situaciones sin tomar acción.

● **HT5: Esquezofrenia:** Es vivir en un ambiente de excusas. Jacobo Neuman, consultor y capacitador, lo ha llamado "la esquezofrenia galopante" y consiste en responsabilizar a otros de lo que no estamos resolviendo dentro de la organización. Las organizaciones viven dentro de un número considerable de sinrazones y excusas: "Es que el tráfico…", "Es que el clima…", "Es que fulanito no me entregó a tiempo…", "Es que no recibí el correo electrónico…". Y entre tantas justificaciones se pierden los objetivos. "Explicación dada no solicitada, es **justificación**", dice el refrán.

● **HT6: Péndulo de la delegación.** La delegación es una habilidad adquirida pero poco enseñada. En ninguna escuela de MBA hay clases de delegación, a pesar de que es un requisito indispensable para ser un líder que pueda alcanzar resultados a través de otros. Se le conoce como péndulo, ya que, al intentar desarrollar la habilidad, el líder puede irse a 1 de los 2 extremos del péndulo, micromanagement o abdicación. El micromanagement es supervisar con demasiada atención cada uno de los detalles que se han delegado a otra persona, llegando al extremo de revisar cualquier email por si la redacción está correcta; aquí, la persona a la que le fue delegada la función no puede tomar decisiones, ya que todo pasa por revisión de su supervisor. Caso contrario se ve en la abdicación, que es desentenderse de la actividad y la persona, confiando, quizá, ciegamente en la persona sin dar supervisión o retroalimentación alguna.

● **HT7: Equipo disfuncional**. Los integrantes de un grupo no trabajan de manera sincronizada con un objetivo en común, provocando un sinnúmero de consecuencias, las cuales generalmente se manifiestan como "problemas de comunicación", aunque no es el verdadero problema. La disfunción se debe a que no cumplen con los 5 niveles que Patrick Lencioni ha encontrado: 1) ausencia de confianza de unos en otros, 2) conflictos no constructivos o ausencia de debate, 3) falta de toma de decisiones, 4) ausencia de responsabilidad mutua del cumplimiento de los compromisos, 5) falta de orientación a los resultados colectivos.

● **HT8: Exceso de democracia organizacional**. Empresas que viven con un exceso de democracia sufren de una lenta toma de decisiones, que se debe generalmente a una debilidad del líder en este aspecto, pues pretende tener feliz a la mayoría. También se presenta debido a que los empleados exigen ser considerados en todas las decisiones.

● **HT9: Descuidar los pesos por los centavos**, o como se conoce en USA, "Smart penny, stupid dollar". Mal hábito del manejo de las finanzas organizacionales, por el que se quiere ahorrar centavos en donde no es trascendental, pero se gasta mucho en cosas irrelevantes.

● **HT10: Indecisión del líder**. La organización se ve detenida por falta de decisiones, generalmente porque el líder no toma alguna postura concreta, lo cual genera una baja credibilidad y un desgaste de los empleados. En muchas organizaciones los líderes no toman decisiones de manera oportuna, sino que prefieren posponerlas hasta que el tema se vuelve urgente o una verdadera emergencia.

● **HT11: Insatisfacción de los empleados.** Cuando en una empresa los empleados no se sienten satisfechos, ya sea por la remuneración, desarrollo personal y profesional, malas condiciones de trabajo, abusos por parte de sus líderes, falta de propósito y ausencia de orgullo de su lugar de trabajo, aquellos comienzan a compensar su dolor o incomodidad de alguna forma, con la cual se sientan bien remunerados, por ello se pueden presentar casos de robos, pérdida de tiempo, boicot a esfuerzos organizacionales, etc.

● **HT12: Trabajo por silos o reinados.** Incapacidad para trabajar eficientemente entre las áreas o unidades de negocio que las integran, lo que las convierte en elementos aislados donde no hay transferencia de información entre sí ni tampoco existe la colaboración. Cada departamento ve por sus objetivos olvidándose de los organizacionales, lo cual provoca una empresa fragmentada, donde aparentemente cada departamento es enemigo del otro sin considerar que el supuesto "enemigo" está afuera y es la competencia.

● **HT13: Tolerar malos hábitos.** Toda persona y organización desarrolla a través del tiempo malos hábitos; sin embargo, el problema consiste en comenzar a tolerarlos y a vivir con ellos, en vez de cambiar la situación. Muchas veces se debe a miedo a perder algo o a alguien por dejar de tolerar el mal hábito, el cual puede ser malos resultados, ineficiencias, falta de cumplimiento de compromisos, mal ejemplo, etc. Cuando se toleran malos hábitos, sobre todo en posiciones de liderazgo, estos se comienzan a multiplicar en la organización, ya que se entiende que es permisible el actuar de manera incorrecta.

● **HT14: Empleados tóxicos.** Son aquellos que ejercen una **influencia negativa sobre los equipos de trabajo**, no solo perjudicando el desempeño, sino el interés y la participación de cada uno de los colaboradores. Siembran, a lo largo de la organización, frustración, discordia y malestar por sus comportamientos que, típicamente, se pueden presentar con uno o más de los siguientes rasgos: holgazanería, provocan conflictos, son incompetentes, mentirosos, ladrones, arrogantes, negativos, envidiosos, egoístas, etc.

● **HT15: Alto nivel de centralización de decisiones.** A medida que la empresa crece de tamaño, las decisiones del fundador se comienzan a delegar para poder actuar de manera más rápida y eficiente; sin embargo, a pesar de la cantidad de gente, las decisiones se quedan en manos de un par de personas, lo cual hace la empresa muy lenta y frágil.

● **HT16: Alta dependencia del fundador.** Es cuando una organización no se puede desprender del fundador o de su CEO. En este caso, la empresa vive gracias a la existencia, esfuerzo y decisiones del fundador, lo cual pone en alto riesgo la vida de la empresa, ya que si él muere, la empresa también. También es conocido como "autoempleo" o la Trampa del Fundador (Ichak Adizes). Hay un dicho popular que dice "Cuando el dueño estornuda, a la empresa le da pulmonía".

● **HT17: Monstruo de 2 o más cabezas.** Se presenta principalmente cuando 2 o más fundadores operan la empresa con las mismas responsabilidades, lo que provoca confusión e incertidumbre, además de una guerra de egos, donde los empleados de la organización se ven en fuego cruzado entre las instrucciones contradictorias de sus líderes.

● **HT18: "If you pay peanuts you get monkeys".** La frase popular en inglés explica que si pagas salarios muy bajos a los empleados, no se puede esperar un buen desempeño de los mismos, lo que genera, además de insatisfacción, mal desempeño.

● **HT19: El negocio creció más rápido que sus miembros.** La empresa crece mucho más rápido que los miembros que la forman. Principalmente se debe a falta de desarrollo del talento en habilidades de liderazgo y/o habilidades técnicas, por lo que se limita el potencial de la organización.

● **HT20: El juego de echar la culpa.** La ausencia de toma de responsabilidades y rendimiento de cuentas provoca que los miembros siempre busquen culpar a otros de sus acciones o resultados. También se presenta ante miedo ante las represalias del líder.

● **HT21: El CEO es un mensajero.** Es cuando un líder se ve involucrado entre los conflictos de 2 o más miembros de su equipo y maneja la situación de manera separada, para conciliar de manera individual, en vez de que las partes debatan entre sí y lleguen a una resolución.

● **HT22: Dueño rico, empresa pobre (o cualquiera de las combinaciones).** Este hábito inicia cuando se ponen las necesidades y lujos del dueño por encima de la empresa, lo que conlleva escasez e insatisfacción. Existe una serie de combinaciones, la anterior es, posiblemente, la más común. La óptima es empresa rica, dueño rico.

● **HT23: Los millenials son un problema.** Esta generación tiene necesidades distintas a las anteriores; sin embargo, se ha vuelto una excusa para no responsabilizarse acerca de cómo motivarlos. Cada cambio generacional presenta retos, así como también grandes beneficios. La mayor problemática real que esa generación presenta es su falta de manejo de la frustración, la cual, si es vista como un problema, es porque no se ha sabido utilizarla a su favor.

● **HT24: Crecer quebrado.** Es cuando el negocio está creciendo, pero las ganancias no aumentan al mismo ritmo y el flujo de caja se vuelve cada vez más escaso. Para el mundo exterior, todo aparenta estar color de rosa, pero es una posición perjudicial para estar, ya que cada vez se cuenta con menos recursos que sustenten un sano crecimiento o reinversión del negocio.

● **HT25: ¡TODO es una prioridad!** En un dicho popular se dice que "Cuando todo es urgente, nada es urgente". Esto se debe a una sostenida falta de enfoque en lo que realmente es importante. El tiempo y los recursos son limitados, por lo que tratar de resolver todo al mismo tiempo conlleva que se hagan muchas cosas de manera mediocre, en vez de hacer pocas cosas bien hechas.

● **HT26: Juntitis.** Es la propensión excesiva de llevar a cabo juntas innecesarias, juntas en las que no se toman decisiones o tener tantas reuniones que los miembros del equipo no pueden hacer su trabajo. Las juntas de trabajo son una herramienta que, cuando son mal usadas, provocan confusión y pérdida de tiempo.

● **HT27: Ausencia de presupuestos.** No se cuenta con un control de gastos e ingresos; esto genera visión limitada de la empresa, una cultura reactiva y desconocimiento de la realidad financiera, lo cual lleva a que en las decisiones no se conoce ni el riesgo ni el impacto de estas.

- **HT28: Las ventas guían el barco.** A falta de conocer claramente su cliente ideal y su negocio central (core business), cualquier alternativa de venta es atractiva en la empresa, lo cual provoca muchas prioridades, poca especialización y decisiones poco consistentes en un plan a largo plazo. Además, se presenta que no necesariamente las ventas generan utilidades, lo cual hace que la situación empeore con el tiempo. Asimismo, se comienzan a contraer compromisos de entrega que se suelen no cumplir, ello implica insatisfacción de los clientes y, por ende, una mala reputación.

- **HT29: Estructura organizacional no clara.** Los miembros de la organización no comprenden quién es responsable de qué, así como a quién se le reportan los resultados.

- **HT30: Volando a ciegas.** La organización no cuenta con tableros de indicadores que muestren la realidad en la que vive. Las ventas no son el único indicador que genera visión, es necesario complementar a todos los niveles con tableros que muestren el desempeño de las actividades.

- **HT31: Promover por incompetencia.** Mejor conocido como "Principio de Peter", fue estudiado y acuñado por Laurence J. Peter, el cual lo define como que las personas que realizan bien su trabajo son promocionadas a puestos de mayor responsabilidad, a tal punto que llegan a un puesto en el que no pueden formular ni siquiera los objetivos de un trabajo, y alcanzan su máximo nivel de incompetencia. Como ejemplo, es cuando al mejor vendedor es promovido a ser el director de Ventas sin que este tenga habilidades de liderazgo, lo cual da por resultado que se ganó un pésimo líder y se pierde un gran vendedor.

- **HT32: Síndrome del avestruz.** Como el avestruz, que hunde la cabeza en la tierra para no ver aquello que le aterra o disgusta, aunque sigue expuesta a la amenaza que tiene. Los equipos directivos evitan conocer la realidad en la que viven, lo cual es una negación de la realidad. Pretenden que todo está correcto sin enfrentar los hechos, limitantes, debilidades.

- **HT33: Múltiples cachuchas.** Cuando en una organización una persona realiza múltiples funciones y/o roles, lo cual provoca que no logra desempeñar correctamente sus funciones. Se debe a falta de una estructura organizacional adecuada o falta de personal.

- **HT34: Radio pasillo** (en inglés, conocido como water cooler talk). A falta de un medio de comunicación oficial, claro y eficiente dentro de la empresa, los empleados llegan a conclusiones de su realidad basadas en los comentarios que se hacen entre ellos.

Dan: Vaya que la lista es larga, lo peor es que logro identificar que muchas de ellas las vivimos actualmente en Plastypack y que otras las vivimos en el pasado. Tengo sentimientos encontrados, por un lado, me incomoda saber que tenemos varios de estos hábitos tóxicos, los cuales, de manera objetiva, me doy cuenta de que son contraproducentes para los planes que tengo de crecer la empresa. Por el otro lado, me siento aliviado de saber que no soy el único que está viviendo cosas como estas.

Rony: ¿Cuáles son los 3 hábitos tóxicos que identificas que están más presentes en la empresa?

Dan: Pues, a partir de todas nuestras conversaciones, como el diagnóstico que realizaste de la empresa y mi perspectiva, creo que tenemos mucho más que 3, pero los que están impactando más son: el juego de echar la culpa, el CEO como mensajero, volamos a ciegas, alto nivel de dependencia del CEO, trabajo por silos y empleados tóxicos. Sé que me pediste 3, pero me parece que esas 6 explican mucho nuestra realidad en la empresa.

Rony: ¿Me podrías dar un ejemplo?

Dan: El día en que te conocí te comenté acerca de dos directores que no se llevan bien, Carlos y Víctor; no saben colaborar ni trabajar de manera conjunta; no se caen bien y la personalidad de ambos choca, así que como no pueden resolver sus diferencias entre ellos, así que me utilizan como mensajero. Carlos viene conmigo y me pide ayuda para que Víctor haga algo; accedo y voy a hablar con Víctor, por lo que después debo hablar con Carlos. Así que me traen en un círculo vicioso de ser un mensajero, lo cual me tiene harto, no solo porque no es efectivo, además porque tengo un millón de cosas por hacer y no puedo estar jugando ping pong, pero, sobre todo, porque me desgasta, pareciera que estoy trabajando con niños y no con profesionales. Uy, solo de pensarlo en voz alta me empiezo a poner de malas. Acerca de empleados tóxicos, hay gente en la empresa que ya sabemos que no son el talento adecuado, algunos de ellos por sus malos resultados y otros por tener una mala actitud; sin embargo, por la necesidad de la operación nos hemos quedado con ellos, al menos 1 vez a la semana recibo alguna queja en mi oficina de algunos de estos que identifico como tóxicos. No había tomado decisión alguna porque no veía problema alguno en que continuaran, pero ahora que me queda más claro, veo el daño que pueden estar provocando. Pero ahora que voy pensando en voz alta, creo que el que mayor impacto genera es "el juego de echar la culpa" que, si entiendo bien, va de la mano con la "esquezofrenia".

Rony: Sí, estos dos últimos son como hermanos, son situaciones parecidas. En ambos casos es evitar la responsabilidad, solo que en el juego de echar culpa, se evita encontrando a otro culpable, en la "esquezofrenia" es simplemente justificarse y excusarse.

Dan: Pues estos dos me han sacado canas, ya en varias ocasiones he perdido el autocontrol y me puse a gritar a todo mundo por el coraje que tenía de que mis empleados solo me ponen excusas, me dan todas las razones de por qué NO se hacen las cosas, cuando les estoy pagando para que me digan cómo SÍ se pueden hacer. Quiero tener una cultura de trabajo en la cual se pueda creer en la palabra de la gente: que aquello que promete, lo cumpla. Quiero tratar con profesionales. Esto es un negocio, no un kínder.

En eso se detuvo Dan a pensar y respirar un poco, ya que, conforme pasaban los minutos y explicaba, cada vez se enojaba más. Se sentó derecho en la silla, puso los pies en el piso y comenzó a respirar. Esta fue una técnica que aprendió en un curso de meditación y manejo del estrés. Una vez que estuvo listo, hizo su última inhalación y, con una fuerte exhalación, abrió los ojos.

Dan: ¿Y cómo resolvemos todo esto?

Rony: Con las herramientas y metodologías que estamos implementando. Es importante que tengas paciencia, el cambio de cultura no sucede de la noche a la mañana, va sucediendo de poco a poco; iremos haciendo evaluaciones, tomando decisiones, poniendo en acción las mismas, evaluando el resultado y comenzamos el ciclo de nuevo.

Dan: O sea que ¿es a prueba y error?

Rony: Las herramientas que usamos son efectivas, lo que varía son los resultados en la implementación de las decisiones que tomes junto con tu equipo. En este momento, el hecho de que estés consciente de que vives con estos hábitos tóxicos te va a abrir los ojos a cosas que ya no debes tolerar y acciones diferentes que debes comenzar a hacer.

Dan: En definitiva, ya no voy a aceptar que me den excusas y mucho menos que me usen de mensajero. ¿Cómo hago eso?

Rony: Con tableros de indicadores y juntas efectivas. Veremos a detalle las herramientas y cómo implementarlas para que hagas los cambios. Es importante que sepas que va a haber un momento, en el proceso de cambio, en el que te vas a desesperar, frustrar y querer tirar la toalla, porque surgen problemas y conflictos en la empresa, y especialmente en el equipo, que "no existían". La realidad es que sí existían, pero encontraban formas diferentes de lidiar con ellos. El proceso les dará las herramientas para que se genere un debate sano entre las partes, que esté orientado al mismo objetivo.

Dan: Entiendo. Supongo que hacer las cosas diferentes nos tendrá fuera de la actual zona de confort, pero, como dije hace unas semanas, esto ya no puede seguir así. Comprendo el aviso que me das, estaré pendiente y tendré la paciencia, bajo la consideración de que el objetivo a largo plazo que busco de este proceso de coaching es el crecer la organización, asegurar su continuidad y recuperar mi libertad.

Rony: Perfecto. Mientras tanto nos vemos en 3 semanas, te haré llegar los datos del lugar donde nos reuniremos.

Conclusiones

● Debes entender en qué etapa organizacional estás y reconocer los hábitos dañinos, para irlos remplazando por hábitos más adecuados.

● Los hábitos están siendo generados por los integrantes del equipo directivo, así que formar un equipo directivo que sepa operar en conjunto, es clave, ya que eso liberará al CEO de muchas decisiones y responsabilidades.

5 FORMANDO UN EQUIPO QUE COLABORA

- Si no te ves como parte del problema, no eres parte de la solución, clave de la colaboración.

- Para lograr tener una empresa en la que no todo dependa de ti, debes ser un líder de un equipo, en el cual cada miembro se responsabilice de las funciones, decisiones y resultados relacionados a su función.

Dan ha estado trabajando incansablemente en su organización para sacarla adelante, pero se ha visto en la situación de que todo pasa a través de sus manos, al punto en que no se puede ausentar un par de días porque alguna operación del día a día se convierte en una emergencia, como el pago de la nómina, programar la producción, hablar con clientes morosos, etc. Esto convierte su empresa en un autoempleo más que en un negocio. Tal vez un autoempleo muy bien pagado, pero con muy altos costos, muchas noches sin dormir, mucho compromiso, pocas vacaciones y un jefe que lo automaltrata al grado de que hasta los empleados se van más tranquilos de vacaciones.

Nos reunimos en la playa, donde yo sabía que habría práctica de un comando del Ejército, que suele hacer ejercicios el tercer miércoles de cada mes a las 7 a. m. Dan llegó puntual, con cafés en la mano y cara de curiosidad.

Dan: Ahora sí estoy intrigado, ¿qué hacemos a las 7 a. m. en la playa? ¿Acaso nos vamos a tomar el día y gozar la playa?

Rony: Estaría bien, pero no es la razón por la cual te pedí que nos viéramos aquí. Verás, el pilar que nos ayudará a hacer realidad la visión que tienes en mente es a través de la gente que te rodea, en particular el equipo al cual diriges. El equipo directivo de una empresa es la pieza que hará que todo funcione o desaparezca.

Dan: Ok, y la playa, ¿qué tiene que ver?

Rony: En unos minutos, verás a un grupo de soldados que vendrán corriendo desde el norte. Son un comando especial que entrena en esta playa cada cierto tiempo.

Dan: ¿Y qué tienen que ver ellos con mi empresa?

Rony: Ellos nada, pero lo que verás, sí. En el Ejército han logrado dominar el arte de formar grupos, de hacerlos trabajar de forma coordinada, donde los miembros confían unos con los otros y trabajan por un mismo objetivo.

Dan: Ya los veo venir, son más de los que pensé que vendrían. Pero están locos, vienen corriendo dentro del agua. Pensé que vendrían por la arena.

Rony: ¿Por la arena? Ese es un juego de niños, ellos están a otro nivel. Están haciendo un ejercicio que se llama 40x40x40, es decir, que corren 40 kilómetros, con 40 cm de profundidad en el agua y 40 kilos en su espalda, quieren vencer el tiempo anterior que hicieron y nadie se puede quedar detrás.

Dan: ¿Nadie? ¿Y qué pasa si uno se accidenta o simplemente no tiene ganas de correr?

Rony: Los demás lo empujarán, animarán, le quitarán peso y, si es necesario, lo cargarán. Pero nadie se queda detrás. ¿Acaso crees que si estuvieran en territorio enemigo y uno de los compañeros estuviera agotado, le dirían "descansa un poco, nos vemos más adelante; esperamos que nos alcances"? Para nada, la fuerza del grupo se ve en su miembro más débil. No pueden dejar que el más débil los haga más vulnerables.

Dan: Sí, alguna vez había escuchado la frase "Eres tan fuerte como el eslabón más débil". Creo que no lo había entendido bien como ahora.

Rony: Y espera a verlos acercarse y hacer el último reto.

Dan: ¿Cómo? Después de esa locura de ejercicio de 40x40x40, ¿aún hacen otro reto más?

Rony: Así es, es el levantamiento del tronco de 113 kilos, aproximadamente.

Dan: Ya estoy viendo que los están dividiendo en grupos de 8 por tronco.

Rony: Este ejercicio los va a forzar y enseñar a trabajar en equipo; además de otras habilidades como la de ser líder o ser seguidor.

Dan: Mira cómo el primer grupo está teniendo problemas para organizarse, mientras el segundo grupo tiene una persona que se ve agotada y no creo que les vaya a poder ayudar a cargar el tronco.

Rony: Para aumentar la complejidad, deben levantar el tronco de manera simultánea, ya que, de lo contrario, algunos se pueden desgastar de más e incluso sufrir algún accidente. ¿Qué más ves?

Dan: Veo que el equipo que tiene un miembro agotado está teniendo que hacer un sobreesfuerzo.

Rony: A eso se le llama **compensar**. Es decir, que la carga del peso del que no está cargando igual, se compensa en los otros 7. Ya que el tronco no discrimina ni tampoco es compasivo, entendiendo que hay un miembro menos, el tronco sigue pesando lo mismo sin importar quién ayude y quién no.

Dan: Al otro grupo lo veo en una pequeña batalla de quién da las instrucciones. No están logrando coordinarse y se ve que está siendo doloroso el proceso.

Rony: ¿Cómo le llamarías a eso que ves en ese grupo?

Dan: Un liderazgo pobre.

Rony: También podrían ser "malos seguidores". Hay que saber ser líder, pero también se debe tener la humildad de seguir cuando es conveniente. Fíjate cómo el chico pelirrojo no está de acuerdo con el que está tratando de liderar al grupo, se ve una pequeña pelea de egos, lo cual está poniendo a sufrir a todo el equipo. En el Ejército de USA hay una frase que se le enseña a sus elementos: "lidera, sigue o quítate" (lead, follow or get out of the way).

El trabajo en equipo es algo sumamente difícil de lograr, al punto que ni las finanzas ni la estrategia tienen más peso al momento de desarrollar las organizaciones. Patrick Lencioni dice que "si consigues que toda la gente de una organización reme en la misma dirección, serás capaz de dominar cualquier sector industrial, en cualquier mercado, contra cualquier competencia en todo momento".

Dan: De acuerdo. Es muy difícil lograr hacer equipo. Entre las guerras de egos y diferencias culturales o de personalidad es todo un arte.

Rony: Sí, los seres humanos somos imperfectos, egoístas y mal interpretamos las cosas, lo que hace que los grupos sean disfuncionales.

Dan: Ya entendí por qué me trajiste aquí. Ese tipo de cosas suceden en mi empresa. La deficiencia que tienen algunos miembros de la empresa, los demás la compensan porque igual buscan llegar a una cantidad de producción y de venta. Siento que tengo mucha gente inútil en la empresa.

Rony: ¿Cuánta gente tienes en la organización que es inútil, que no agrega valor?

Dan: No estoy seguro, pero sí debo tener algunos cuantos.

Rony: Profundizando más, de aquellos que sean "inútiles", ¿hay algunos que siguen en la empresa porque te sientes comprometido en mantenerlos, a pesar de que sabes que ya no colaboran adecuadamente, y los demás miembros deben compensar el peso del tronco de 113 kg?

Dan: Sí, tengo un par en la mente. Fue gente que estuvo al principio, siento mucho compromiso con ella y culpa de dejarla ir.

Rony: Entonces, ¿es mejor dejarla en la empresa?

Dan: No, pero no sé qué hacer.

Rony: Desgraciadamente, las organizaciones crecen más rápido que sus miembros. Aquellos miembros que no se preocupan por crecer a nivel personal y/o profesional, se vuelven una carga para la empresa, y sí, hay ocasiones en que hay que dejarlos ir. Por el bien de ellos y de la empresa.

Dan: ¿Por qué por su bien? El despedirlos les hará mal, no tendrán ingresos.

Rony: A corto plazo estás en lo correcto, les faltarán ingresos, pero lo que no ves es que cuando la gente está en un ambiente en el cual no siente que contribuye se siente inútil, sin propósito. Eso destruye su autoestima. En alguna ocasión, trabajando con un cliente, hicimos análisis de la gente, de su contribución al grupo, así como de si encajaba en la cultura de la organización; se llama análisis top gradding, herramienta que después te enseñaré a usar. Descubrimos que había una empleada que empezó desde el inicio del negocio, pero, al momento de la evaluación, David, el CEO que ya conociste, de quien descubrió que Joyce, la empleada en cuestión, era tipo C, y lo sabía ya desde hace un par de años, por lo que, en realidad, él debió haber terminado la relación laboral o, como dicen por ahí, "liberado su futuro".

Dan: Me suena muy cruel.

Rony: Espera un momento más y verás que era más cruel mantenerla en la empresa. Ella ya no tenía buenos resultados, lo cual provocaba que el resto de los compañeros debía compensar su deficiencia para lograr los objetivos de la división. Además, ella tenía algunos hábitos y comportamientos que molestaban a sus compañeros; por ejemplo, el último viernes de cada mes David pedía pizzas para todos en la empresa y Joyce llevaba envases para llevarse pizza a su casa. Había ocasiones en que alguien no alcanzaba a comer pizza y ella comía bien y además se llevaba a casa. Después se descubrió que ella se llevaba papel de baño a la casa.

Dan: Pobre, seguro tenía un problema económico importante en su casa.

Rony: Eso no hace diferencia, robar es robar, es romper la confianza de la gente con la que estás. En realidad, ella no se llevaba la pizza y el papel de baño por necesidad, sino por venganza, era una forma de demostrar su inconformidad y enojo con la empresa. Cuando dedujimos que era un empleado C y se debía hacer un plan de salida digno para ella, David no pudo tomar la decisión, se le rompía el corazón, ella tenía 40 años. Ten en cuenta que 2 años antes David ya sabía que ella no era buen elemento, así que desde que ella tenía 38 años pudo haber tomado su destino en sus manos. David tardó aún 2 años más en poder tomar la decisión y, cuando lo hizo, las cosas estaban muy mal, ella ya hacía complot directo a la empresa, sus compañeros la odiaban y David la evitaba. El punto es que no es lo mismo que salga a buscar trabajo a sus 38 años, con una buena autoestima, que a sus 42 años y con la autoestima en el piso.

Dan: Ahora que tengo la fotografía completa, entiendo tu punto. Sí hubiera sido mejor dejarla ir o "liberar su futuro", como dices tú, por el bien de ella, así como de la empresa.

Rony: Joyce no creció a la misma velocidad de la empresa y David, por no ayudarla a crecer, tampoco la ayudó a salir, lo cual provocó una serie de anomalías y disfuncionalidades en la empresa. Como CEO te debes preocupar porque la gente crezca lo más cerca de la velocidad de la empresa, y cuando hay una diferencia importante al punto que ya no encaja en la empresa, ya sea por cultura o por resultados, es momento de dejarla ir. Todos los CEO's que conozco tienen a su "Joyce", alguien que fue leal, desde el principio, pero ya la empresa creció y ella no.

Dan: Creo que en mi caso sería Elías.

Rony: ¡Qué bueno que lo identificas! Tomaré nota para que hablemos de Elías en su momento. Entonces, regresando al ejercicio que estamos viendo de los soldados, debemos asegurarnos de que tengamos un equipo que se apoye y trabaje por un fin común, que sepa trabajar en equipo, que identifique que cuando haya un miembro que requiera ayuda, esta sea proporcionada. Cargar con gente de más en la organización es, eventualmente, un problema. El indicador de RPE, que en tu caso está en $38 k USD por empleado, nos indica que tienes más gente o tus ventas están bajas. En caso de tener gente de más, genera un efecto contrario al esperado, más conflicto e ineficiencia, ya que, como hay gente extra, los empleados se relajan y hay más compensación de cargas de trabajo, pero no necesariamente más eficiente.

Dan: ¿Y qué puedo hacer?

Rony: Primero quiero que entiendas la mayor cantidad de elementos y después podrás tomar decisiones. Continuemos. Para que puedas lograr grandes resultados y que la organización dependa menos de ti, necesitamos **formar un equipo directivo**, que sea sólido, que trabaje hacia un objetivo común y que se apoye en lograr los resultados de la empresa. ¿Tuviste oportunidad de pensar quiénes quieres que sean parte de tu equipo directivo?

Dan: Sí, les llamaremos directores, pero, en realidad, no son directores ni tienen sueldo de directores.

Rony: Está perfecto, eso ya lo hablamos, solo debo confirmar cómo quedará tu equipo directivo, porque ya tendremos nuestra primera reunión con ellos.

Dan: Carlos, como director de Ventas; Víctor, como director de Operaciones; Diana, como directora de Recursos Humanos y Alex como director de Administración y Finanzas.

Rony: Entonces si dibujamos tu organigrama queda de la siguiente forma:

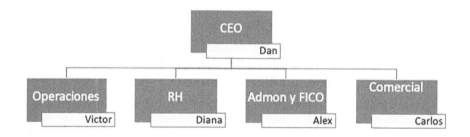

Dan: Dudé de Diana y de Alex, porque tienen un nivel menor a los demás, menos experiencia, además que evitan decir lo que piensan, son más reservados y hasta tímidos.

Rony: Ya llegaremos a eso, pero ellos se nivelarán. Es cuestión de darles el ambiente correcto y las herramientas. ¿Este equipo te va a decir las cosas como son?

Dan: Eso espero, la verdad es que yo no soy experto en cada área, prefiero que sean ellos quienes me aconsejen qué se debe hacer en sus departamentos.

Rony: A eso se le llama "don't be the smartest brain in the room". Felicidades, es una forma muy madura de pensar, ya que si tú tuvieras todas las respuestas y supieras más que ellos dentro de su área, muy probablemente estarías rodeado de la gente incorrecta. Ya que tienes claridad de la estructura, hay 2 preguntas críticas que debes responder para que tengan claro tú y cada uno de ellos de qué son responsables y cómo se medirá el éxito. **¿Cuál es la razón de ser de la posición y cómo mides el éxito?**

Dan: ¿A qué te refieres con la razón de ser de la posición? Pues necesito a la gente para que resuelva.

Rony: Claro, pero ¿qué específicamente quieres que resuelvan? Pongamos como ejemplo a Carlos como director comercial. ¿Cuál es la razón de ser por la cual esa posición está en la empresa?

Dan: Pues para vender. Su razón de ser es vender. Me parece de sentido común, ¿no crees?

Rony: La realidad es que el sentido común es el menos común de los sentidos. El sentido común es un criterio para tomar decisiones y la forma en la que tú las tomas no es como ellos las toman.

Dan: Y no sabes cómo me frustra eso, infinidad de veces espero que tengan un sentido común y respondan correctamente como me gustaría.

Rony: Pero no les has enseñado a pensar y responder como te gustaría. Es por ello que, en vez de atenernos a su "sentido común", prefiero que dejes claro que esperas de cada uno. Entonces, si afinamos puntería, de la dirección comercial, se podría decir que su razón de ser es generar más ingresos a la empresa. Vender es un medio para un fin. Desde mi perspectiva, el director comercial debe generar más ingresos a la empresa, ventas solo es una de las formas.

Dan: Cierto, la razón por la que quiero al comercial es para que genere más ingresos y ventas es uno de los medios, pero también está la opción de donaciones, conseguir inversionistas y otros.

Rony: Así es. ¿Cómo medirías el éxito de esa posición? Es decir, ¿cuál sería un indicador?

Dan: Esa es fácil, ingresos en la cuenta bancaria. Me importa más saber cuánto dinero entra a la cuenta que saber cuántas cotizaciones han generado. Son importantes, pero las cotizaciones son un medio para un fin. A mí me interesa saber el fin.

Rony: Me encanta, veo que absorbes rápido la metodología.

Continuando con el resto de las posiciones, trabajamos unos momentos hasta que logramos llegar a una decisión acerca de las razones de ser y los indicadores de éxito.

Dan: Ok, resumiendo: Operaciones, su razón de ser es la satisfacción del cliente y el indicador de éxito es entregar en tiempo y forma; Administración, su razón de ser es optimizar los recursos y el indicador de éxito sería el flujo de efectivo, que es lo que realmente nos da vida y podemos sostener el crecimiento; para Recursos Humanos, supongo que su razón de ser es la satisfacción del empleado y el indicador de éxito sería el ENPS (employee net promotor score). Yo como CEO, mi razón de ser es hacer crecer la organización y mi indicador de éxito es el aumento del valor de la empresa y el nivel de dependencia de la organización de mí.

Rony: Fantástico, ya que tenemos claro el organigrama, así como las razones de ser e indicadores, es momento de reunirnos como equipo, hacer una junta de trabajo donde expliques la visión que tienes, la estructura organizacional y pueda apoyar a dar los elementos que ayudarán a trabajar mejor como equipo. Debemos tener una cultura organizacional donde la persona que tiene el rol y responsabilidad también tenga la autonomía de toma de decisiones, ya que si no tiene la autonomía, pues se puede deslindar de la responsabilidad. ¿Alguna vez has escuchado a alguien de tu equipo que te diga: "Sí, yo soy el especialista en mantenimiento, pero no me dejas tomar decisiones, para qué me contrataste"?

Dan: No, nadie en el equipo me ha dicho eso, pero sí me pasó a mí en el trabajo que tuve anteriormente, donde me sentía sumamente frustrado con el que era mi jefe, que no me dejaba tomar decisiones en mis responsabilidades.

Rony: Puede ser que no te lo haya dicho el equipo, pero no quiere decir que no pase. Asegurémonos que las responsabilidades vengan acompañadas de autonomía. Al final de cuentas, cada uno de ellos es responsable de los resultados que logran en los departamentos que lideran.

Dan: Sí, en definitiva. Necesitamos trabajar en que yo cuente con un equipo directivo sólido, en el cual me pueda apoyar para tomar las decisiones y ejecutar los planes, y con el que nos cuidemos las espaldas mutuamente.

Rony: Me alegro de que empieces a encontrar soluciones que te van a liberar. Ahora sí programemos la reunión junto con tu equipo.

Dan: ¿Nos vamos a reunir aquí en la playa y veremos a los soldados hacer su ejercicio?

Rony: No, pero tú les puedes platicar tu experiencia viendo a los soldados. En realidad, debemos reunirnos en una sala de juntas, donde podamos hablar sin interrupciones y que la gente pueda comunicar abiertamente las cosas. De preferencia, fuera de la oficina.

Dan: ¿Qué te parece que nos reunamos el jueves de la semana que viene en una sala de juntas que rento en unas oficinas compartidas en el sur?

Rony: Está perfecto, nos vemos allá.

Dan: Antes de que te vayas, ¿cuánta gente es la óptima para formar un equipo de trabajo?

Rony: Según Jeff Bezos, en un estudio que hizo la empresa Amazon para manejo de equipos, son las personas que puedas alimentar con 2 pizzas.

Dan: Ja ja ja, ¿cómo que con 2 pizzas?

Rony: Sí, ellos calculan que son alrededor de 6 personas el número óptimo de gente que debe haber en un equipo de trabajo.

Dan: ¿Y qué pasa si uno come mucho?, ¿tendremos menos miembros del equipo?

Ja ja ja, reímos ambos.

Rony: Digamos que hay mucha ciencia detrás de la cantidad de gente que un líder debe manejar de manera directa. **Entre más gente tiene, más dispersa está su atención y más complejas son las relaciones.** Jeff Bezos dice que los equipos que se comunican demasiado son equipos disfuncionales, y agrega: "Deberíamos tratar de encontrar una forma para que los equipos se comuniquen menos entre sí, no más". Hace sentido, la comunicación efectiva es directa, sencilla y efectiva. El razonamiento detrás de esto es bastante sencillo: más gente = más de todo, más coordinación, más burocracia, más caos, básicamente, todo lo que ralentiza las cosas. El rendimiento individual sufre y las personas se vuelven menos comprometidas.

Dan: O sea que, entre más gente en el equipo, ¿más problemas?

Rony: Como señaló el psicólogo de Harvard y experto en dinámica de equipo, J. Richard Hackman, en su artículo de HBR (https://hbr.org/2009/05/why-teams-dont-work): "Cuanto más grande es un grupo, más problemas de proceso encuentran los miembros para llevar a cabo su trabajo colectivo. [...] Es la gestión de los vínculos entre los miembros lo que causa problemas a los equipos". Mira esta fórmula que muestra cómo crecen los enlaces a una tasa exponencial:

$$\# \text{ de conexiones} = \frac{n(n-1)}{2}$$

n = # de miembros de un equipo

Rony: Eso significa que una pequeña Start-up de 3 personas tiene 3 enlaces que mantener. Duplicar el tamaño de este equipo aumentaría el número de enlaces 5 veces, a 15. Un equipo más grande de 12 miembros tiene que preocuparse por 66 enlaces. Y para un grupo de 50, el número de enlaces se dispara a 1225.

| 3 miembros | 6 miembros | 12 miembros | 50+ miembros |
| 3 conexiones | 15 conexiones | 66 conexiones | 1225+ conexiones |

Dan: Entonces, cuantos más enlaces tenga que mantener, mayor será el riesgo de mala administración, mala interpretación y comunicación. El tiempo y el esfuerzo necesarios para mantener a todos en la misma página se convierten en una pesadilla de bolas de nieve. ¿Y existe algún software que ayude a manejar las tareas de los miembros de un equipo?

Rony: Sí, hay Monday.com, Trello y Asana. Sin embargo, hay una herramienta muy sencilla que les mostraré más adelante, que se llama **Plan de Acción**.

Dan: Perfecto, entonces nos vemos la semana que viene.

Una semana después, los miembros del equipo llegaron unos minutos antes a la sala de juntas en las oficinas compartidas del sur, con cara nerviosa por no saber qué iba a suceder, pues era la primera vez que se les pedía reunirse fuera de la oficina. En eso Dan le da la bienvenida al equipo.

Dan: Buenos días a todos, les agradezco estar a tiempo para esta junta de trabajo. Sé que están un poco nerviosos y curiosos de esta reunión. Estamos aquí porque quiero hacer crecer la empresa, pero que eso no dependa demasiado de mí. Quiero tener control de la empresa y lograr que sea el perro quien mueva la cola, y no al revés; por ello, necesito la ayuda de cada uno de ustedes para que logremos tener una mejor empresa, con mejores resultados, gente contenta y que, además, podamos descentralizar las decisiones que hoy recaen en mí. Son ustedes mi equipo de trabajo, Rony está aquí para ayudarnos a lograr los objetivos y que funcionemos bien como equipo. Me parece que todos ya tuvieron oportunidad de conocer a Rony en sus entrevistas.

Al mostrarles una imagen en la pantalla les pregunto:

Rony: Si un equipo que está amarrado de la cintura, está escalando una montaña del Himalaya, ¿quién marca la velocidad del equipo?

Carlos dice que el de adelante, Alex dice que el de hasta atrás, Dan dice que el más gordo, y todos reímos. A ello, les contesto:

Rony: La realidad es que la velocidad la marca el más lento del equipo; no sé si está adelante, atrás, en medio, sea gordo o flaco, es el más lento, por lo cual debemos estar atentos a saber qué miembro va lento, con el fin de poderle ayudar a aligerar su carga, motivarlo o alguna otra acción para avanzar rápido. Todos en algún momento somos el más lento, así que les hago esta pregunta: ¿qué tan buenos son para pedir ayuda? ¿Recibir ayuda? ¿Dar ayuda?

Víctor: La verdad es que todos aquí somos muy orgullosos para demostrar debilidades y pedir ayuda.

Diana: Por mi parte siento que me van a juzgar mal si pido ayuda, como si no fuera alguien que contribuye con el equipo.

Rony: Es normal su sentir, desgraciadamente, la forma en la que nos educaron era basada en ser fuerte, no mostrar debilidades o vulnerabilidades. Pero ¿se pueden dar cuenta de que la gente que se muestra vulnerable es las más fuerte que conocen?

Carlos: Sí, yo tengo un tío que es muy auténtico, no pretende ser nadie más ni perfecto. Abiertamente dice que no es bueno para las matemáticas y que por ello contrata gente muy buena en el manejo de la administración y finanzas de su negocio, lo cual lo hace sumamente exitoso y eficiente.

Rony: Hace unos años conocí a un hombre que era sumamente exitoso en términos de resultados de su empresa. Facturaba mucho y era un hombre feliz con lo que tenía. Le pregunté su receta secreta del éxito y me contestó "soy analfabeta". Al ver mi cara de sorpresa, se acercó a mí y me dijo: "Mi debilidad de no saber leer y escribir la puedo minimizar contratando gente que sea más capaz que yo, gente en la cual pueda confiar ciegamente al punto que yo firme un contrato el cual no tengo idea qué dice".

Rony: Como pueden ver, nos enseñaron mal. Pedir ayuda es clave. También debemos tener la humildad para recibirla y otorgarla. En este momento Dan está pidiendo su ayuda para hacer este cambio organizacional. ¿Quién está a bordo?

YO, respondieron todos.

Rony: Genial. Entonces vamos por buen camino. Contar con un buen equipo directivo que guíe a la organización hacia el éxito es un elemento que nos ayudará. Según tengo entendido Dan ya les mostró el GPS, es decir, el punto A, donde estamos el día de hoy, y el punto B, hacia donde queremos ir.

Dan: Así es, ya se lo enseñé. ¿Hay algo que quieren que les aclare?

Víctor: Creo que todo está claro, lo que no sé es cómo lo vamos a lograr.

Alex: Creo que para eso estamos aquí.

Rony: Así es. Vamos a introducir otro elemento que nos ayudará. ¿Alguna vez han escuchado el término "el bien común"?, ¿qué significa?

Diana: Es la idea de que todos se vean beneficiados.

Carlos: Yo creo que no es el bien de todos, sino de la mayoría.

Rony: Mejor no lo pude haber dicho yo. Concuerdo con esa definición, es el bien de la mayoría, la cual debe estar bien orientada. En el caso de la empresa, hay una pregunta que nos ayuda a alinearnos hacia el "bien común", la pregunta es ¿qué le conviene a la empresa?

Alex: ¿De qué nos sirve hacernos esa pregunta?

Dan: Creo que nos ayuda a modificar nuestro comportamiento y toma de decisiones. Por ejemplo, la semana pasada, las decisiones que tomaste respecto al plan de pagos, ¿fueron basadas en lo que le convenía a Plastypack o lo que te convenía a ti o a tu departamento?

Carlos: Antes de que contestes, Alex, me parece que la decisión fue egoísta porque tú resolviste un problema en tu departamento, pero tuvimos un montón de problemas a resolver del lado comercial y en operaciones. Nos puso en una situación vulnerable.

Alex: Les prometo que no fue con mala intención. Creí estar haciendo lo correcto.

Rony: Te creo, solo que ahora estamos aprendiendo cómo deberíamos pensar y actuar como equipo. No se trata de crucificarte en el proceso, me parece que Dan solo puso un ejemplo. Seguramente tienen ejemplos donde cada uno de ustedes ha tomado decisiones de manera egoísta. Como les decía, es normal, así nos educaron, pero podemos tomar nuestra mente y nuestra vida en nuestras manos. Esa forma de pensar solo divide. La competencia en este momento no está afuera de la empresa, está dentro. No veo por qué sobrepreocuparnos en este momento de lo que haga la competencia en nuestra industria, siendo que este equipo se autotropieza.

Carlos: No podemos perder de vista a la competencia, ellos nos están comiendo el mercado.

Dan: Entiendo lo que dice Rony. No perderemos de vista a la competencia, solo que en este momento, y probablemente por los siguientes meses, debemos corregir la forma en la que trabajamos, formar un equipo en el que colaboremos y seamos tan fuertes que la competencia nos tenga miedo. En este momento, solo se ríen de los errores que cometemos. Los clientes se han dado cuenta de que estamos fragmentados, que no somos un equipo.

Rony: Un gran ejemplo de **colaboración** es Las Vegas. Cada hotel se preocupa por atender a sus clientes y tener el indicador de porcentaje de ocupación lo más completo posible; es decir, que el hotel esté lo más lleno que se pueda. Sin embargo, Las Vegas está muy bien organizada. Ahí entienden que su mayor competencia está fuera de Las Vegas: en cualquier otro destino turístico, así que promueven los servicios de unos hoteles en otros, cosa que nunca he visto en otro lado. Ahí puedes pasar de un hotel a otro sin complicaciones, ves anuncios del Show de Zumanity que es del hotel New York New York, en el hotel Caesars Palace. Lo que les quiero decir es que en Las Vegas, los hoteles ven por el bien común, se hacen la pregunta de "qué es lo que le conviene a Las Vegas", por lo que le hacen al turista una experiencia más completa de Las Vegas más que del hotel Bellagio, por ejemplo, porque cuando vas, quieres vivir la emoción que genera el destino, incluyendo todos los hoteles, shows y casinos.

Dan: Me recordaste la historia de las cubetas de cangrejos; hay una cubeta de cangrejos europeos que cuesta $32 el kilo y tiene tapa; entretanto, la cubeta de cangrejos latinoamericanos cuesta $15 el kilo, y además no tiene tapa. Los cangrejos europeos se ayudan unos a otros a salir, por ello necesitan tapa. La de latinos no tiene tapa porque cuando un cangrejo intenta salir, los otros lo arrastran hacia al fondo.

Rony: Es correcto, esa metáfora explica bien el fenómeno de Las Vegas, así como también el hecho de la filosofía en la cual equipos funcionales trabajan ayudándose unos a otros y piensan qué le conviene a la empresa. Otro ejemplo de esta filosofía puesta en práctica está en la NFL, en los equipos de futbol americano, donde cada uno de los 32 equipos es independiente, toma decisiones por su cuenta siempre y cuando no afecten a la franquicia completa. Todos entienden que son parte de una maquinaria más grande; cada equipo contribuye al grupo y si un equipo desaparece, pone en conflicto a la liga completa tanto por la logística como por los ingresos que genera. La suma de la fuerza de cada equipo es lo que hace a la NFL tan poderosa. Pero no solo se queda en palabras, sino que también se ve en sus bolsillos, tienen un convenio llamado supplemental revenue-sharing pool, por medio del cual cada uno de los equipos contribuye con un porcentaje de sus ingresos, que es repartido al final de manera equitativa entre todos los equipos.

Diana: ¿Y qué ganan con hacer eso?

Rony: Que siempre seguirán vivos los equipos más débiles de la liga y el bienestar de la liga NFL.

Dan: Me encanta la idea, me fascina la filosofía en la que pensemos que estamos todos en la misma empresa, que veamos por el bien común y por los intereses de la Plastypack. Eso también me hará hacer cambios en mí, ya que ahora me doy cuenta de que he tomado decisiones no pensando en el bien común. Porque ahora que recuerdo una conversación que tuve con Rony: el hecho de que yo no esté cobrando un sueldo competitivo por la posición que tengo y esté viviendo u ordeñando la empresa, como le dices tú, al final le hace mal a esta. Yo pensé que era lo mejor que yo no cobrara sueldo para que tuviéramos flujo, pero ahora entiendo el daño que le hago a la empresa NO cobrando mi sueldo como CEO, sobre todo pavimentando el camino para en un futuro: si queremos traer un CEO que me reemplace, la organización ya va a estar acostumbrada a pagar un sueldo competitivo.

Alex: Eso me ayudará a mantener un mejor control de los presupuestos, ya que como hoy retiras dinero de la empresa me lo hace muy difícil de manejar; no es predecible, porque hay semanas que retiras poco, otras mucho, en otras no retiras y, la verdad, se me hace muy difícil de manejar. Me alegro de que hagamos ese cambio.

Diana: ¿Cómo que un nuevo CEO para la empresa? ¿Estás enfermo? ¿Algo está mal? ¿Alguien sabe algo que yo no?

Dan: Calma, Diana, todo está bien. Esta idea viene a razón de unas conversaciones con Rony, que me hicieron ver que seguro hay gente que pueda ejecutar el rol de CEO mejor que yo y posiblemente más barato, además de que yo disfruto más crear nuevos productos y estar en contacto con los clientes que estar dirigiendo la empresa. Lo hago hoy por necesidad.

Rony: Decisión muy madura. Si haces lo que te gusta, tendremos mejores resultados. Hoy no tenemos ni los recursos ni a alguien preparado para entrar como CEO, pero eso sucederá en su momento. Dan, ¿le podrías presentar al equipo la estructura organizacional incluyendo la razón de ser y los indicadores de éxito?

El equipo estuvo conversando alrededor de 1 hora, discutiendo y aclarando ideas de la propuesta de la estructura organizacional, así como también sus razones de ser. La gran mayoría se mostraba tranquila. Con la ayuda de todos, pudieron hacer un pequeño cambio con el que se le quitaron algunas responsabilidades a Víctor sobre el desarrollo de nuevos productos, así como también el mantenimiento; ambas cosas lo estaban distrayendo de la tarea principal, de modo que esas responsabilidades se las pasaron a Dan, como director de Desarrollo, tarea que sería temporal, ya sea porque se traiga en el futuro a un CEO que lo reemplace o alguien lo sustituya en la "nueva" posición de Desarrollo o que en el futuro se elimine la posición redistribuyendo las funciones que este tiene. En ocasiones quedan plasmadas dos posiciones cubiertas por una misma persona en la empresa, en esos casos, se pone su nombre entre comillas con el fin de saber que esa es una función secundaria y que debe ser reemplazado cuanto antes.

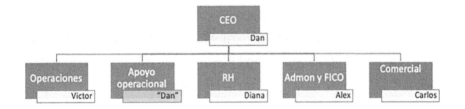

Rony: Me gustaría saber cómo se sienten con la estructura y definición de responsabilidades.

Alex: La verdad, mucho mejor. Me parece que las funciones están más claras. Ya sé qué espera la organización de mí, y también Dan.

Diana: Por mi parte, tengo sentimientos encontrados. Me siento aliviada y presionada. Aliviada, porque por fin ya sé en qué enfocarme, cuál indicador demuestra mi desempeño, y presionada, pues porque ahora teniendo un objetivo medible sé que me van a exigir resultados.

Rony: **La estructura organizacional u organigrama es un "documento vivo"**, es decir, que se debe ir adaptando a través del tiempo para reflejar la realidad o estructurar la empresa para que se cumplan los resultados.

Dan: ¿Cómo que un documento vivo?

Rony: Sí, es muy común que las empresas hacen un organigrama y no lo actualizan o modifican en mucho tiempo. Te diría que este documento se debe revisar cada trimestre para actualizar cualquier cambio que sea necesario, para asegurar la flexibilidad, cumplimiento de objetivos según plan estratégico y mantener a todos los miembros actualizados. No necesariamente tiene cambio cada trimestre, pero en caso de que lo requiera.

Diana: Me gusta. Cada nuevo miembro debe aparecer en el organigrama y que sepa a quién le reporta, qué se espera de él y cómo se mide el éxito de su trabajo. Cuando yo entré a la empresa, me enseñaron un organigrama en el cual seguía apareciendo gente que ya ni siquiera está en la empresa. Yo creo que el organigrama se debe actualizar cada vez que tengamos un nuevo ingreso y compartir el documento, para que de esa forma todos estemos enterados de quién hace qué y quién le reporta a quién.

Rony: Continuemos profundizando y cambiando la forma de pensar. En el organigrama que hicieron, yo dibujaría un círculo azul rodeando a Víctor con el resto de ustedes y un círculo rojo donde a Víctor lo rodea la gente que está debajo de él. ¿A qué equipo pertenece Víctor?

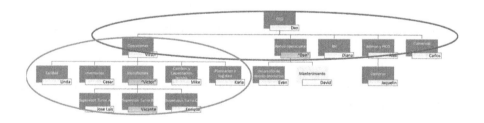

Víctor: Yo diría que a los dos. Está en ambos equipos.

Alex: Al rojo, pero creo que también al azul. Pero, principalmente, al rojo, es la gente con la cual se ve todos los días y gracias a ellos logra los resultados.

Dan: Azul. Porque debería tener más compromiso conmigo.

Carlos: Obviamente, al rojo, sin ellos no logra sus metas.

Rony: Sé que es una pregunta difícil, pero es muy valiosa de entender, ya que de aquí surgen muchas problemáticas o hábitos tóxicos en las empresas. Víctor "pertenece" al equipo azul y Víctor "dirige" al equipo rojo.

Puede parecer lo mismo, pero esa pequeña diferencia hace todo un cambio de mentalidad y de comportamiento. La clave es entender que se debe pensar en lo que le conviene a la empresa. Si soy del equipo azul debo pensar por el bien de la empresa, pero si me veo como el equipo rojo, veo por los intereses personales o de ese departamento. Dejen me explico mejor a través de un ejemplo que se vive en muchos hogares. Los padres de familia están discutiendo si su hijo puede ir a casa de un amigo. El papá no se siente cómodo con que su hijo vaya a la casa de su amigo porque le parece que es mala influencia tanto el amigo como el ambiente en el que vive. La mamá no quiere limitar el círculo de amigos que el niño tiene, ya que no tiene muchos amigos. Después de debatir en privado, llegan a un acuerdo de que el niño NO irá a la casa del amigo. Al salir, la mamá se acerca con el pequeño a darle las malas noticias y le dice: "Samy, lamento decirte que no podrás ir a casa de tu amigo, quiero que sepas que yo sí quería que fueras y te defendí, pero conversando con tu papá, que no quería que fueras, pues decidimos que no vas". ¿Se dan cuenta?

Dan: Sí, la mamá no vio por los intereses de la familia, ella lo que quería era quedar bien con su hijo y de por medio puso en evidencia al papá. Demostró que no están unidos.

Rony: Así es, esa falta de unión se deja ver y con el tiempo se hace más grande, al punto de que el hijo, sabiendo que existe esa diferencia, puede manipular a los padres para lograr lo que él quiere. Algo muy parecido sucede con los empleados. Si ellos saben que el equipo directivo o azul está dividido, pueden abusar y abusarán de la confianza y se aprovecharán del conflicto que se genera en el equipo azul. Si cada uno de los miembros del equipo directivo viera como su equipo al rojo y viera por esos intereses, lo que se crearía sería una organización de reinados, donde en cada departamento hay un rey que gobierna, pero se le olvida que es parte de un imperio.

Dan: He sentido algunos de estos efectos. Me ha costado trabajo explicar al equipo que nosotros somos un equipo. Me compran la idea, pero, al regresar al día a día, pelean como si cada departamento fuera una empresa diferente y cada uno debe ganar, debilitando a la empresa.

Rony: Una forma más común de llamar a estos reinados es decirles "silos". Desgraciadamente, trabajar por silos es muy común y es un hábito que hay que erradicar.

Víctor: En la empresa anterior en que trabajé, eran tan evidentes estas divisiones entre departamentos que llegaron a haber complots para provocar malos resultados en el área de Contraloría, con el fin de que corrieran al gerente sin que nos diéramos cuenta de que nos estábamos atacando y debilitando a nivel empresa. Este tipo de situaciones se daba mucho y fue por ello que me salí de ahí. El ambiente se empezó a convertir muy hostil: ojalá hubieran sido reinados, en nuestro caso parecían pandillas, donde debías escoger a cuál pertenecer. Incluso se veía en el comedor, pues tenías que ser inteligente para decidir con quién sentarte. Parece trivial, pero yo viví eso y es horrible.

Carlos: Yo me identifico mucho con el ejemplo de los papás que llegan a un acuerdo. Así operaban mis papás. Para que tomaran una decisión tardaban demasiado tiempo, y cuando la tomaban, generalmente terminaban molestos uno con el otro y de paso con mis hermanos. Así que de nuestra parte pues decidíamos a quién le pedíamos permiso sabiendo quién nos lo daría. Para temas sociales, con mi papá y para temas de dinero, con mi mamá, así que nosotros manipulábamos a nuestros papás para lograr lo que queríamos.

Rony: En la empresa, ¿hay gente que se aprovecha de su división y de algún conflicto no sano para lograr sus objetivos personales?

Diana: En definitiva, hay personal de Víctor que sabe que Dan es más flexible para temas de aumento de sueldo, mientras que Víctor es más estricto. Por lo cual, para pedir aumento de sueldo van directo con Dan y eso nos ha ocasionado muchos problemas.

Dan: De verdad, ¿ha ocasionado problemas? Disculpen. Me es muy difícil que la gente venga a pedirme aumento de sueldo y no dárselo.

Alex: Pero podrías redireccionarlos con la persona correcta para que tome la decisión, ya sea con Diana de RH o con Víctor, que es su jefe. Yo no sé por la parte social, pero por la parte de números y administración a mí me provoca una serie de problemáticas el hecho de que no haya un orden o proceso para aumentos de sueldo.

Diana: Sí hay proceso, pero no se respeta.

Carlos: ¿Otra vez me estás culpando de que tuvimos que aumentar sueldo a 2 de mis vendedores de forma poco ortodoxa?

El tono del grupo empezó a subir y la gente quería discutir.

Rony: Al parecer, tocamos un punto sensible, una fractura que este equipo tiene. No me importa resolver en este momento el problema de aumentos de sueldo, sino que este equipo no es un equipo, que reaccionan como lo acaban de hacer: discutiendo y alzando la voz por una cosa pequeña. Ahora queda más claro por qué les es difícil conseguir resultados en conjunto.

Dan: Esto es a lo que me refería, todos están muy sensibles y pelean por cosas que no tienen relevancia. Guardan muchos rencores. Pero supongo que para eso estamos aquí.

Rony: Correcto. El que tengan diferencias de opinión es bueno en un equipo, pelear no lo es. ¿Alguno de ustedes está familiarizado con la metodología de desarrollo de equipos de Patrick Lencioni con su libro *Las 5 disfunciones de un equipo*?

Alex: Alguna vez escuché una plática de Patrick respecto a las disfunciones y de lo único que me acuerdo es que la confianza era fundamental para formar los equipos.

Rony: Vamos por buen camino. Ahora les explicaré el modelo completo. ¿Alguien sabe algo más?

Carlos: Yo leí ese libro hace años, me pareció una fábula muy interesante. En ese momento lo leímos en el equipo con el que trabajaba y nos ayudó a resolver muchas diferencias que teníamos, nos puso cosas en perspectiva y nos dio un lenguaje adecuado. No recuerdo el detalle, pero sí que, a partir de ahí, podíamos tener reuniones más productivas, que había mucho más debate y la gente no se ofendía. Es más, al debate le llamábamos conflicto.

Rony: Genial, tenemos algo de conocimiento en el grupo, eso hará las cosas más sencillas. De manera simple les platico la filosofía y metodología de Patrick. Él dice que todos los equipos presentan 5 niveles de funcionalidad o disfuncionalidad dependiendo de cómo lo veas. Lo dibuja en una pirámide.

Rony: **La primera disfunción es la ausencia de confianza** entre los miembros del equipo. Esto surge, esencialmente, de su falta de disposición para ser vulnerables en el grupo. Los miembros del equipo que no están dispuestos a abrirse ante los otros para aceptar errores y debilidades imposibilitan la construcción de los cimientos de la confianza. No piden o reciben ayuda. Respeto y confianza son la base de cualquier comunidad. No importa cuántas reglas y sistemas coloques, si tienes gente en la que no confías, eventualmente ellos romperán los sistemas y controles y te robarán. Asegúrate de tener gente en la que confías y que ellos confíen en el resto.

Rony: El fracaso en construir confianza es perjudicial porque propicia **la segunda disfunción: el temor al conflicto**. Los equipos que carecen de confianza son incapaces de entregarse a discusiones apasionadamente. Recurren, en cambio, a conversaciones veladas y a comentarios cuidadosos, a una armonía artificial. ¿Cuál es su definición de conflicto?

Alex: Conflicto es pleito, es problemas, es una batalla.

Rony: Déjenme aclarar el concepto **"conflicto"** de una manera más efectiva para todos y para reforzar esta metodología. Conflicto es el debate sano para encontrar una nueva verdad; es decir, si tú no estás de acuerdo con mis ideas y presentas tu perspectiva, eso es conflicto. Debemos tener conflicto sano que promueva discutir las ideas que tenemos con el fin de mejorarlas.

Dan: No estoy de acuerdo contigo (dijo sarcásticamente).

Ja ja ja, todos soltaron una carcajada y se relajaron.

Rony: Bueno, regresando a la pirámide, la falta de conflicto es un problema porque **refuerza la tercera disfunción de un equipo: la falta de compromiso**. Sin un debate abierto, los miembros de un equipo, en escasas ocasiones, si lo hacen alguna vez, aceptan verdaderamente las decisiones y se comprometen con ellas; aunque finjan estar de acuerdo durante las reuniones.

Rony: Debido a esta falta de compromiso y aceptación, los miembros de un equipo desarrollan **la cuarta disfunción, que es evitar rendir cuentas, conocida como accountability, en español, responsabilidades.** Sin comprometerse con un claro plan de acción, hasta la gente más centrada y entusiasta suele vacilar antes de llamar la atención de sus compañeros sobre acciones y conductas que parecen contraproducentes para el bien del equipo.

Rony: La incapacidad para hacerse responsables o rendir cuentas mutuamente crea un ambiente en que puede prosperar **la quinta disfunción: la falta de atención a los resultados,** que ocurre cuando los miembros del equipo sitúan sus necesidades individuales (como el ego, el desarrollo de la carrera personal, el reconocimiento) o incluso las necesidades de sus departamentos por encima de las metas colectivas del equipo.

Diana: Logro ver cómo en cada uno de los niveles nos podemos reflejar. No completamente, pero sí logro ver algunos comportamientos.

Dan: Yo siento que lo que más hace falta en la empresa es que la gente rinda cuentas, se haga responsable de sus acciones, decisiones y resultados. Comprometidos los veo a todos, pero donde fallamos es en ser responsables de los compromisos. ¿Sabes cuántas cosas acuerda la gente conmigo todos los días? Es imposible que le pueda dar seguimiento a todos los pendientes. La verdad es que les doy seguimiento cuando me acuerdo y, generalmente, es porque es una emergencia: ya sea que se quejó un cliente o hubo un problema mayor. No puedo seguir persiguiendo a todos. Yo confío que tengo en mi empresa a profesionales que pueden cumplir con su palabra y no necesitan a una niñera que los persiga para cumplir con los compromisos.

Rony: Eso se resuelve con metodología. No creo que ninguno de los presentes se quiera "hacer güey" intencionalmente. Muy probablemente es porque manejan demasiados pendientes y compromisos que hacen que ni ellos mismos se acuerden. En el día a día, las urgencias constantes provocan que la gente olvide los compromisos. Les presento una de las herramientas más poderosas en el proceso de cambio y crecimiento organizacional, se llama "plan de acción"; son 3 simples columnas: qué, quién y cuándo. A partir de ahora, para cualquier compromiso que surja en las reuniones de trabajo de este equipo o cuando se reúnan con Dan, les voy a pedir que lo escriban en el plan de acción, su nombre (quién), la descripción del compromiso que hacen (qué) y la fecha en la que estará listo (cuándo).

Dan: Pero eso hará una lista enorme.

Rony: Es mejor una lista enorme a que se hagan compromisos y no se cumplan, ¿no?

Dan: ¿Y debo revisar diario esa lista?

Rony: No, a la lista se agregan cosas conforme van haciendo nuevos acuerdos, pero revisas la lista una vez a la semana y ahí checas las tareas vencidas. Te aseguro que si el equipo sabe que lo vas a confrontar con sus compromisos una vez a la semana, van a empezar a esforzarse en cumplir o dejarán de hacer compromisos a la ligera.

Alex: Viendo el modelo de la pirámide de las 5 disfunciones, entiendo lo negativo, pero no me queda claro lo que sí se debe hacer. ¿Nos podrías explicar?

Rony: Claro, adoptemos el enfoque positivo de cómo un equipo cohesionado y de alto desempeño debe comportarse.

- La base de la pirámide es la confianza. Aquí los miembros confían unos en otros, saben pedir y recibir ayuda.
- Conflicto. Todos los miembros del equipo se sienten con la capacidad y apertura de tener debates abiertos, que sean constructivos y que los llevarán a tomar decisiones.
- Compromiso. Es la parte en la cual se deben tomar decisiones, mismas que los miembros respetan una vez que se toman.
- Responsabilidad. Se responsabilizan mutuamente por el cumplimiento de esos planes.
- Resultados. Se centran en el logro de resultados colectivos.

Diana: Creo que esto complementa muy bien la explicación y que valdría la pena que leyéramos el libro como equipo y lo podamos discutir.

Dan: Me encanta la idea.

Rony: Leer un libro al trimestre como equipo es una buena práctica que incorporan los equipos que quieren tener un alto desempeño, ya que genera un lenguaje común y, al mismo tiempo, les asegura que continuará su desarrollo personal y profesional.

Rony: Bueno, es momento de que continuemos con entender un elemento que genera mucho drama en los equipos: ¿cómo se toman decisiones?

Dan: Es obvio, yo siempre tengo la última palabra.

Todos rieron nerviosamente.

Rony: Platíquenme cómo es que toman decisiones en sus reuniones de trabajo.

Carlos: Es muy común que en nuestras reuniones no se tomen decisiones, hablamos y hablamos sin llegar a nada concreto.

Víctor: Y cuando eso pasa, generalmente Dan se desespera y termina tomando una decisión que impone al equipo.

Dan: Claro, porque no podemos pasar horas discutiendo lo mismo una y otra vez. Me vuelve loco que no avanzamos.

Diana: A mí me hace cuestionarme si soy la persona correcta en la empresa, ya que, cuando se trata de tomar decisiones respecto a mi departamento y mis responsabilidades, no siento que lo puedo hacer por mi cuenta, lo cual me hace cuestionar mi autoridad dentro de la empresa. Me siento frustrada de que si yo soy la experta en el tema, no pueda decidir.

Rony: Pues les tengo buenas noticias, una vez que les explique la forma en la que se toman las decisiones, se les simplificará este trabajo, tendrán reuniones más efectivas y ayudará a reforzar su autoridad en las áreas que están bajo su responsabilidad.

Carlos: ¡¡¡Pago por ver!!! Si lo que nos enseñarás nos simplificará las reuniones, serás mi héroe.

Rony: Lo primero que les comparto, y no les va a gustar, es que las **empresas no son democráticas**. No es un lugar en el que debe existir siempre la democracia. Confundimos la democracia, que queremos vivir en nuestro país, con la democracia que se debe vivir en una empresa, pero no es así.

Dan: Me gusta lo que escucho.

Rony: Tampoco siempre es dictadura. Evidentemente, tú como CEO siempre tienes la última palabra. Pero no se trata de ir de un extremo a otro, es importante que tengan una capacidad de conflicto o debate sano, para que puedan tomar mejores decisiones.

Alex: La clave está en que tomemos decisiones y avancemos lo más rápidos y certeros que podamos.

Rony: Así es. Hay **5 tipos de formas de tomar decisiones** en las reuniones de trabajo. Simplifican mucho y ayudan a los integrantes de la reunión a saber cómo se tomará la decisión para tener expectativas claras y poder proceder de forma más ágil. Los tipos de decisiones son:

- **Democrática,** donde se solicita el punto de vista de todos los participantes y se pone a votación. Se busca tener la mayor cantidad de votos para proceder.

- **Autocrática,** donde el líder toma la decisión total. Lo más probable es que la decisión ya fue tomada por el líder, la cual viene a comunicar a sus colegas y quiere saber qué es lo que cada uno de los miembros hará a partir de esa decisión.

- **Consenso**, después de tener una discusión, se busca un acuerdo en el cual TODOS los miembros estén conformes.

- **Consultoría**, para tomar una decisión el responsable del departamento desea consultar con los otros miembros para saber su punto de vista y así poder decidir.

- **Delegada**, para esta se requiere humildad, ya que implica entender que no soy yo la mejor persona en tomar la decisión, por lo cual otorgo esta responsabilidad a otra persona.

Rony: ¿En cuál de este tipo de decisiones es en el que operan ustedes?

Alex: Creo que pasamos la mayor parte de nuestro tiempo en una versión "autocrática", ya que es Dan quien toma las decisiones.

Dan: Yo trato de involucrarlos en la discusión y en la toma de decisiones, pero me desespero al ver que no concluyen y no deciden, e impongo mi voluntad.

Diana: Mi sensación es que hay veces que estás tan acostumbrado a ser el jefe que se te olvida escucharnos.

Carlos: Me parece que ha habido una evolución en la empresa. Anteriormente, Dan tomaba todas las decisiones, por lo cual sí era autocrática o podría decir que vivíamos en una dictadura. Pero de un tiempo para acá he visto cómo Dan ha querido involucrar a la gente a que tome decisiones, entonces en las reuniones se ha vuelto como si fuéramos a tomar decisiones por consenso, donde es casi imposible que todos estemos convencidos de algo, por lo cual se vuelve interminable y, en la desesperación, Dan toma la decisión de nuevo de manera autocrática. Entonces, es un poco confuso.

Rony: A razón de que las empresas empiezan y giran alrededor del dueño, es él quien toma todas las decisiones, sobre todo cuando son una Start-up, entonces las decisiones son autocráticas o, como dice Carlos, es dictadura, pero conforme va creciendo la empresa, es imposible que tome todas las decisiones, le cuesta trabajo soltar el control. Eventualmente, el CEO se da cuenta de que no ayuda a que las decisiones sean tomadas así e intenta de manera fallida irse al extremo opuesto, que es decisiones por consenso, para lo cual se da cuenta de que la empresa se desacelera, y él deja de tomar decisiones; así, en su desesperación, regresa a ser autocrático, excepto con las personas que se han ganado su confianza. A medida que la empresa crece, se debe volver más ágil en tomar decisiones, para mantener la flexibilidad que el negocio requiere para conservarse vigente, dinámica, activa, rentable y servicial.

Víctor: Es difícil ese cambio de toma de decisiones. Lo he visto en la evolución que ha tenido mi hermano en su fábrica. Él pasó exactamente por lo mismo: era un dictador e intentó ser líder de consenso, regresando a dictador, pero empezó a leer libros y material de *Harvard Business Review*, y las cosas mejoraron.

Rony: A partir de ahora, les voy a pedir que cuando estén en una reunión y tengan que tomar decisiones, quien sea responsable de lo que se está hablando debe expresar cómo pretende tomar la decisión al final de la discusión o debate. De esa forma queda más claro cómo van a proceder. Así se vuelve más sencillo y evidente la toma de decisiones. No hay fórmula mágica que indique cuál tipo de toma de decisiones se debe usar siempre o la mayoría de las veces, cada situación es diferente y la empresa debe mantener su flexibilidad.

Dan: Es como si tuviera una navaja suiza que tiene muchas herramientas y yo decido cuál usar según el caso. No siempre necesito usar el cuchillo o las tijeras. Para eso están todas las herramientas.

Rony: Exacto. Como navaja suiza. Ya tienen las 5 formas de tomar decisiones, ahora deben poner en práctica anunciar de qué manera decidirán. Ya que estamos claros acerca de cómo podemos hacer las cosas de manera más ágil y efectiva, como equipo, hagamos el primer ejercicio en el cual les pido que identifiquen las 3 fortalezas principales que pueden generar el éxito de este grupo para asegurar el plan de crecimiento y las 3 debilidades más peligrosas que pueden sabotear el plan de crecimiento.

El equipo tuvo oportunidad de poner en práctica lo aprendido teniendo una discusión muy franca y honesta de lo que está funcionando y no en la empresa; cada uno de los miembros se mostró vulnerable y habló sin filtros, con mucha claridad en sus puntos. Utilizamos el formato FD, lo que permitió ser muy críticos y ágiles en la toma de decisiones. En aproximadamente una hora el equipo llegó a la conclusión de que sus 3 grandes fortalezas son: flexibilidad, base de clientes sólidos y buen posicionamiento de la empresa en la industria. Respecto a sus debilidades: lentos por decisiones centralizadas en Dan, trabajo por silos y no se sabe decir que no a los clientes.

Una vez que terminaron ese ejercicio, aprovechamos el momento de vulnerabilidad y de ser suficientemente autocríticos usando el formato distracción de responsabilidad principal.

Rony: Les voy a pedir que, en el siguiente formato, plasmen cada uno su rol y su razón de ser. Después escriban todas aquellas actividades que realizan en la empresa. Una vez que tengan todo el listado de actividades, deben clasificar estas en las que contribuyen con su objetivo y las que los distraen de su responsabilidad. Luego de que identifiquen las actividades que los distraen coloquen el nombre de la persona que debería ejecutar la tarea.

Dan: ¿Cuál sería un ejemplo de actividades que nos distraen? Todo es importante.

Rony: Sí, todo puede ser importante, pero no todo mundo debería estar haciendo de todo. Por ejemplo, si Carlos, de Ventas, pasa tiempo en cuestiones administrativas, mientras él está distraído en algo administrativo, no está vendiendo.

Alex: Sí entendí, creo que podría poner un ejemplo. Es común que la gente de Producción ponga como pretexto que no ha terminado el lote o la producción comprometida, debido a que debe estar atendiendo quejas de clientes. Y es que mientras están concentrados en las quejas de clientes no están concentrados en producir en tiempo y forma.

Rony: Muy buen ejemplo.

El equipo realizó el ejercicio y encontró una serie de actividades que lo distraía de sus funciones y responsabilidades principales, para lo cual llegó a acuerdos acerca de las labores que cada miembro haría y las que dejaría de hacer, así como quién debe hacer qué, para que no haya funciones cruzadas ni otras anomalías.

Conclusiones

- Para dar un brinco de autoempleo a empresa que no dependa del CEO, debes formar un equipo en el cual puedas delegar las responsabilidades y toma de decisiones en cada frente, para que de esa forma se decida con más agilidad.

- Un ingrediente clave para formar equipo es crear un "enemigo" en común, y el más sencillo es uno que se pueda medir. Un objetivo claro, medible y que deba ser alcanzado con esfuerzo grupal.

6 MIDIENDO EL PROGRESO

> ● Un piloto volando sin tablero de control, corre muchos riesgos y vive estresado todo el tiempo.
>
> ● Contar con tableros de indicadores no solo muestra la realidad de la empresa, sino la aportación de cada uno de los miembros. Se hacen las cosas transparentes, en vez de "yo creo que...", evidencia las áreas en las cuales hay que poner atención y apoyo.

Rony: Antes de 1968, el mundo creía que era imposible correr 100 metros en menos de 10 segundos, hasta que Jim Hines rompió por primera vez la barrera, obtuvo la medalla de oro en los Juegos Olímpicos de México, por correr en 9.95 segundos. Desmintió a todos los falsos profetas que aseguraban que ningún hombre podía desplazarse por sus propios medios a menos de diez metros por segundo. Él corrió un poco más rápido y lo suyo no fue una excepción, porque nada menos que 126 atletas han bajado hasta este momento de esos diez segundos míticos, hoy le pertenece el récord de 9.58 segundos al jamaiquino Usain Bolt.

Dan: Y me platicas esto porque...

Rony: En esa historia hay 2 elementos que debemos considerar: 1. Las limitantes que nos autoestablecemos y 2. El beneficio de tener un tablero de indicadores. Nadie creía que se podía correr más rápido que los 100 metros en menos de 10 segundos. Jim Hines lo creía, para ello medía constantemente sus resultados y se concentraba en mejorar un poco cada día, hasta que lo logró. Y una vez que lo demostró y la gente empezó a creer, casi de inmediato otros lo lograron.

Dan: Por eso existen los récords mundiales y olímpicos. Son divertidas las olimpiadas y ver los tableros de indicadores y el medallero.

Rony: ¿Cuentas con un tablero de indicadores que te demuestren el desempeño de la empresa y de los empleados?

Dan: Sí, la cuenta de banco.

Rony: Desgraciadamente, no es el mejor indicador, ya que la cuenta de banco puede o no tener dinero y no muestra la realidad de la empresa, solo deja ver que has venido volando a ciegas y que cada decisión ha sido basada en tu intuición y capacidad de manejo de riesgo.

Dan: El monto de ventas lo manejo perfecto, es el número con el cual presumo a la gente el éxito que estoy teniendo.

Rony: Sin embargo, una empresa que vende 1 mdd, pero tiene 20 k de utilidad es mucho menos eficiente que una empresa que factura 100 k y tiene 10 k de utilidad. Es muy común que las empresas que no cuentan con un tablero de indicadores, vivan mucho drama en la organización, porque todo mundo reporta información diversa, no concreta y emocional. Los números ayudan a que sea más racional, objetivo y cuantitativo el proceso.

Dan: Tienes razón, en la empresa cuando quiero saber información detallada o tener un estatus rápido, me es muy complicado, ya que no tenemos una metodología de reportes y medición. Me pasa mucho con Diana, que le pregunto acerca de sus objetivos y sus respuestas son emocionales, no traen números, por lo cual, para cada objetivo viene una explicación larguísima y muchas veces no recibo la información que necesito, así que me veo en la necesidad de ir por la empresa preguntando, con el fin de poder completar la fotografía. Paso mucho tiempo haciéndole de investigador.

Rony: En definitiva, tener un **tablero de indicadores**, o mejor conocido como dashboard, te simplificará la vida. Dejarás de estar jugando al investigador y tendrás información más objetiva que te muestre la realidad de la empresa. El dashboard te da el pulso de la organización de una manera objetiva y, a la vez, te da control. Una vez que logres registrar los números por un cierto periodo, ganarás la habilidad para reconocer patrones y tendencias que te ayudarán a predecir el futuro.

Dan: En este momento no puedo predecir mucho. Lo que sí te puedo decir es que una de estas noches me despertaré a las 2 a. m. con insomnio y muchos pendientes del negocio, sin claridad de qué debo arreglar y en qué orden.

Rony: Lamento tus noches de insomnio, es un fenómeno muy regular de ser emprendedor y CEO. No te prometo que el dashboard te quite el insomnio, pero sí te dará una visión más clara de la empresa. Vas a poder poner tu enfoque y atención en lo que realmente lo necesita.

Dan: Todo necesita de mi atención y a todo le dedico un poco de tiempo.

Rony: ¿Cómo sabes en qué área de la empresa debes poner atención o corregir si no tienes números? ¿Cómo decides a quién ponerle atención?

Dan: Pongo mi atención en lo que me hace sentir que es más urgente.

Rony: O sea que quien sepa generar mayor nivel de ansiedad en ti por su urgencia, ¿es a quien le pones atención? ¿Y qué pasa con aquellos miembros del equipo que son muy orgullosos y no les gusta pedir ayuda, por lo cual no te comparten que hay algo urgente? ¿O aquellos que son tímidos o no sienten la confianza de acercarse a ti?

Dan: Eso me pasa con Víctor, y en ese caso debo estar constantemente preguntándole o, desgraciadamente, pongo atención a su departamento cuando los problemas se empiezan a acumular o salir de control. Siento que estoy apagando fuegos constantemente. Alex es un tipo tímido y creo que me tiene miedo, por lo cual soy yo el que lo debo interrogar como investigador de la CIA.

Rony: Es ahí parte del problema, sin claridad de los números no sabemos dónde está el **cuello de botella.**

Dan: ¿Qué es cuello de botella y cuáles son las restricciones de la empresa?

Rony: Es un concepto desarrollado por Eliyahu Goldratt, que habla de que uno debe mapear el proceso de la empresa, desde la compra de materias primas hasta la cobranza que realizamos, pasando por todos los pasos y comprendiendo la capacidad de ejecución que tiene cada eslabón de la empresa. El cuello de botella es la fase más lenta o que limita el proceso completo y determina la cantidad de productos o servicios que podemos realizar.

Rony: Por ejemplo, en una fábrica de globos, sus máquinas pueden producir hasta 1,000 piezas por hora, pero si en el área de impresión solo pueden ejecutar 800 piezas, este puede representar un cuello de botella, ya que solo podrán hacer máximo esa cantidad de piezas. En un ejemplo de servicios, en una firma de contadores, cada contador tiene una capacidad de atender hasta 5 clientes, si tienes 5 contadores en la firma tienes una capacidad instalada para atender 25 clientes; sin embargo, la persona de administración solo puede llevar administración que corresponda a 20 clientes, así que nuestro cuello de botella es administración. Siempre debes estar en la búsqueda de cuál es el cuello de botella, con el fin de mejorar los resultados de esa área, proceso o persona.

Dan: Y una vez que mejore ese, ¿debo estar buscando otro para cada vez ser mejores y más eficientes?

Rony: Correcto. Ahora dime ¿cuál es tu capacidad instalada?

Dan: 2 millones de empaques al mes.

Rony: ¿Es esa la capacidad teórica o real? Es decir, teórica es la que aparece en los manuales de las máquinas, y la real es la que se vive en el día a día, que se puede ver afectada por muchos elementos como mantenimiento, capacitación del personal, condiciones del lugar de trabajo y más.

Dan: Mmmm, no lo sé; según yo, es la capacidad real. Deja llamo a Víctor, quien es el gerente de Producción, y le pregunto.

Después de 15 minutos de explicaciones no quedó claro cuál es la capacidad real de la planta. Para hacer la situación más incómoda, le llamamos al director de Ventas, para saber cuántos empaques puede vender la empresa al mes.

Carlos: Todos los que me pongan a disposición (contestó con un tono arrogante).

Rony: Ok, pero ¿cuántos son?

Carlos: Mmmm, pues todos los que me den.

Rony: Déjame entender algo, ¿no sabes cuántos empaques puedes vender?

Carlos: Sí, mi objetivo es vender 3 millones de empaques al mes, así que son 3 millones.

Es ahí donde volteo con Dan y le pregunto:

Rony: ¿Te das cuenta dónde hay un problema? Producción cree que puede producir 2 millones siempre y cuando alcancen la capacidad máxima las máquinas, y Ventas dice que puede vender 3 millones. ¿Logras ver una discrepancia?

Dan: Ahora entiendo por qué estos dos muchachos siempre están peleando y parece que hablan dos idiomas diferentes.

Rony: Es normal que a los CEO's no les gusten los tableros de indicadores, porque les muestra la realidad de la empresa y prefieren vivir en una realidad a medias de que todo está bien. Hace unos años, caminando en San Francisco, me encontré un letrero que cambió mi forma de pensar, decía: "the truth will set you free but first it will piss you off", es decir, que la verdad te hará libre, pero al principio te va a molestar. Eso es lo que provocan los tableros de indicadores, te muestran la realidad, lo cual es muy probable que te moleste, porque reflejará o mostrará lo que en verdad pasa. Pero créeme que es mejor tener una fotografía de la realidad que te permita tener control, que vivir en una fantasía o angustia constante. Si el capitán del Titanic hubiera tenido un tablero de indicadores más completo, sus decisiones hubieran sido muy distintas.

Rony: A Peter Drucker se le atribuye la frase "Lo que no se mide no se puede mejorar", una de las frases más icónicas del mundo del management cada vez que queremos mejorar la eficiencia de una empresa, equipo o persona. Como mencionamos anteriormente, el progreso genera esa sensación de éxito y medir los esfuerzos es la evidencia del progreso o retroceso que hemos tenido. **Si no estamos alcanzando los resultados deseados,**

los KPI's nos permitirán darnos cuenta del motivo y poder reaccionar a tiempo. De lo contrario, estamos volando a ciegas.

Rony: ¿Te imaginas lo complicado que debe ser para un piloto de avión volar la nave sin tener indicadores de altitud, viento, norte o cantidad de combustible? Definitivamente es posible volar el avión sin un tablero, pero es muy arriesgado y el piloto no tiene el mismo nivel de confianza y control de la nave. Lo mismo sucede con los dueños de negocio que manejan su empresa sin un tablero de indicadores que les muestre la realidad de lo que sucede. Viven conforme su instinto, en otros casos, según la cantidad de quejas de los clientes, pero la mayoría se mide según sus ventas realizadas, las cuales ayudan mucho a tener una evaluación, pero no dan suficiente información, el número de las ventas solo nos muestra la vanidad y el orgullo, pero las utilidades muestran la efectividad de la empresa. Debemos contar con un tablero completo e integral que muestre la realidad lo más completa posible para poder tomar decisiones distintas y evaluar el impacto de estas, las cuales se deben ver reflejadas en un gráfico que muestre progreso o retroceso.

Dan: Sí entiendo bien, es como la báscula del baño, a la cual mi esposa la llama "la mentirosa". Sin importar si miente o no, la báscula refleja la realidad y por eso puedo ver si mis esfuerzos por bajar de peso han sido efectivos.

Rony: Mejor no lo pude decir yo.

Rony: Por cierto, ¿sabes que en inglés a los indicadores se les conoce como KPI's?

Dan: Sí, pero no sé qué significa.

Rony: Originalmente significa **key performance indicators (KPI)**, es decir, indicadores de desempeño clave, que son los números que muestran el desempeño que tiene la gente en su rol en la empresa, pero también se puede entender como keep promises in place, es decir, mantén tus promesas: al inicio del trimestre se establecen objetivos para cada persona, y esta acepta el objetivo, lo que se vuelve su promesa ante la empresa. También se le conoce como keep people informed, es decir, mantén a la gente informada, ya que con los indicadores la gente puede saber el estatus de las actividades de manera sencilla.

Dan: Me encanta eso de "mantén tus promesas", eso es lo que quiero. Necesito estar rodeado de un grupo de gente que cumpla sus compromisos. Quiero saber que, una vez que hay compromiso, la gente hace lo posible e imposible para cumplir y no se le tiene que estar persiguiendo para ver si hizo sus actividades. Como te lo dije una vez, soy un líder de negocio, no nana.

Dan: También he tenido el problema de que la gente me da mucha información, más de la que necesito, lo que hace las reuniones muy lentas y tediosas.

Rony: Para eso hay una fórmula que debes implementar. Cada vez que alguien presente sus indicadores haz las siguientes preguntas en este orden siempre, de esa manera todos se acostumbrarán a presentar los resultados de una manera estandarizada y les ayudará a pensar de una manera estructurada. Las preguntas son:

- Color
- Número
- ¿Por qué estás en ese color?
- ¿Cuál es tu plan para mejorar o mantener?
- ¿Qué necesitas del equipo?

Dan: Me parece buena idea, ya que cada uno empieza explicando de forma diferente sus resultados, además tengo un par de miembros en el equipo, que hablan de más, explican cualquier cantidad de cosas y muchas veces ni entendí si están bien o mal.

Rony: Precisamente, esa es la idea, que puedas entender la información de manera sencilla y que todos piensen de manera homogénea. Si te das cuenta, es un sistema, una receta, que cuando llegue otro líder, solo debe seguir la metodología.

Rony: Deja te comparto lo que le sucedió a otro de mis clientes, Joe, él comenzó su negocio de marketing digital e inmediatamente empezó a tener buenos resultados. Lograba vender y ejecutar. Sus clientes estaban contentos al principio hasta que, de pronto, los errores empezaron a suceder, los clientes empezaron a quejarse o cancelar cuentas y el dinero no alcanzaba para pagar la nómina. Fue cuando decidimos que era momento de implementar el tablero de indicadores para poder entender qué es lo que pasa en la empresa, dejar de vivir en la urgencia y pasar a resolver lo que es importante. Fue difícil el proceso de crear el tablero de indicadores, ya que primero había que definir una estructura organizacional adecuada con base en los planes que se tienen, después colocar a la gente adecuada y medir su desempeño. Empezamos en este orden, ya que, de lo contrario, limitamos el potencial de la empresa al talento que tenemos el día de hoy. Poco después de implementar un tablero muy sencillo, con tan solo 4 KPI's por cada uno de los miembros de su equipo y ellos, a su vez, con 4 indicadores para cada una de las personas que les reportan, se empiezan a manifestar una serie de situaciones en la empresa. Una de ellas es que aquella gente a la que no le gusta ser medida o que es abusiva se ve evidenciada porque sus números muestran la realidad. Así que generalmente esta gente se va de la organización por vergüenza a no dar resultados o por sentirse presionada a lograr un objetivo específico.

Dan: Hace unos momentos mencionaste **"color y número"**. ¿A qué te refieres?

Rony: Los tableros de indicadores son mucho más fáciles de leer cuando tienes números concretos y colores que te ayuden, de una forma visual, a identificar rápido las cosas que requieren atención. El semáforo de tránsito es el mejor ejemplo y por eso usamos esos colores: rojo, amarillo y verde. ¿Qué sucede cuando el semáforo se muestra en rojo?

Dan: Hay que parar.

Rony: ¿Amarillo?

Dan: Precaución. Y verde es continuar.

Rony: Entonces, si aplicamos la semaforización a tus KPI's en tu tablero de indicadores, querrás que la gente coloque un color al resultado (número) que obtuvieron. Por ejemplo, si para el objetivo de llamar a 100 prospectos a la semana, definiste que al menos el 90% de ese objetivo será verde, entre

80% y 89.99% es amarillo y por debajo de 80% es rojo, al momento en que la persona responsable de reportar ese indicador de llamadas a prospectos coloca que realizó 81 llamadas.

Dan: Debe colocar el número 81 y el espacio en color amarillo.

Rony: Regresando al ejemplo de los 100 metros planos en las olimpiadas. En las olimpiadas de Beijing en 2008, Usain Bolt ganó oro con 9.69 segundos; Richard Thompson ganó plata con 9.89 segundos; Walter DX ganó bronce con 9.91 segundos y Churandy Martina se fue a casa con las manos vacías por una cosa de nada, corrió 9.93 segundos. Si en las olimpiadas se reconoce los resultados con colores, lo mismo podemos hacer en la empresa.

Dan: Entiendo. Pero va a parecer arbolito de Navidad.

Rony: Lo más probable es que sí, pero le vas a poner atención a corregir los rojos y amarillos. Los verdes no requieren tanto de tu atención.

Rony: Al principio de que se implementa un tablero de indicadores y objetivos por primeras veces, los tableros salen muy rojos o muy verdes. Si salen muy rojos se puede deber a que los objetivos fueron muy altos o que, de plano, no se está cumpliendo con los mismos. Si salen muy verdes, lo más probable es que los objetivos fueron muy bajos.

Dan: Yo creo que con el tiempo podré ver si son bajos o altos.

Rony: Así es, por eso necesitarás generar históricos que, conforme pase el tiempo, se irán volviendo mejores en establecer, ejecutar y medir los objetivos.

Dan: Me pregunto cómo se verá nuestro tablero ya semaforizado.

Rony: Lo descubriremos pronto. Por cierto, es importante que le aclares a tu equipo que quieres ver reflejada la realidad en el tablero, que si es rojo es rojo, que no lo intente cambiar. La gente tiene miedo a que la vayan a correr por salir en rojo y es correcto su miedo, pero, al principio del proceso, no puedes correr a gente por salir en rojo de algo que nunca hemos medido, de algo que tal vez estemos midiendo mal o por objetivos que a lo mejor están mal establecidos.

Dan: Sí debo crear un ambiente seguro, que la gente se sienta en la tranquilidad de mostrar la realidad.

Rony: Ya más adelante, cuando dominen la herramienta, en definitiva, alguien que salga en rojo constantemente es alguien que tiene que trabajar para la competencia.

Dan: Ja ja, en definitiva, prefiero que se vayan a la competencia aquellos malos empleados. Por cierto, ¿puedo copiar el tablero de indicadores de otra empresa? ¿Para qué empezar de cero?

Rony: Tu tablero va a ser único y especial para tu organización y tus necesidades. Pero con mucho gusto te puedo mostrar un tablero de uno de mis clientes, para que te inspires.

Dan: Ok, ¿por dónde empiezo?

Rony: Te pido que te reúnas con tu equipo a realizar este ejercicio.

Dan: Me gustaría que tú lleves el ejercicio.

Rony: Yo sé que tú puedes, cualquiera que sea el resultado que generes con tu equipo será mejor que lo que tienes el día de hoy. Será una victoria de ustedes. Cuando estés reunido con el equipo, asignen juntos alrededor de 2 horas en un lugar donde no haya interrupciones, donde puedan escribir en un rotafolios o en un Excel en una pantalla grande, para que todos puedan ver qué es lo que sucede. Los pasos son:

● **Paso 1**: haz una **matriz** donde vengan las siguientes columnas. Quién, Cargo, KPI, Objetivo, fechas.

Quién	Cargo	KPI	Objetivo	Enero				Febrero				Marzo				
				5	12	19	26	2	9	16	23	2	9	16	23	30

● **Paso 2: Contexto**. Pon a tu equipo en contexto a través de la siguiente historia: somos un equipo que trabajamos a distancia y, por la naturaleza de la operación, no hay mucho tiempo para hablar, solo nos podemos pasar números que nos permiten tener un verdadero pulso de la organización. Solo nos comunicamos por números.

● **Paso 3: Indicadores de éxito según razón de ser**. De acuerdo con la estructura organizacional que ya tienes, cada una de las posiciones en que ya descifraron cuál es su indicador de éxito es el primer KPI por persona, en la columna de KPI.

● **Paso 4: Indicadores de complemento**. Para que cada uno en tu equipo alcance su indicador de éxito, deben tener indicadores complementarios o pasos previos que los ayuden a alcanzar el éxito. Escribir esos en la columna de KPI.

● **Paso 5: Responsable y cargo**. Ya que tienes los indicadores de éxito y los complementarios, deben colocar el nombre de la persona responsable y su cargo en las columnas correspondientes. Solo puede haber un nombre.

● **Paso 6: Establecer el objetivo a alcanzar en el trimestre**.

● **Paso 7: Empezar a aplicar el tablero a partir de esa semana**.

● **Paso 8: Acordar regla de semaforización**, colores rojo, amarillo, verde y súper verde. Es decir, cada objetivo cómo se verá reflejado por color según sus resultados.

Dan: Me quedan claros los pasos. La próxima vez que te vea te mostraré lo que logramos. Si me atoro te busco.

Rony: Mientras tanto, ¿en qué número te puedes obsesionar desde el principio del proceso que nos brindará una sensación de progreso y que además orientará todos los esfuerzos para lograr un objetivo específico? Pueden ser ventas, piezas o cualquier otro número que muestre éxito en la organización.

Dan: En este momento, el número que siento más crítico en la situación que estamos en la organización es el flujo de efectivo. Quiero aumentar ese número para poder vivir más tranquilo.

Rony: Para el primer borrador de tu tablero de indicadores tendrás alrededor de 25 a 30 KPI's. Si te das cuenta de que te hacen falta, agrega los KPI's que creas conveniente. Trata de mantener el tablero con máximo 30 KPI's para un equipo de 6 personas. En su momento, vas a querer tener un tablero más pequeño, con 6 o 7 indicadores clave que te mostrarán el estatus y realidad de la empresa y que serán indicadores relevantes para que tomes decisiones.

Dan: En este momento estoy feliz si logramos tener un tablero que me muestre el desempeño individual y el estatus de la organización, así sean 30.

Rony: Con el tablero cada uno de los miembros tendrá una forma objetiva de demostrar su progreso en la organización, y con esa información, tú les podrás dar retroalimentación y coaching para que mejoren sus resultados.

Dan: Seguramente sí, será más transparente y objetivo. Ahora sí me daré cuenta quién da resultados y quién no.

Rony: Además, cada uno se concentrará en hacer lo que tiene que hacer.

Dan: Eso es lo que quiero. Es muy molesto cuando alguien de mi equipo se la pasa haciendo de todo pero poco efectivo. Alex siempre se ve ocupado, pero la verdad no sé qué tan efectivo es, mi intuición es que no.

Rony: Te vas a ver en la tentación de quitar y poner indicadores en el primer trimestre. Te pido que no quites indicadores, ya que necesitas un histórico para poder empezar a ver tendencias y puedas predecir el desempeño.

Dan: Anotado. Me comprometeré junto con el equipo a dejar ese tablero por 3 meses. Al final de ese periodo decidimos qué quitamos y qué ponemos.

Dan: Un amigo que invierte en la Bolsa me platicó, la gente invierte dinero en compañías en la Bolsa, que establecen sus objetivos y los cumplen trimestre con trimestre. Eso demuestra un equipo comprometido, que trabaja bien en conjunto y cumple lo que promete.

Rony: Te comparto algunos de los **beneficios** que se obtienen al momento de tener un tablero de indicadores:

- Los números eliminan comunicación subjetiva y vaga.
- Crea un ambiente de rendimiento de cuentas o de accountability.

- Compromiso y claridad.

- Sensación de competencia sana.

- Control y visibilidad.

- Trabajo en equipo.

- Resuelves problemas más rápidamente y de manera más efectiva.

- Identificar áreas que requieren asistencia inmediata.

Rony: Cuando se implementan KPI's, el equipo se frustra, ya que no sabe cómo medir sus resultados, pero es como cualquier nueva habilidad, al principio uno se siente frustrado por no poder dominar cómo lo hace con otra habilidad. Ejemplo, si estás aprendiendo a tocar guitarra, aunque tengas experiencia tocando piano, al principio hay un alto nivel de frustración porque no se domina la guitarra. La frustración solo es una buena evidencia de que se está aprendiendo algo nuevo. No hay que confundir con la frustración de que las cosas no están saliendo bien. Como dice Tony Robbins: "Welcome, frustration".

Rony: Para disminuir el drama en la organización, debes implementar un tablero de indicadores que te muestre la realidad de la organización. Es probable que no te guste lo que veas al principio, pero es la única forma con que podrás evaluar tu progreso. Así como en la báscula del baño de tu casa no te gusta lo que ves, agradece que tienes ese instrumento que te da información útil para que tomes decisiones y dejes de vivir en una fantasía.

Conclusiones

- Ya que estás en un punto donde puedes medir el desempeño, tener claridad de tu realidad y operación, puedes exigir resultados a la gente y poner en práctica la filosofía de "rendimiento de cuentas", que es mejor conocida como accountability.

EL ARTE DE SER PROTAGONISTA Y NO VÍCTIMA

- Adán y Eva fueron castigados y expulsados del Paraíso no por haber roto una regla, sino por no haber aceptado su culpa o participación. Le echaron la culpa a otro. Así que, de castigo, los expulsaron con el fin de que aprendieran la lección de asumir la responsabilidad de sus acciones.

- El ingrediente mágico que transforma cualquier cultura es "asumir la responsabilidad" o "rendir cuentas", ya que estando en un entorno donde la gente es responsable de sus acciones y los resultados de las mismas, esto permite trabajar hacia un objetivo común sin la posibilidad de que la gente sabotee el progreso.

Un par de semanas después de que nos reunimos, Dan me mostró con alegría su tablero de indicadores.

Dan: Te quiero presumir mi tablero de indicadores, ha sido una tarea complicada. Nos costó trabajo comenzar a medir; además, tuvimos que agregar indicadores que no teníamos antes, que me parecía que nos faltaban.

Rony: Conforme pase el tiempo agregarás más y después haremos una limpieza, porque necesitarás un tablero sencillo, así como cuando ves tu tablero de tu coche, que con solo unos cuantos números puedes entender la fotografía completa.

Dan estaba contento del progreso que la metodología estaba presentando, que tenía un lenguaje más claro, que había claridad de roles e indicadores; sin embargo, se veía sumamente frustrado cuando nos encontramos debido a que algunos miembros de su equipo se habían dedicado más a justificarse por su bajo desempeño o le habían echado la culpa a otra persona.

Dan: ¿Qué sorpresa me tienes ahora que nos reunimos aquí en esta zona de comida rápida?

Rony: ¿Ves esos botes de basura que se desbordan?

Dan: Sí, se ve que no le ponen mucha atención al tema de la limpieza.

Rony: He venido a este lugar en varias ocasiones no por sus increíbles artes culinarias, sino por un fenómeno interesante. En este lugar hay 4 personas encargadas de la limpieza, me parece que se llaman Todos, Alguien, Cualquiera y Nadie. Hay un trabajo importante que hacer, limpiar los botes de basura. *Todos* estaban seguros de que *Alguien* lo haría. *Cualquiera* podría haberlo hecho, pero *Nadie* lo hizo. *Alguien* se enojó por eso, porque era el trabajo de *Todos*. *Todos* pensaron que *Cualquiera* podía hacerlo, pero *Nadie* se dio cuenta de que *Todos* no lo harían. Terminó en que *Todos* culparon a *Alguien* cuando *Nadie* hizo lo que *Cualquiera* podría haber hecho.

Dan: Creo entender la historia, pero está un poco confusa.

Rony: No hay problema, cambiemos el nombre de Todos por Alex, Alguien por Diana, Cualquiera por Carlos y Nadie por Víctor, y mira lo que sucede. Hay un trabajo importante que hacer, limpiar los botes de basura. *Alex* estaba seguro de que *Diana* lo haría. *Carlos* podría haberlo hecho, pero *Víctor* no lo hizo. *Diana* se enojó por eso, porque era el trabajo de *Alex*. *Alex* pensó que *Carlos* podía hacerlo, pero *Víctor* se dio cuenta de que *Alex* no lo haría. Terminó en que *Alex* culpó a *Diana* cuando *Víctor* no hizo lo que *Carlos* pudo haber hecho. Como ves, al final de cuentas, no se logró nada, porque todos asumieron que otro lo haría.

Dan: La situación y la historia describen bien algunos momentos que vivo en la empresa. Muchas cosas quedan en tierra de nadie y todo mundo se echa la culpa, olvidándose de que al final es Plastypack la que sufre las consecuencias.

Rony: Es muy difícil generar un progreso permanente y agradable en un ambiente donde no hay una cultura de **rendimiento de cuentas.**

Dan: Es imposible avanzar con gente que no se hace responsable de sus acciones, que me viene a platicar cualquier cantidad de historias para explicarme por qué no se hicieron las cosas, cuando no me interesa por qué no se hicieron, me interesa que se hagan. La gente da su palabra a la ligera en esta empresa: dice que va a entregar un reporte el día 20 y no lo hace, dice que va a cumplir con el programa de entregas a clientes y no lo hace. Es imposible trabajar así.

Rony: ¿Me puedes dar un ejemplo?

Dan: Víctor está mintiendo o modificando sus KPI's para salir bien en la fotografía, pero no permite ver la realidad de la empresa, ya que la empresa no llega a sus resultados. Coloca en verde lo que no salió en verde, en realidad es rojo o amarillo, pero lo justifica con un montón de cosas y termina poniendo verde, explicando que él pudo hacer lo que podía hacer.

Rony: Dame más información.

Dan: Por ejemplo, él tiene por objetivo cumplir con 95% del apego a plan de producción; su resultado salió en 88%, lo cual es rojo para nosotros, pero él lo pone en verde justificándose con que el plan de producción se cambió debido a necesidades del área comercial, así que para él es verde.

Rony: Sí, Víctor miente en sus KPI's para salir bien en la "fotografía". Tiene que ver con que ve más por sus intereses personales que por los intereses de la organización. Se está deslindando de la responsabilidad o, más bien, de rendir cuentas (accountability). Es algo que no debes permitir en el equipo. La información debe ser transparente, reflejar lo que es para poder hacer correcciones. El fin es corregir, no solo salir bien.

Rony: En Nestlé, teníamos nuestros objetivos ligados a bonos: 40% a desempeño individual, 30% a desempeño de división y 30% de resultados de la organización. ¿Cómo explicarías que se dieron los bonos a los empleados de todas las divisiones sin que la organización llegara a sus resultados? En algunos casos no estaban ligados correctamente los objetivos; en otros, los jefes concedieron como buenos resultados malos; en otros casos mintieron, etc. Pero, en conclusión, los KPI's sirven para mostrar la realidad de la empresa, ya que se cuenta con claridad de los resultados y así podemos pasar al paso que tiene que ver con premiar, desarrollar o castigar a los empleados en función de su desempeño.

Dan: Debo ser más firme con el equipo. Los resultados que se presentan deben ser un reflejo de la realidad, no es un tema de vanidad ni de excusas.

Rony: Definamos qué es **accountabilty**. Desgraciadamente en español solo existe una palabra para definir lo que en inglés son 2 palabras y 2 conceptos distintos. En inglés se tiene responsability y accountability, a los cuales traducimos o entendemos responsabilidad, pero no son la misma cosa. De hecho, a razón de esto, se genera mucha confusión en las empresas. La mejor forma de entenderlo es a través de un ejemplo: un muchacho de 16 años tiene permiso de conducir y le pide a su padre prestado el automóvil, y este accede. El muchacho, al ir manejando, tiene un accidente. ¿Quién es responsable?

Dan: Pues el hijo. No, pensándolo bien ambos.

Rony: ¿Ves? Es confuso y difícil de distinguir. Te ayudará si, en vez de preguntar ¿quién es el responsable?, preguntamos ¿quién paga los platos rotos o quién es quien debe rendir cuentas?

Dan: Viéndolo así, es más sencillo. El padre es quien debe rendir cuentas ante la autoridad.

Rony: Correcto. Rendimiento de cuentas es accountability. El muchacho sigue siendo responsable porque él fue quien tuvo el accidente.

Dan: Pero el muchacho es accountable en casa, ya que le rinde cuentas al padre.

Rony: Así es. Lo mismo sucede en la empresa. Si el departamento de Carlos no llega a sus resultados a razón de Patrick, que le reporta a él, Carlos sigue siendo accountable de los resultados ante ti y el equipo directivo, aunque Patrick haya sido el responsable. Todo depende de la perspectiva de a quien se rinden cuentas.

Dan: ¡Qué difícil es estar rodeado de gente que no se hace responsable o, en este caso, accountable! Se la vive culpando a otros de sus malestares o falta de acciones. Me acuerdo de un amigo de la familia que siempre se la vivía a dieta y era común que le echara la culpa a su nutriólogo de su situación, siendo que nadie le puso la comida en la boca, fue él.

Rony: Sí, es más fácil culpar a otros que ser accountable. Porque poniéndolo de manera sencilla, ser accountable es cumplir con lo que prometes. Los seres humanos somos especialistas en el arte del autoengaño, procrastinar y de la "esquezofrenia", por eso nos cuesta tanto trabajo cambiar hábitos y, en consecuencia, nuestra vida. Sin embargo, hay formas de cambiar. Alcohólicos Anónimos ha desarrollado una metodología simple y efectiva que comienza con…

Dan: Reconocer que soy alcohólico.

Rony: Correcto. El programa, de forma muy sencilla, consiste en que reconozcas y que no bebas el día de hoy.

Dan: Un día a la vez, como dicen ellos.

Rony: Así es, es comprometerte a cumplir tu palabra día por día.

Dan: ¿Sabes qué me vuelve loco? Que la gente no cumple lo que promete. Ya cuando me acuerdo de lo que se comprometieron generalmente es muy tarde y ya se volvió urgente.

Rony: Lo peor es que cada vez que alguien entra a tu oficina, llegan a algún tipo de acuerdo y queda en tu responsabilidad darle seguimiento, lo cual no sucede, no das seguimiento. De por sí tienes muchos pendientes y preocupaciones personales, para además darles seguimiento a todos los compromisos que la gente ha hecho contigo y que los tienes en la memoria.

Dan: Estás describiendo exactamente como me siento. Por mi oficina pasa muchísima gente a lo largo del día, cada una sale con un compromiso de algo que debe hacer y no tengo la capacidad de darle seguimiento a la gente de todos sus compromisos. No soy su nana, espero profesionalismo de la gente, espero que si dan su palabra la cumplan.

Rony: Pues hay una herramienta que te va a servir mucho que se llama plan de acción, la cual son 3 simples columnas: quién, qué y cuándo en las cuales, cada vez que alguien haga un compromiso contigo, este debe escribirlo en la hoja. De esa forma, cualquier compromiso queda por escrito y con su letra, así no hay excusas de que "yo no sabía que esperabas eso de mí". ¿Recuerdas que les enseñé hace algunas reuniones el formato en el cual escriben su qué, quién y cuándo?

Dan: Sí, claro, no recordaba que se llama plan de acción, la hemos usado. Todo esto suena muy lindo para ser verdad. ¿Algo tan simple va a resolver algo tan complejo?

Rony: Entiendo tu duda, pero más veces de las que te imaginas, lo sencillo es poderoso. ¿Alguna vez has escuchado de la **metodología KISS**?

Dan: ¿La banda de rock que se pinta la cara y usa botas largas? Muero de ganas de ir a uno de sus conciertos antes de que muera alguno de sus miembros.

Ja ja ja, reímos los dos.

Rony: No KISS la banda, sino la metodología, que por sus siglas en inglés es keep it simple stupid, lo cual quiere decir, 'mantener las cosas en una simpleza estúpida'.

Dan: Sí, debo reconocer, a veces me complico demasiado la vida. Tu herramienta de plan de acción suena bien, pero se hará una lista muy larga.

Rony: No te preocupes, al principio será larga, pero después la gente vendrá cada vez menos y hará menos compromisos. Es clave que escriban sus compromisos y les des seguimiento el día que se vencen. Si no das seguimiento y posiblemente alguna consecuencia en el día en que vencen, esto no te servirá.

Dan: ¿Cómo? ¿Ahora me debo volver verdugo? ¿Estar castigando a todos?

Rony: Ja ja ja, no. Cuando me refiero a consecuencia, no me refiero a castigos. Puedes implementar cualquier tipo de consecuencia que creas conveniente. Las consecuencias son positivas y/o negativas. Ejemplos de negativas: desde una lagartija enfrente de todo el equipo por cada día de retraso, como café para el equipo o un chiste. Ejemplos de consecuencias positivas: aplaudirle a un empleado que cumplió, hacer un reconocimiento. De esa forma el comportamiento de la gente cambiará y, por consecuencia, la gente cambia, para ello hay una fórmula.

Dan: ¿Cómo crees, Rony? Llevo 15 años de casado y mi esposa no ha cambiado para nada.

Rony: Claro que ha cambiado, no como tú has querido, pero seguro ha cambiado. Esta técnica que te voy a compartir es muy sencilla, pero debes ser constante. Aunque, antes de darte la técnica, te voy a mostrar con un ejemplo. ¿Un mexicano puede cambiar en 15 minutos?

Dan: No.

Rony: Por supuesto que sí. Hay que hacerlo cruzar la frontera a USA. Nuestro comportamiento cambia de inmediato, de pronto somos más civilizados, paramos en los letreros de STOP (alto), somos más cordiales y no tiramos chicles por la ventana. ¿Por qué? ¿Cómo explicas ese fenómeno?

Dan: Pues porque en USA son muy exigentes.

Rony: Correcto, vas por buen camino. En USA hay reglas, hay consecuencias y se cumplen.

Dan: Claro, en México no hay nada de eso, y por ello esto es un desorden total.

Rony: No, no te equivoques, claro que en México hay reglas, hay consecuencias, el problema surge cuando no se cumplen, lo que hace que todo el sistema fracase. Es esto lo que debes hacer, habla con el equipo acerca de cuáles serán las reglas respecto a los compromisos (plan de acción) y cuáles serán las consecuencias negativas en caso de no cumplir, y comprométanse a aplicar la consecuencia a aquella persona que rompa la regla.

Dan: Claro, es como amenazar a los niños y no cumplir la amenaza. Uno de mis niños me tiene bien tomada la medida, sabe que las amenazas que le hago casi nunca se cumplen, así que hace lo que quiere.

Rony: Por eso uno debe ser cuidadoso con sus palabras. Si quieres que la gente cumpla su palabra, tú debes ser el primero en cumplir la regla. Si das tu palabra de alguna consecuencia, esta se debe cumplir, aunque sea a ti mismo, ya que tú eres el ejemplo a seguir. Es momento de ser más firme.

Dan: Lo sé, es una debilidad que tengo. Hago tantas excepciones que en realidad ya se volvió la regla.

Rony: Bueno es momento de hacer que tengas reglas y que existan excepciones.

Dan: No entendí, ¿cómo que reglas y que existan excepciones?

Rony: Esta filosofía, escucharás que la repito constantemente a partir de este momento, ya que, hasta ahora, tu flexibilidad de súper emprendedor te ha dejado generar excepciones a todo: tú eres quien se adapta a tus clientes, proveedores y empleados. Pero, a partir de ahora, queremos que tengas reglas para las cuales existan excepciones. Como, por ejemplo, si la regla es que la línea de crédito máxima disponible para clientes es de 45 días, tal vez te veas en la necesidad de hacer una excepción con un cliente que es importante para ti y que requiere 60 días, pero el resto de los clientes mantendrán su crédito por 45 días. Es mejor tener una excepción, a que tengas a todos los clientes con líneas de crédito de todo tipo y tiempos, volviendo loco a tu equipo de administración y, sobre todo, sacrificando tu flujo de efectivo.

Dan: Mi esposa dice algo parecido con respecto a los niños. Es mejor ponerles límites y de vez en cuando ser flexibles. En nuestra casa, no se toman refrescos o sodas, pero en casa de la abuela los viernes que van a comer pueden tomar 1. Los niños conocen la regla, pero en ocasiones quieren otra durante la semana. De cuando en cuando les damos permiso. Antes era siempre que tomaban soda, lo que para nosotros es una excepción en ese momento era la regla. Me hace sentido, en vez de que yo me tenga que adaptar a todos, prefiero que todos se adapten a mí o a las reglas de la empresa.

Rony: Seguramente estás agotado de tantos convenios y concesiones diferentes que tienes con tus empleados.

Dan: Ni te digo. Los empleados saben que tengo corazón de pollo y vienen a pedir permisos y aumentos de sueldo que me es difícil negar.

Rony: No digo que niegues, pero mejor pon claridad en los permisos, tabuladores de sueldos, reglas de la organización. Si alguien necesita una excepción, pues revisas esa; de lo contrario, es estandarizado.

Rony: Por cierto, deja aclararte que "consecuencia" es una palabra que ha tenido una connotación negativa a través del tiempo, así como la ha tenido "conflicto". Ya que consecuencia es el resultado, ¿te acuerdas de que te enseñaron en la escuela la tercera ley de Newton?

Dan: **Para cada acción existe una reacción** igual y opuesta. Ja ja ja, no sabía que aún guardaba esa información en mi disco duro personal.

Rony: Pues la consecuencia es una reacción, pero esta puede ser positiva o negativa. Hemos asumido con el tiempo que la consecuencia y/o reacción es negativa. Si tú siembras una semilla, la consecuencia es que germina y crece una planta. Si tú golpeas a un extraño en la calle, lo más seguro es que...

Dan: Tenga un serio problema al llegar a casa con mi esposa después de haber sido detenido por la policía por disturbios en la calle.

Ja ja ja, reímos los dos.

Rony: Vamos a llevar el accountability a otro nivel. Ya que tenemos un tablero de indicadores y que viene en colores de semáforo, ¿cuál es la consecuencia máxima de que una persona presente constantemente rojo?

Dan: Despido.

Rony: ¿Cuál es la consecuencia máxima de que una presente constantemente amarillo?

Dan: Mmmm, no lo sé.

Rony: En ese caso es apoyar a la persona para que tenga algún cambio, tal vez tiene un problema en casa o falta de capacitación u otros. Pero, en esencia, alguien en amarillo es a alguien sobre el cual hay que identificar qué sucede y ayudarle a salir del amarillo. En caso de que no lo logre, pues en realidad es cuestión de tiempo que se convierta en rojo, y si es así, si se convierte en un rojo, hay que darle la oportunidad de que tenga un futuro brillante en otra empresa. ¿Y cuál es la consecuencia máxima de que una persona presente constantemente verde?

Dan: Aumento de sueldo o bono (dijo con entusiasmo).

Rony: No, le puedes hacer un reconocimiento y felicitar, pero ¿aumento de sueldo y bono? ¿Acaso no le estás pagando para que salga en color verde? Ahora puedes entender por qué tenemos un desastre con los sueldos en la empresa, porque cada vez que alguien hace lo que debe y viene a pedir aumento de sueldo, te tientas el corazón y le das aumento. Pero ese es un tema que hablaremos en otro día. Yo estoy a favor de recompensas, premios, bonos y aumentos, pero estos deben ser siempre y cuando sean el "extra mile", un esfuerzo extra, que sea un súper verde. Algo que demuestre que la persona ha agregado más valor del que agregaba y, debido a ello, estás dispuesto a recompensar por valor extra agregado.

Dan: Entiendo la idea. Ojalá este tablero de indicadores me dé la información clave.

Rony: Hablemos acerca de la autonomía de decisiones. ¿Te acuerdas que tocamos ese tema hace algunos meses: que la autonomía va de la mano con las responsabilidades?

Dan: Mi equipo tiene autonomía de tomar decisiones.

Rony: Perfecto, eso ayudará a que tengamos una empresa donde cada miembro contribuye en su especialidad. Para que la cultura de la empresa cuente con una cultura de accountability, de rendimiento de cuentas, de que la gente cumpla su palabra, los empleados deben tener autonomía en la toma de decisiones en sus áreas de responsabilidad. Por ejemplo, cuando alguien va a tu oficina y le pides que te haga un reporte, que en este caso es el **qué**, ¿le dices también el **cómo** hacerlo?

Dan: Sí, en ocasiones le digo el **cómo** hacerlo.

Rony: ¿Acaso no es por el **cómo** hacerlo que contratas a la gente? Si tú llevas tu automóvil a la agencia de coches para que hagan mantenimiento (**qué**), ¿les indicas **cómo** deben hacer el proceso?

Dan: Para nada, ellos son los especialistas, ellos saben **cómo** hacerlo. Ya entendí, mi gente son los especialistas en sus departamentos, yo les debo poner los objetivos, es decir, los **qué** y ellos deben establecer el **cómo**. ¿Y qué sucede cuando no saben **cómo** hacerlo o no me gusta el camino que están tomando?

Rony: Siempre les puedes dar coaching o asesorar. Nadie dijo que "los dejes sueltos como animalitos", solo dije que debes minimizar el decir **cómo** lo deben hacer. Te puedes sorprender lo mucho que la organización avanzará en toma de decisiones cuando la gente sepa que sus decisiones son autónomas y que debe rendir cuentas con base en sus resultados.

Dan: Se terminarán los pretextos.

Conclusiones

- Cuando la palabra de la gente en la empresa tiene peso, la cultura se transforma y resulta una empresa orientada a resultados, donde todo se vuelve más predecible, ya que la gente hace lo que dice que va a hacer.

- Teniendo en cuenta que la gente ya va a cumplir lo que promete, ahora te falta incorporar un elemento que provoca que tu equipo esté sincronizado y orientado a cumplir sus tareas: las juntas de trabajo.

8 JUNTAS EJECUTIVAS

> ● "Lo único más doloroso que enfrentar un tema incómodo es fingir que no existe".
>
> Patrick Lencioni

Nos reunimos temprano por la mañana en una de las sucursales de Best Buy, cuando la tienda recién abría.

Dan: Esta vez, ¿me trajiste a comprar electrónicos para la oficina? Estoy consciente de que las impresoras no están en el mejor estado y en mi oficina urge un buen aire acondicionado. No sabía que tus servicios de coaching también eran de asesoría tecnológica.

Reímos ambos.

Rony: ¡Qué bueno que encuentres otro propósito a esta visita que hacemos a la tienda de Best Buy!, pero, en realidad, venimos a observar cómo realizan su junta diaria.

En ese momento los empleados de la tienda que vestían sus pantalones caqui y camisa polo color azul se reunían junto a la caja registradora. Todos se quedaron de pie. Se podía ver energía y sonrisas entre el grupo. Un par de los miembros comenzó compartiendo buenas noticias personales, a las cuales todos aplaudieron. De pronto se nos acercó uno de los empleados del equipo.

Alan: Buenos días, mi nombre es Alan, ¿hay algo en lo que nos pueden ayudar?

Rony: Muchas gracias, esperamos a Frank.

Alan: Perfecto, le dejaré saber que lo esperan al terminar su junta y vendrá de inmediato. Cualquier cosa, no duden en avisarme.

En ese momento el empleado nos sonrió y regresó a su reunión. Después alcanzamos a escuchar cómo reportaban números de cada uno de los departamentos, discutieron algunos puntos críticos del negocio y al final cantaron una canción juntos. La junta duró 13 minutos y 20 segundos. Al terminar la reunión, se nos acercó Frank, el gerente de la tienda.

Frank: ¡Qué gusto verte aquí con nosotros el día de hoy, Rony! Hace tiempo no te veía, se ve que la vida te ha tratado bien, ganaste unos kilos y unas cuantas canas.

Rony: Sí, la vida ha sido buena conmigo. He descuidado un poco los hábitos alimenticios, pero ya estoy aplicado con una dieta adecuada y un plan de ejercicios para regresar a un buen estado. Te veo contento, Frank, espero que las cosas vayan increíbles en casa y en el trabajo.

Frank: La verdad, muy bien. Las cosas están mejor que nunca. ¿No me vas a presentar a tu amigo?

Rony: Claro, Dan es el CEO de una empresa con la cual estoy trabajando actualmente. Estamos realizando el proceso de coaching de crecimiento organizacional.

Dan: Un placer conocerte, Frank.

Frank: Estás en buenas manos, Rony me ayudó personalmente en un proceso de coaching de liderazgo en el cual participé en la empresa en la que trabajaba. Seguramente vienen con un propósito en particular.

Rony: Así es, estamos trabajando el **ritmo de juntas**.

Dan: No sé ni por qué vamos a ver temas de juntas, son una pérdida de tiempo. Son sumamente ineficientes y hay demasiadas. No veo para qué poner más juntas de las que tenemos hoy.

Frank: Yo pensaba igual que tú. Estaba abrumado con la cantidad de reuniones, donde se hablaba de todo, pero no se llegaba a conclusiones. Era una pérdida de tiempo y de recurso; peor aún, la gente estaba distraída de sus actividades principales.

Dan: Precisamente, mientras la gente está en junta, no está haciendo lo que tiene que hacer, además que casi siempre se repiten las mismas situaciones sin mostrar progreso. La gente habla, pero no veo resultados.

Frank: Seguramente el problema no se debe a que tengas muchas juntas o que distraen y provoquen que dejen de operar sus actividades diarias, más probable es que el problema se deba a que tus juntas no son efectivas.

Dan: ¿Cómo sabes que mis juntas no son efectivas?

Frank: Porque si lo fueran, tendrías menos juntas, se tomarían decisiones, verías progreso y las personas asistirían entusiasmadas a las mismas.

Dan: En ese caso tienes razón.

Frank: De cierta forma, todos somos culpables, porque no aprendimos a usar la juntas de manera correcta. Seguramente ya te dijo Rony que las reuniones son una herramienta de trabajo que hay que usar de manera efectiva, y tiene razón. Las juntas en las empresas son inevitables, al contrario, son algo necesario, pero deben ser bien ejecutadas para que sean efectivas. Como pudiste ver hace unos minutos, tuvimos nuestra reunión diaria de la tienda, donde buscamos alinear a todos los miembros con lo más práctico e importante del día, como hacen en los juegos de futbol americano, donde cada cierta cantidad de jugadas hacen sus juntas de equipo: son reuniones breves donde se ponen de acuerdo y deciden las próximas jugadas.

Dan: Soy fan de la NFL. Es increíble ver todo lo que pueden decir y decidir tan solo en unos segundos.

Frank: Pues en la empresa se puede hacer lo mismo. Tal vez no en 15 segundos, nosotros dedicamos alrededor de 15 minutos al día. No somos los únicos que lo hacemos. Si vas a Wal-Mart ellos también hacen su reunión en cada turno, donde comparten los objetivos del día. En los restaurantes, antes de iniciar la operación, los meseros tienen su reunión de unos 15 minutos, donde se les comparte información crítica como aquellos productos de los cuales hay poca o no hay existencia, para que tengan cuidado al momento de vender. A mí me importa mucho tomar el pulso de mi gente, saber en qué están en su vida, cómo han progresado con sus resultados y que salgamos unidos como un solo equipo.

Dan: Ese tiempo que están en junta es tiempo que no están dedicando a atender a los clientes y eso es muy costoso.

Frank: Es más costoso que los empleados cometan errores o que no estén alineados. Además, durante la junta, siempre hay empleados asignados a estar de guardia en caso de que entren clientes, así como Alan se acercó con ustedes. Las juntas son una habilidad que hay que desarrollar para lograr mejores resultados en la empresa, es hacer a la gente responsable de sus compromisos, medir progreso y corregir el comportamiento de los empleados.

Rony: No todas las juntas son iguales, cada una de ellas tiene objetivos y agendas distintas.

Frank: Puede sonar abrumador al principio, pero una vez que entiendes la estructura adecuada y cómo ejecutarlas se vuelve más sencillo. Lo mejor es que cuando son efectivas las juntas, te das cuenta de que ya no puedes vivir sin ellas; además, se disminuyen reuniones que hoy parecen cruciales, pero en realidad son innecesarias.

Dan: ¿Y cómo se logra eso?

Frank: Seguramente Rony te mostrará la forma de hacerlo, él tiene más experiencia que yo, además me debo ir a mi junta semanal con los gerentes de tienda, la hacemos de manera virtual, porque así como es importante que nosotros como equipo de la tienda estemos alineados, a nivel compañía también debemos estar en la misma jugada y ver cómo apoyarnos unos a otros. Dan, fue un placer conocerte.

Dan: Gracias por tu tiempo.

Nos dio la mano a cada uno y se despidió con una gran sonrisa.

Dan: me pareció un gran tipo y me entusiasma escuchar a gente que cree que las juntas son de utilidad. Aún me encuentro escéptico de cómo hacerlas efectivas.

Rony: Hoy en día, en la empresa tienes muchas reuniones y la gran mayoría sucede de manera espontánea, lo cual refuerza más que actúen de manera reactiva en vez de manera proactiva.

Dan: Cada vez que tenemos reuniones veo cómo la gente está distraída y son aburridas. Prefiero bajar a la planta y resolver muchas cosas que están en mis manos.

Rony: Le has dado al clavo, precisamente ese es el mayor de los problemas, las reuniones no son atractivas, no son divertidas y no son productivas, por eso tú y el equipo las evitan lo más que pueden.

Dan: ¿Se pueden tener reuniones divertidas y productivas?

Rony: Por supuesto. Es más, entre más alta es la posición en la estructura organizacional, más dependen tus resultados de las reuniones, ya que esa es parte de tus actividades operativas; esa es tu operación. Las personas que son muy operativas, como los obreros en la planta de producción, deben tener pocas reuniones, así como los vendedores en Best Buy, pero, conforme suben los niveles, tienen más reuniones con objetivos y agendas distintas. Lo más importante es asegurarse de que se haga progreso en la empresa.

Dan: Como se diría en un juego de futbol americano: "move the ball forward".

Rony: Según un artículo escrito por Linda LeBlanc y Melissa R. Nosik, que son especialistas en análisis del comportamiento, la gente pasa más del 50% de su tiempo en las empresas en reuniones. Esta información fue confirmada también por Patrick Lencioni, que es un gran consultor de negocios y quien reveló que los ejecutivos de las empresas pasan mucho tiempo en reuniones de trabajo, las cuales, desgraciadamente, no cuentan con los elementos adecuados para hacerlas efectivas y productivas. Una empresa que tiene un ritmo de juntas correcto y efectivo provoca un fenómeno de rendimiento de cuentas y responsabilidad entre los miembros, ya que nadie quiere ser expuesto por no cumplir con sus resultados.

Dan: ¿Cuáles son los elementos? Si hay solución, la quiero saber.

Rony: **Son 6 pasos a considerar:**

1. **Establecer una agenda.** Cada reunión tiene un objetivo en particular. Los participantes deben saber la razón de ser de la reunión, la duración, ubicación y quiénes participarán. De esa manera se pueden preparar de manera anticipada y evitarán sacar temas que no estén alineados a la reunión.

2. Participantes de la reunión. Se debe ser selectivo en la gente que asiste a la junta; si se tiene gente demás, esta suele generar confusión y distracciones. Solo debe estar la gente requerida.

3. Lugar de la reunión. Contar con un espacio donde se reunirán, ya sea físicamente en un salón que esté habilitado o un espacio virtual para asistir a la reunión, ya sea vía telefónica o digital como Zoom, Goto-Meeting, Google Meet u otras plataformas.

4. Líder la reunión. Siempre debe haber un líder de la reunión, que facilita la misma, que está pendiente de la agenda y el tiempo.

5. Plan de acción. Documento que ya discutimos en el pasado, donde se colocan los compromisos de la gente que asiste a la reunión. Al final de cada reunión deben existir compromisos que aseguren progreso de la organización.

6. Tablero de indicadores. Contar con acceso a los números que ayudan a tomar decisiones.

Dan: En definitiva, nuestras juntas no cumplen con estos puntos, cada reunión tiene gente demás que distrae o solo está perdiendo su tiempo ahí. Hablamos y hablamos sin parar, sin llegar a nada en concreto, se nos puede pasar mucho tiempo y no tomar decisiones. Comentaste que cada reunión tiene una agenda.

Rony: Así es, bajo la metodología de Scale Up de Verne Harnish, hay 5 tipos de reuniones que generan un ritmo en la empresa para acelerar la toma de decisiones.

Tipo de junta	Tiempo requerido	Propósito	Agenda	Claves de éxito
Diaria	15 minutos	Sincronización. Comprensión de las necesidades organizacionales para operación efectiva	1. Buenas noticias 2. Indicadores y/o métricas 3. ¿En qué estás atorado? 4. Plan de acción 5. Cierre	1. Asistentes parados 2. Acceso a tablero de indicadores 3. Plan de acción 4. No cancelar si algunos miembros no están 5. Lugar y horario fijo
Semanal	60 a 90 minutos	Táctico. Revisar el progreso semanal, métricas, y resolver situaciones tácticas	1. Buenas noticias 2. Indicadores y/o métricas 3. Retroalimentación de clientes y empleados 4. Prioridad o roca trimestral 5. Plan de acción 6. Cierre	1. Acceso a tablero de indicadores 2. Plan de acción 3. Lugar y horario conocidos de antemano 4. Generar conflicto sano 5. Posponer temas estratégicos
Mensual	2 a 4 horas	Estratégico y Desarrollo. Discutir, analizar, hacer lluvia de ideas y decidir sobre cuestiones críticas que afectan el éxito a largo plazo	1. Buenas noticias 2. Indicadores y/o métricas 3. Plan de acción 4. Progreso de objetivos del trimestre 5. Prioridad o roca 1 6. Prioridad o roca 2 8. Plan de acción 9. Aprendizaje o capacitación. 10. Cierre	1. Acceso a tablero de indicadores 2. Plan de acción 3. Lugar y horario conocidos de antemano 4. Generar conflicto sano 5. Preparación de los resultados por departamento
Trimestral	8 a 16 horas	Estratégico y Desarrollo. Revisión de la estrategia, tendencias de la industria, panorama competitivo, personal clave, desarrollo de equipos	1. Buenas noticias 2. Resultados del trimestre 3. Análisis de lecciones y victorias del Q 4. Capacitación 5. Definición de objetivos del siguiente Q 6. Plan de acción 7. Cierre	1. Acceso a tablero de indicadores 2. Plan de acción 3. Lugar y horario conocidos de antemano 4. Generar conflicto sano 5. Preparación de los resultados por departamento y de la empresa 6. Salir de la oficina

Anual	8 a 16 horas	Estratégico y Desarrollo. Revisión de la estrategia, tendencias de la industria, panorama competitivo, personal clave, desarrollo de equipos	1. Buenas noticias 2. Resultados del año 3. Análisis de lecciones y victorias del año 4. Capacitación 5. Definición de objetivos del siguiente año 6. Definición de objetivos del siguiente trimestre 7. Plan de acción 8. Cierre	1. Acceso a tablero de indicadores 2. Plan de acción 3. Lugar y horario conocidos de antemano 4. Generar conflicto sano 5. Preparación de los resultados por departamento y de la empresa 6. Salir de la oficina

Rony: Combinando efectivamente las reuniones de trabajo con los tableros de indicadores, puede ser que sean de los elementos que más control te den sobre la organización. Al principio no debes implementar las 5 juntas. La gran mayoría de mis clientes comienzan por su cuenta con la junta semanal o diaria. Cuando domines una de estas dos reuniones, comenzarás a ver cosas mágicas. Por mi parte, yo te facilitaré algunas de las reuniones mensuales, para que vean cómo se realizan, y mientras trabajemos juntos, yo facilitaré tus reuniones trimestrales y anuales.

Dan: En este momento me comprometo a implementar las juntas semanales, creo que con eso no me sentiré abrumado.

Rony: Perfecto, son pequeños cambios que harán la diferencia al final.

Dan: Espero que este ritmo me ayude a disminuir la cantidad de reuniones que tengo el día de hoy.

Rony: En definitiva, lo hará. Cuando la gente sabe que hay un momento en particular en el cual sus inquietudes serán escuchadas, esperará para la reunión para hablar de lo que requiere, y bajo casos excepcionales se harán juntas complementarias, para resolver casos puntuales.

Conclusiones

● Las juntas son una herramienta efectiva de trabajo cuando son bien utilizadas. Te permiten mantener el pulso de la organización, la sincronización de los equipos y sobre todo una cultura de rendimiento de cuentas, ya que en cada reunión se hacen acuerdos que se revisan en la junta siguiente. Es la forma efectiva de mantener el progreso de la empresa y sus colaboradores.

● Ya que tienes las bases fundamentales que te dan visión, claridad y compromiso en la empresa, ahora sí estás listo para empezar a recortar clientes, proveedores, productos y empleados.

CORE BUSINESS, ¿CUÁL ES LA RAZÓN PRINCIPAL DEL NEGOCIO Y EL VALOR QUE AGREGA A SUS CLIENTES?

- "Le tengo más miedo a quien practica una patada 1,000 veces que a quien practica 1,000 patadas una vez". Bruce Lee

- Con el fin de ser más eficientes y efectivos, el CEO debe reconocer cuál es la razón principal de su negocio y cuál es el valor que agrega a sus clientes; de esa forma, se asegurará de que todas las actividades, esfuerzos, recursos y objetivos estén orientados a satisfacer la necesidad primaria que agrega a sus clientes.

Rony: Ya llevamos parte del camino recorrido en este proceso de crecimiento y desarrollo organizacional. Hay un concepto conocido como **"core business"**, que quiere descubrir cuál es el negocio principal. ¿Has escuchado la frase de "Zapatero a tus zapatos"?

Dan: Sí, claro.

Rony: En el campo del management empresarial dicho concepto es la razón de ser de la compañía, aquello por lo cual se crea y en lo que se va a generar el máximo valor añadido. El concepto de core business pasa por analizar de forma sistemática las actividades de la empresa y ver cuál es la aportación de valor que estas tienen. En un entorno cada vez más competitivo los negocios tratan de buscar elementos diferenciadores de su competencia y desarrollar aquellas áreas que son su núcleo o razón de ser. Esto exige que analicen cuál es su core business y destinen todos sus esfuerzos y atenciones a potenciarlo, incrementando de esta manera su competitividad.

Dan: La teoría me hace sentido, pero en la práctica es difícil.

Rony: No lo es tanto si entiendes tu core business y te apegas a él. Por ejemplo, el 30 de mayo de 2020 hubo un lanzamiento de un cohete espacial, el Falcon 9, con la nave Crew Dragon, que salió de las instalaciones de la NASA en Florida.

Dan: Sí, mis hijos estaban emocionados de ver esas imágenes del despegue y la historia de los dos astronautas americanos. Ya están soñando con ser astronautas. Me recordaron las historias que mis padres contaron cuando les tocó presenciar la llegada a la Luna.

Rony: Pues en esta historia de este despegue hay una lección muy importante que aprender. Esta es la primera vez que la NASA envía a sus astronautas desde suelo americano tras décadas de utilizar los servicios de Rusia para enviar a sus astronautas, ya que ellos no lo lograban. La NASA se dio cuenta de que su especialidad no está en diseñar y fabricar las naves, es por ello que contrataron los servicios de Boeing y de SpaceX, ambos especialistas en creación de motores y naves espaciales. Estas dos empresas estuvieron compitiendo para crear la nave que sería utilizada para hacer los próximos viajes espaciales. Es la primera vez que empresas privadas se ven involucradas en el proceso de enviar astronautas fuera de la órbita terrestre. Si esta misión es exitosa, comenzará una nueva era de viajes comerciales al espacio.

Dan: Yo pensé o asumí que era un proyecto entero de la NASA. Nunca hubiera imaginado que ellos subcontraten un elemento tan crítico como la fabricación de los cohetes y la nave.

Rony: Pues es un momento de cambio en general, donde todos están abriendo los ojos a entender en qué realmente son buenos. La NASA tiene todo el conocimiento y equipo para realizar todos los cálculos y operar las misiones, pero no eran efectivos en su transportación.

Dan: Interesante, tal vez esa es la respuesta de porque también desapareció la línea aérea de Boeing. Antes ellos hacían vuelos comerciales, pero la aerolínea desapareció; sin embargo, muchas aeronaves en las que volamos hoy siguen siendo producidas por Boeing. Ellos han aplicado el concepto de core business.

Rony: Gary Hamel y C. K. Prahalad, en su libro *Compitiendo por el futuro*, describieron a la corporación diversificada como un árbol grande: los productos principales son el tronco, las extremidades principales de las unidades de negocio son ramas más pequeñas y los productos finales son las hojas. El core business es el sistema raíz que proporciona nutrición y estabilidad; es esencialmente lo que su organización sabe acerca de la coordinación de la producción y la tecnología.

Dan: Es saber qué es lo que hago mejor que otros. Recuerdo haber leído un caso de éxito de algo similar. Era de Honda, que era tan bueno produciendo motores, que lo hacen para automóviles, cortadoras de pasto y generadores o plantas de luz.

Rony: Así es, Honda es un gran ejemplo, su core business es la producción de motores y lo explotan al máximo, al punto que para que alguien los logre copiar es muy difícil. Eso les da un beneficio que explotan una y otra vez, generándoles ventajas competitivas ante otras marcas.

Dan: Me hace sentido, capitalizaron todo el conocimiento que generaron de su experiencia y evolución de generación de motores desde las motocicletas.

Rony: Conocer tu core business previene grandes errores que pueden poner en riesgo a la empresa, como es el caso de tercerizar operaciones. Toda empresa puede, y hasta me atrevería a decir, debe subcontratar actividades de la empresa que no sean esenciales o parte del core, ya que si tienes especialidad en fabricación de empaques, puedes subcontratar el servicio de logística y transportes, el cual no importa tanto, porque no te harás muy bueno haciendo logística, pero sí produciendo tu producto.

Dan: En el caso de los automóviles, Chrysler, por un tiempo, veía los motores como un lujo, por lo cual tercerizaron la fabricación de sus motores a Mitsubishi y Hyundai, eso les hizo perder una ventaja competitiva.

Rony: Veo que eres fan de los coches.

Dan: Sí, hay tanta pasión involucrada en una carrera de autos, un equipo bien formado y alineado, una maquinaria lista, un sentido de competencia, indicadores de desempeño por todas partes. Es como poder ver el desempeño de un negocio y ver los resultados rápidos, sin tener que esperar un trimestre para ver los resultados de mi empresa.

Rony: Interesante tu analogía. Viéndolo así, si una carrera que dure un par de horas te muestra muchísimas cosas, en perspectiva, tu negocio te lo muestra en meses. En mi caso, yo soy amante de los juegos de mesa e incorporé algunos de estos en los procesos de coaching para equipos. Porque en tan solo unos minutos se puede simular un montón de elementos y fenómenos que suceden en la empresa. Como aquella vez que hicimos el taller de "Todos estamos en el mismo barco", que tiene por finalidad mostrar la importancia de la colaboración y los elementos para lograrlo.

Dan: Sí, esa sesión estuvo muy divertida. Te voy a ser franco, al principio, cuando te vi llegar con un juego de mesa y empezaste a acomodar las piezas, pensé que estabas loco. Pero conforme vi la interacción del equipo en perspectiva, la toma de decisiones, los conflictos que existen solo en la superficie, en una situación controlada, además, divertida, fue increíble. Me mostró muchísima información de la personalidad y cómo son las dinámicas de mi equipo de trabajo, eliminó fricciones, de paso, capacitó a mi equipo.

Rony: Me alegro que te haya gustado, yo gozo muchísimo los juegos de mesa. En mi caso, la **educación no formal**, como los juegos de mesa, trae grandes beneficios y enseñanzas.

Dan: Espero con ansias el taller en el cual la gente aprende de estrategia y negociación. También es con un juego de mesa, ¿cierto?

Rony: Sí, es con un juego de mesa, el taller se llama "Construyendo mi camino".

Rony: Bueno, pero regresando al tema de core business. Tengo la impresión de que tienes claro el concepto. Entonces, ¿cuál es el core business de tu negocio?

Dan: Pues la fabricación y venta de empaques.

Rony: Perdona que te interrumpa, Dan, pero, caminando por tu almacén, encontré productos de limpieza; los chicos del montacargas me comentaban que esos también los venden.

Dan: Es cierto, también vendemos productos de limpieza.

Rony: ¿Algún otro producto además de la producción de empaques?

Dan: Sí, desarrollamos páginas web. Nuestro departamento de marketing tiene tiempo libre, así que decidí aprovechar y vender páginas web.

Rony: ¿Te das cuenta, Dan, la diversificación que tienes y lo poco que se apoyan unos productos con otros? Me recordaste una caricatura que alguna vez vi en el periódico donde se ve a un hombre con gabardina que al abrirla tiene todos los servicios, hace plomería, vende seguros, arregla jardines, etc. Cuando se tiene tanta variedad, no se te conoce como experto.

Dan: Pues sí, pero ha sido necesario para sobrevivir. He tenido que ir incorporando otros productos para tener dinero para pasar el mes. También pasó que uno de nuestros clientes más importantes, nos pidió que le ayudáramos a conseguir material de limpieza y no supe cómo decir que no. No podía decir que no, imagínate que le decía que no y nos cancelaba el contrato. Se juntaron el hambre y las ganas de comer.

Rony: No es inusual lo que me comentas. La presión de lograr conseguir el flujo de efectivo para continuar operando muchas veces lleva a buscar diferentes fuentes de ingreso y también es difícil decir que NO, sobre todo a tu cliente más importante. ¿Brindar todos esos servicios ha complicado tu operación?

Dan: Ufff, no tienes una idea, ahora es más difícil operar, son muchos más SKU's, más materias primas, más proveedores, etc.

Rony: ¿Cuál es el producto que es más rentable?

Dan: Mmm, no lo sé, pero supongo que los empaques, ya que soy yo quien los fabrica.

Rony: Vamos a suponer que eliminaras todo producto que no sean los empaques, ¿te haría más eficiente? ¿Podría tu fuerza de ventas concentrarse mejor?

Dan: Sí, indudablemente.

Rony: Ok, y dentro de empaques, ¿tienes muchas variantes?

Dan: Muchísimas, cada cliente tiene un tubo diferente.

Rony: Ok, ya es momento de que veamos por tus intereses, que veamos la manera de que tú seas más eficiente y que a su vez puedas satisfacer más a tus clientes. Para lo cual debemos simplificar y estandarizar la operación lo más que se pueda; eso eliminará errores, esfuerzos difusos y una mala imagen que puedes estar generando en el mercado por ser todólogo. Ya más adelante profundizaremos simplificación y estandarización, pero te adelanto que eliminarás productos, clientes, proveedores e inclusive empleados. Suena peor de lo que es, pero lo haremos poco a poco. Lo primero que debemos hacer es regresar a tu razón de ser, a tu producto que agrega valor.

Rony: Fíjate cómo marcas grandes se mantienen dentro de su sector. Pongamos como ejemplo a Domino's Pizza, no ves tiendas que estén vendiendo hamburguesas, para las cuales hay mucha demanda. Ellos se atienen a hacer y vender pizzas. Coca Cola, por más que ves mucha variedad y aparentemente está haciendo de todo, su core de negocio son las bebidas y los dividen en 8 categorías, pero siempre están en su core del negocio.

Dan: Pero ellos hacen conciertos, abren restaurantes, todas sus campañas son de la felicidad.

Rony: No confundas sus estrategias de mercadotecnia. Ellos patrocinan los conciertos, pero no ejecutan ni operan los conciertos; ellos contratan compañías que se dedican a ello. Recuerda: "Zapatero a sus zapatos". Aquí es precisamente donde aplica.

Rony: ¿Cuál es el principal problema que resuelves de tu cliente?

Dan: El abasto de empaques con termo sellado e impresión de calidad. Solo hay 3 productores de este producto en Latam y nosotros logramos resolver la necesidad de un empaque para el producto final de nuestros clientes.

Rony: ¿Cuál es el producto que más valor agrega a tus clientes?, ¿del que tienes más control?, ¿el que más utilidad te deja?, ¿el que te gusta más?

Dan: En definitiva los empaques, es un negocio que domino, la producción la tengo aquí abajo. Ya conozco a los proveedores clave de la industria y ya cuento con una reputación.

Rony: Genial, una vez que logremos eliminar de tu catálogo de productos aquellos que no tengan nada que ver con tu core del negocio, será más sencillo operar la empresa, generar ahorros, ser más eficientes y tener clientes más contentos.

Dan: Pero, Rony, ¿cómo tendré clientes más contentos si ahora les voy a decir que no les voy a surtir artículos de limpieza o sus páginas de internet?

Rony: Excelente pregunta. Estás en lo correcto, esos clientes no estarán contentos, pero aquellos clientes a los cuales les quedas mal en las entregas de empaques por estar distraído con otros productos comenzarán a ver que el servicio que les ofreces empieza a mejorar. Recuerda que te dije que el proceso de cambio presenta dolores y acciones necesarias para tener una mejor empresa que pueda crecer y no depender de ti. Este es uno de los grandes dolores y temores.

Dan: Veo el impacto de estar haciendo de todo un poco y que no nos concentremos en lo que realmente importa. Para serte franco, los artículos de limpieza y páginas web fueron oportunidades que se presentaron en el camino, la necesidad y no saber que decir que no me llevaron a incorporarlos. No les pongo mucha atención.

Rony: Tengo un cliente que aprendió la lección de manera muy dura. Tiene un negocio de marketing digital, su core business es reputación digital, es decir, lo que se conoce y se dice de ti en redes sociales e internet. Era muy bueno en lo que hacía, el típico emprendedor que le dice sí a cualquier reto y oportunidad. Poco a poco, se presentaron oportunidades a las cuales dijo que sí a todas. Era reconocida como una de las mejores agencias de reputación digital, al punto que podían hacer un proceso que muy pocas empresas de esa industria pueden, que es borrar información de internet.

Dan: ¿Cómo? ¿Se puede borrar información de internet?

Rony: No he entendido con precisión, pero sé que, por lo menos, las ligas que llevan la información se pueden borrar.

Dan: Pero ¿eso es legal?

Rony: De la forma en que ellos lo hacen, sí. Pero, regresando a la historia, un tiempo después de aceptar diferentes cosas, la agencia de marketing hacía páginas de internet, SEO, social media, diseño de logos, cursos Scrum, outsourcing de personal con talento en programación y hasta exportaba miel a Europa.

Dan: Bueno, pero supongo que con tantos productos pudo vender mucho y tenía mucha gente atendiendo los servicios.

Rony: Incorrecto, tenía alrededor de 70 personas, no se daban abasto para nada. Los clientes se quejaban constantemente, vivían en caos constante. Tenía muy malos resultados, exceso de gente y gastos. Por eso se la vivía buscando traer nuevos ingresos, que irónicamente solo alimentaban a la bestia con comida chatarra.

Dan: O sea que era mediocre en muchas cosas.

Rony: Sí. Yo creo que es mejor ser extraordinario en una cosa que mediocre en muchas cosas.

Rony: Cuando llegué a trabajar con él desciframos cuál era su core business y poco a poco fuimos eliminando productos que no tenían que ver con el mismo.

Dan: Pero, entonces, ¿dejó pasar todas esas oportunidades que llegaron a él?

Rony: Algunas, sí, pero aprendió una habilidad nueva: que cuando le lleguen oportunidades nuevas que no correspondan a su core business por parte de sus clientes, puede conseguir a alguien que la ejecute y pedirle una comisión. De esa forma no se distrae con operaciones que no domina, genera muchas alianzas estratégicas, sus clientes están más contentos y lo ven como un socio estratégico no solo por lo que hace de reputación digital, sino porque él les ayuda a conseguir quién les puede cubrir sus necesidades.

Dan: Supongo que por eso nacieron las especialidades médicas, donde un endodoncista no es lo mismo que un dentista. Incluso en una ocasión en que llevé a mi esposa al endodoncista a que le hiciera un procedimiento, ella le pidió que, aprovechando que ya estábamos ahí, le hiciera limpieza de dientes. A lo cual nos contestó que él no hacía limpieza de dientes, que no tenía equipo para realizar ese tipo de procedimientos. Él, en definitiva, solo se dedicaba a lo suyo, así que es un excelente endodoncista. ¡Qué daría yo por poderme enfocar en lo mío!

Rony: Y lo vamos a lograr. La clave es aprender a ser selectivos en lo que hacemos, para quien lo hacemos y como lo hacemos. De esa forma te podrás convertir en experto en tu industria, tus clientes estarán más contentos, tendrás mejor reputación y una gran ventaja competitiva contra tu competencia.

Dan: Listo, me queda claro. El core business nos servirá para mantener la atención y enfoque hacia los resultados que queremos. Será un reto, pero entiendo los beneficios. Comenzaremos a eliminar todos aquellos productos y servicios que no sean parte de la producción y venta de empaques. Sé que algunos clientes se incomodarán, pero debo ver por el bien de la empresa y me queda claro que estar distraído en otras actividades y productos no me está llevando por el camino correcto.

Dan: A manera personal debo también tener presente que cuando clientes soliciten otros productos y servicios, en vez de querer aprovechar la oportunidad a nivel personal, aprender a decir que no o, en dado caso, pensar en quién puede ayudarle a mi cliente, ya sea que ese proveedor me dé comisión o no. Lo importante es que yo no me distraiga. De pronto, hasta el conectar a mi cliente con nuevos proveedores me ayudará a reforzar relaciones estratégicas con otras empresas y puede comenzar un ciclo de "tú me ayudas, yo te ayudo". Será un reto, pero sé que puedo lograrlo y, lo más importante, mantenerme enfocado y dejar de perseguir mariposas como me dices.

Conclusiones

- Identificas cuál es el problema que resuelves para tus clientes eliminando cualquier otra distracción (otros productos o servicios) enfocándote en ser lo mejor posible en tu producto, haciendo de tu empresa un proveedor extraordinario.

- Ya que entiendes cuál es tu core business, es momento de evaluar los productos, soluciones y servicios que ofreces.

PRODUCTOS QUE SON PARTE DEL ÉXITO

- ¿Qué pasaría si descubres que tu producto estrella no solo no es rentable, sino que, por cada pieza que vendes, tú estás poniendo 10 centavos?

- Es necesario hacer un análisis de los productos y soluciones que tenemos para descubrir cuáles pueden ser parte de la receta de éxito. No todos los productos suman a los resultados de la organización.

Rony: ¿Conoces el principio de Pareto? La **ley o principio de Pareto**, también conocida como la Regla del 80/20, establece que, de forma general y para un amplio número de fenómenos, aproximadamente el 80% de las consecuencias proviene del 20% de las causas. Vilfredo Federico Pareto (1848-1923) fue un ingeniero, sociólogo, economista y filósofo italiano, cuyo principio o ley nos puede servir de referencia para centrarnos en lo que realmente importa, en lo que nos puede dar mayores satisfacciones con menores esfuerzos sin malgastar energías y recursos en obtener pobres resultados.

Rony: En el mundo empresarial, la ley de Pareto suele cumplirse, por ejemplo, en los campos de ventas y gastos. Así, en muchos casos se podrá comprobar cómo el 80% de las ventas de una empresa proviene de un 20% de sus clientes, o de un 20% de sus productos, o el 80% de sus gastos del 20% de sus proveedores. También se puede aplicar en logística (controlando el 20% de los productos almacenados puede controlarse el 80% del valor de los productos del almacén), o en ingeniería de software (el 80% de los fallos de un software tiene su origen en un 20% del código de dicho software). Para este próximo paso es importante involucrar a tu equipo para la toma de decisiones y levantamiento de datos. Realizaremos un análisis ABC de los productos, donde entenderemos cuáles son el 20% de los productos que generan el 80% de tus ingresos y algunos otros factores. Vamos a continuar simplificando y estandarizando tu empresa, para que sea más fácil de manejar.

Dan: ¿Cómo? ¿Ahora vas a querer que quitemos productos?

Rony: Correcto, vamos a **eliminar productos**. Te vas a sorprender la información que vamos a ver y cómo vas a poder tomar mejores decisiones. En una ocasión un cliente que produce bolsas de plástico descubrió que su producto estrella, con el cual vendía el mayor volumen, lo hacía perder 10 centavos por pieza; es decir, lejos de ganar, perdía dinero. ¿Qué día nos podemos reunir con todo el equipo al menos unas 4 horas para realizar **el análisis ABC de productos**?

Dan: Alguna vez pensé en que puedo estar perdiendo dinero con algunos productos, pero la verdad nunca me he atrevido a tomar ese riesgo.

Rony: Entre más productos tienes es más compleja la operación e incluso la venta. El ser humano necesita tener opciones, pero no demasiadas. Dan Ariely ha hecho un sinnúmero de experimentos para comprobar lo que él le llama "comportamiento económico", es decir, cómo toma decisiones la gente basadas en economía. Por ejemplo, en un supermercado colocaron 2 cervezas, una a un precio de $2.5 USD y la otra a $1.80 USD. El 80% compró la más cara. Cuando se introdujo una tercera cerveza a un precio de $1.60 USD, ahora el 80% compró la cerveza de $1.80 USD, 20% compró la de $2.5 USD y nadie compró la barata de $1.60 USD, lo cual le mostró a la empresa cervecera una estrategia de precios que sirve para influenciar a su cliente a comprar lo que ella quiere, así que de cuando en cuando dejan de surtir la cerveza de $1.60 USD para que la gente compre la de $2.5 USD.

Dan: ¿En verdad? ¿Así de estúpidos somos los seres humanos que nos manipulan con precios?

Rony: Sí, nos pueden influenciar por precio o por cantidad de productos. Tener demasiados productos en la empresa puede ser y es contraproducente. Debes tener el almacén para poder guardar toda la materia prima y producto terminado. Tus vendedores deben conocer toda la variedad de productos que tienes y muy probablemente cargar con un maletín de muchas muestras.

Dan: Uy, y la cantidad de manuales de especificaciones y que mi gente esté preparada. La capacitación es una inversión enorme.

Rony: A través del tiempo, fuiste tú quien se adaptó a las necesidades del cliente, lo cual hace sentido. Pero ahora que ya eres una empresa estable, es mejor que comiences a establecer tus reglas del juego, para que los clientes se adapten a ti, de esa forma serás más eficiente y excelente, satisfaciendo mucho mejor.

Dan: Estaría genial. Hay productos que son una pesadilla y los clientes que los compran son aún peores. Parar las máquinas para hacer cambios es, además de peligroso, muy costoso. Si lo que propones nos hará tener corridas más largas de producción, en definitiva nos hará más eficientes y rentables.

Rony: Precisamente, esa es la idea, la estandarización y simplificación te harán más rentable. Eliminar productos es parte del proceso.

Dan: Entiendo el concepto, pero, para ser franco, me da miedo la competencia, ya que tiene más variedad de productos que nosotros y no me quisiera quedar detrás.

Rony: ¿Tener más variedad de productos le brinda más ventaja competitiva a tu competencia?

Dan: No lo creo, pero tiene más variedad.

Rony: Entiendo que quieras tener más SKU's que la competencia, pero estás tratando de ganar la batalla incorrecta. La batalla a ganar se llama eficiencia. Si eres más eficiente que tu competencia, tienes mejor reputación y servicio, y, por ende, tienes más probabilidad de "sobrevivir" a la competencia. En muchas ocasiones, como dirían los gringos, "less is more", es decir, "menos es más". Te propongo que hagamos el análisis, no brinquemos a ninguna conclusión hasta que no tengas los números frente a ti.

Dan: De acuerdo, nos podemos reunir el martes que viene por la mañana, siempre y cuando tu agenda lo permita.

Rony: Perfecto, nos vemos el martes en tu oficina. Por favor, explícale a tu equipo el principio de Pareto. Para la junta, te pido que tu equipo prepare la siguiente **información por producto**:

- Costos actualizados
- Precio de venta
- Histórico de volumen
- Ciclos de venta
- Porcentaje de ocupación en inventario
- Complejidad de producción
- Tiempo de producción
- Cantidad de clientes que solicitan el producto
- Otros detalles importantes a considerar

Martes en la mañana, un día lluvioso y un tanto frío, ya todos reunidos en la sala de juntas con café, galletas y el jugo verde de Dan que toma todas las mañanas.

Rony: Gracias a todos por estar en esta reunión de trabajo, vamos a poner en concentrado la información y tomaremos decisiones que nos ayudarán a hacer la empresa más eficiente y fácil de manejar. Me gustaría saber si Dan tuvo oportunidad de ponerlos al día respecto al core business así como el principio de Pareto.

Carlos: Sí, ya nos explicó el principio de Pareto. Me pareció muy interesante. Nunca me había dado cuenta de cómo se repite ese patrón.

Víctor: Pero no se aplica todo el tiempo.

Dan: Yo creo que por eso lo llaman principio de Pareto y no ley de Pareto. La ley de la gravedad siempre aplica, no hay excepciones.

Diana: ¿Lo ven? Del 100% de los comentarios de Dan, son ilustrativos o educativos.

Ja ja ja, reímos todos.

Rony: Ok, me queda claro que ya entienden el 80/20. ¿Y del core business?

Alex: Cuando nos explicó el concepto y que nuestro core business es la fabricación de empaques y que continuaremos con eso, eliminando poco a poco lo que no tiene que ver, casi lloro de la alegría. Los otros dos negocios, porque esa es la verdad, son otros dos negocios diferentes: el de limpieza y páginas web, me ocasionaban un montón de problemas administrativos y, lo peor, es que yo siempre veía cómo no eran rentables.

Carlos: Yo aún no estoy convencido, a los clientes hay que darles lo que quieren.

Dan: Precisamente porque hemos pensado así es que hoy en día tenemos muchos productos, muchos clientes, muchos reclamos. No somos excelentes en nada, somos mediocres y no es lo que quiero. No solo quiero presumir cuánto facturamos, también quiero presumir la gran empresa que somos, que seamos irremplazables.

Rony: Entiendo tu duda, Carlos, e incomodidad. Es momento que aprendan a decir que NO. Y por eso estamos aquí, porque vamos a llevar el NO al siguiente nivel. De todos los productos que tienen, no todos, necesariamente, contribuyen al crecimiento de la empresa, hasta deben de tener algunos que puedan ser contraproducentes para los resultados generales.

Víctor: Por fin mis plegarias fueron escuchadas. Ojalá ya podamos eliminar el SKU 4098, por años ha sido un dolor de cabeza, solo lo compra un cliente que siempre se queja y se tarda en pagar; para acabar de poner las cosas complicadas, ocupa demasiado espacio en almacén y los proveedores de las materias primas de ese producto cada vez se extinguen más. De verdad, cada vez que lo veo en el plan de producción me dan ganas de llorar de frustración. Pero pues lo sacamos adelante como todo lo que tenemos que hacer en la empresa.

Rony: No me puedo comprometer a que eliminemos el SKU 4098, pero, en definitiva, sí analizaremos muchos de los componentes que mencionaste que hacen de un producto uno que quieras tener en la empresa.

Diana: Yo alguna vez escuché que General Electric, bajo el liderazgo de Jack Welch, decidió ser el número 1 o 2 de cada industria, lo que lo llevó a eliminar muchas divisiones de su empresa y, con ello, productos. Antes tenía una división de plásticos con productos como Lexan y Plexiglas, los cuales eran muy exitosos; sin embargo, GE fue perdiendo su ventaja competitiva y su liderazgo en la industria de plásticos, al punto que la división dejó de ser rentable, así que decidió vender la división a una empresa que estaría feliz con los márgenes de utilidad que tendría con esa división que para GE no era óptimo tener. Y así ha ido eliminando divisiones y productos.

Carlos: Claro, pero era GE, cuenta con muchísimos recursos y se puede dar el lujo de eliminar productos o divisiones.

Rony: Nosotros no nos podemos dar el lujo de no ser eficientes. Ya ustedes podrán evaluar cuando tengan el análisis completo. De momento, les pido tengan la mente abierta al ejercicio y busquemos soluciones que sean de beneficio a la empresa. Recuerden: "que le conviene a la empresa". Ya ustedes traen algo de información que nos servirá para comenzar a hacer el análisis ABC de productos, estoy seguro de que ustedes querrán incluir más categorías que nos ayudarán a tener una visión más completa.

Alex: me gustaría comentarles que actualizar los costos de los productos fue toda una aventura. Hacía mucho que no se actualizaban y me llevé una gran sorpresa de que algunos de los productos ya no son rentables si los continuamos vendiendo al precio al que los vendemos. Ya le mostré los resultados a Dan.

Carlos: Es imposible subir los precios a los clientes, es más, necesitamos encontrar la forma de darles descuentos para que nos compren más volumen.

Dan: ¿Cómo? ¿Estás dispuesto a que sigamos vendiendo producto por debajo de la rentabilidad, peor aún, nosotros poniendo dinero? Eso es algo que ya no estoy dispuesto a hacer. Hacemos negocio con nuestros clientes con la filosofía de que todos debemos ganar, no se trata de que ellos ganen y nosotros perdamos.

Rony: Me alegra ver tu cambio de forma de pensar.

Dan: Sí, la verdad he notado cómo he ido cambiando mi forma de pensar a lo largo de este proceso. Antes hacía sentido vender lo que fuera al precio que fuera para poder sobrevivir, pero, por fortuna, ya no estamos en esa situación, ya somos una empresa estable y en crecimiento, y como alguna vez me dijiste, debemos tener nuevos hábitos que nos harán mejores. No podemos seguir haciendo lo mismo, pero esperando resultados diferentes.

Diana: Creo que eso lo dijo Einstein, ¿no?

Dan: Sí, queda perfecto para el momento que estamos viviendo.

Rony: **El análisis ABC** es un estudio estadístico que muestra la distribución por categorías de los productos según su importancia: **Tipo de artículos A**: son los más importantes, usados o vendidos; asimismo, son los que más ingresos generan y rentabilidad. **Tipo de artículos B**: tienen una importancia secundaria y los ingresos o utilidad generados son menores en relación con los artículos A. **Tipo de artículos C**: su importancia es mínima y reportan poco beneficio o, peor aún, generan gasto.

Víctor: Yo sí conozco esta metodología, es muy común para el análisis de inventarios.

Rony: Correcto, es la misma, solo que le agregamos elementos que nos ayuden a comprender si contribuyen con los resultados de la organización o no. Al final veremos algo así:

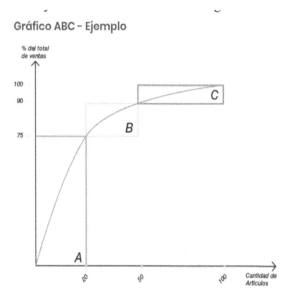

Gráfico ABC - Ejemplo

Rony: En conjunto construimos la base de análisis de productos ABC, donde descubrimos que de los 60 SKU's que maneja la empresa, 20 de ellos deben ser eliminados, ya que no ayudan al negocio, solo satisfacen necesidades específicas de algún cliente sin generar un beneficio real para nuestra empresa.

Dan: Ahora quedo con una visión más clara y amplia. Ya veo cuáles productos son contraproducentes y que, aunque sean "nuestros hijitos", debemos eliminarlos. Los productos C juegan en nuestra contra y se confirmó lo que decía Víctor: el SKU 4098 es un C, el cual debemos sacar por el bien de la empresa. Entiendo que hay resistencia de parte tuya, Carlos, por representar al equipo de Ventas y los intereses de los clientes, pero recordemos que eres parte de este equipo. Como vimos en las 5 disfunciones de un equipo, te voy a pedir tu compromiso y cumplimiento de las decisiones que ya tomamos, las cuales quiero repasar para que no olvidemos nada.

Formato plan de acción:

Carlos: hacer carta de aviso a clientes de la descontinuación de productos. 13/Mayo

Carlos: reunirse con los clientes que se ven afectados por descontinuación de productos, para buscar alguna alternativa para venderles algún otro producto. 30/Mayo

Alex: dar aviso a proveedores de nuestra descontinuación de productos buscando mantener los ahorros por parte del proveedor con el resto de las materias primas. 22/Mayo

Víctor: realizar inventario de la materia prima de los productos C y cuantificar el producto terminado y lo que representa y calcular cuánta materia prima requiere para cubrir los compromisos de los siguientes 3 meses. 20/Mayo

Diana: Dar capacitación al personal de la empresa acerca de core business y análisis ABC. 1/junio

Dan: Me encanta ver que mi nombre ya no aparece en todos los pendientes a realizar de la empresa, ya se empiezan a ver delegadas las funciones. Y este ejercicio que hicimos en conjunto ayudó a reforzar la fuerza que tenemos como equipo, pero además asegurar la continuidad y crecimiento sano de la empresa.

Conclusiones

- Teniendo menos productos y que sean rentables, tu empresa será rentable, eficiente y estandarizada.

- No solo es necesario que identifiques los productos clave para el crecimiento de la empresa, sino también los clientes que te pueden llevar a un siguiente nivel.

CATEGORÍA DE CLIENTES

> ● La receta del fracaso es sencilla: tratar de satis-facer a todo el mundo.
>
> ● Debemos enfocar los esfuerzos y recursos de la empresa en hacer muy felices a nuestros clientes ideales, aquellos que realmente queremos, en vez de tratar de satisfacer mediocremente a todos los clientes.

Rony: Conforme las empresas van creciendo y desarrollándose **van ganando clientes** ya sea por recomendación de otros clientes, por el esfuerzo del equipo de ventas o la promoción que hacemos. Estamos tan contentos de recibir clientes que no nos importa si nos hacen cambios o modificaciones a productos, si solicitan diferentes precios o condiciones de pago, con tal de generar ingresos accedemos y concedemos muchas cosas con la intención de satisfacer a cada uno de los clientes.

Dan: Claro, como debería ser.

Rony: Pues no, en realidad tratar de satisfacer a todos es la receta perfecta para un caos exponencial y, eventualmente, el fracaso organizacional.

Dan: No me digas que ahora me vas a pedir que saquemos clientes de la empresa. ¿Acaso no ves que estamos cortos en flujo de efectivo y hemos tenido mala reputación en el mercado por las entregas?

Rony: Precisamente ese es mi punto. ¿Acaso tu problema de flujo de efectivo no se debe al incumplimiento de pago por parte de tus clientes? ¿Tienes mucho dinero parado en inventario por la diversidad y variedad de productos que manejas por cliente? Tu mala reputación en el mercado por entregas tardías estará relacionada con que muchos de tus clientes no cumplen con los requisitos mínimos de entrega, ya sea volumen en el camión, rampas de descarga, etc., lo que provoca una logística muy complicada. Evidentemente, tu empresa no es de logística, porque no son buenos en ello. Ya lo hablamos en la última reunión, son extraordinarios haciendo empaques, así que todo lo que no sea relacionado a los empaques, hay que buscar que sea lo más simple que se pueda. Contar con muchos clientes, no es un indicador de éxito. ¿Me podrías decir que todos tus clientes están satisfechos?, ¿pagan a tiempo?, ¿te recomiendan?, ¿te diviertes con ellos?, ¿buscas crecer con ellos?, ¿confías en ellos?

Dan: Mmm, la verdad, no, son poquitos los clientes que podrían cumplir con todos los puntos que mencionas. Pero si solo me quedara con esos clientes, seguro que tendría muy pocos ingresos y tendría que despedir a mucha gente.

Rony: Tener clientes satisfechos, que paguen en tiempo y te recomienden, es indicador de éxito. Tener clientes con los cuales te diviertes, buscas crecer en conjunto y confías es también elemento de éxito. En este momento solo vamos a analizar a los clientes, después veremos con cuáles te quieres quedar y al último haremos un plan de salida de los clientes que no quieras tener. Puede ser que tengas que despedir gente, ya que tal vez tienes más gente de la que realmente necesitas, pues la ineficiencia en múltiples frentes provoca que debas tener parches; es decir, soluciones temporales a problemas permanentes. ¿Te acuerdas de los soldados que compensaban el peso del tronco? Tener más empleados no te hace más exitoso.

Dan: No lo sé, aun no estoy convencido.

Rony: Entiendo y me parece normal tu resistencia; es más, hasta es sana. Si el dinero no fuera restricción, ¿hay algunos clientes a los que quisieras "despedir"?

Dan: Ufff, viéndolo así, pues sí. Tengo unos cuantos que son una pesadilla, que piden poco volumen, joden mucho, piden muchos cambios, se tardan en pagar. Tengo un cliente en Pachuca, el cual tiene un volumen promedio, pero cada entrega hay reclamos de cualquier cosa y siempre tiene pretextos para no pagarnos. De reclamos, imagínate, hasta una vez me llamó a mi celular en plena cena familiar a gritarme que el chofer del camión no venía con uniforme de la empresa y que cómo podía confiar que éramos nosotros quienes hacíamos la entrega. Con los pretextos de pagos, cada mes es una historia diferente, desde que sus clientes no le pagan, que tuvo que dar aumentos de sueldo a su personal, que está en auditoría; el peor fue cuando nos dijo que no podía pagar porque se fue de vacaciones con su familia a Italia 2 semanas y que no tenía dinero para pagar, pero sí exigía que le enviáramos el nuevo contenedor lleno de empaques. En fin, lo alucino.

Rony: Pues como puedes ver estamos hablando lo mismo, lo que nubla tu pensamiento y poder de decisión es la necesidad de flujo de efectivo, la cual se debe, entre algunas cosas, a que tienes clientes que debiste haber despedido hace mucho. Como puedes ver estás viviendo en un círculo vicioso, donde tienes muchos clientes, dentro de los cuales pocos son de los ideales a los cuales deberías hacer muy felices para que te traigan negocios. Estás distraído atendiendo clientes complicados, morosos, conflictivos.

Dan: Listo, si me das la solución para eliminar a los clientes pesadilla y tener más dinero en la bolsa, soy todo oídos.

Rony: Mas que oídos, quiero que seas todo manos, que pongas en acción las decisiones que se vayan a tomar. Para lograr esto, ya dimos algunos pasos, ahora debemos continuar haciendo una clasificación de los clientes. Usaremos el principio de Pareto 80/20 para identificar quiénes son nuestros clientes ideales, un ejercicio parecido al análisis ABC de los productos; después, con ese pequeño grupo de clientes profundizaremos en entender quiénes son, qué buscan, etc., para hacer un modelo de Buyer Persona. Una vez que tengamos la fotografía completa, sin necesidad de presión mía, tomarás decisiones acerca de qué clientes quieres tener y cómo haremos para despedir a clientes no adecuados y cómo atraer más de los clientes que SÍ quieres.

Dan: Ya me estoy emocionando, me está gustando la idea. No puedo negar que me da miedo.

Rony: El miedo es un buen indicador, quiere decir que estamos haciendo algo diferente. El miedo es un buen consejero. Es mala influencia si no nos deja movernos.

Dan: Supongo que esto lo trabajaremos en conjunto con mi equipo. ¿Próximo jueves en la sala de juntas de la oficina? ¿Qué necesitamos preparar?

Rony: Me parece bien el jueves que viene. Preparación, pues una base de datos de los clientes, sus compras, frecuencia y cantidad de quejas. Trae todos los números que puedan sacar de los clientes. Nos vemos la semana que viene, disfruta tu fin de semana.

A la semana siguiente, jueves por la mañana, llega el grupo a la sala de juntas. Con cara de entusiasmo por las cosas que trabajaremos y nerviosos porque saben que siempre tomamos decisiones que tienen impacto.

Dan: Les agradezco a todos por venir temprano y cooperar en este proceso de cambio que estamos haciendo de la empresa. Rony, te quiero compartir que solo hacer la base de datos de los clientes fue una tarea dificilísima, no teníamos claro ni cuántos clientes teníamos, no teníamos una base de datos consolidada, lo cual hizo la tarea un poco extensa y difícil.

Rony: Genial, pues los felicito por poder sacar la información. Ahora podemos trabajar con ella para avanzar. ¿Me muestran la tabla que hicieron?

Víctor muestra con mucho orgullo la matriz de Excel de los clientes, donde se veía la venta total, unidades, cantidad de SKU's, frecuencia de compra y otros elementos.

Rony: Equipo, les pido que agreguemos nuevos factores con los cuales quiero que evaluemos a los clientes. Algunos de los puntos no tendrán datos duros para evaluar, es decir números, pero sí van a tener una emoción, la cual es válida, pero, de preferencia, midamos con números. Quiero que agreguemos: rentabilidad, testimonial (nos ha recomendado con otros clientes), pagos a tiempo, complejidad de su producción. ¿Se les ocurre algún otro?

Levantando la mano y con emoción Diana dice: Diversión, es divertido trabajar con ellos.

Todos saltaron de sus sillas felices de la aportación de Diana, la cual usualmente es reservada, es que además les pareció muy atinada su idea.

Rony: Antes de comenzar a evaluar me gustaría compartirles algunas historias para dejar un fundamento claro que nos ayudará a trabajar este ejercicio. En una boda de 350 personas que organizan los novios, ¿cuánta gente debe salir contenta de la boda? Al menos 2, los novios, el resto es ganancia. En una boda es muy común que la gente se queje de cualquier cosa, de la ubicación, la hora, el color de las flores, la comida, bebida, música y más y más. Pero una boda es un éxito si los novios están contentos, si ellos están contentos es muy probable que los invitados lo estén. Pero si los novios intentan satisfacer las necesidades y quejas de cada uno de sus invitados tendremos a 2 esclavos y 348 personas presentando quejas.

Víctor: Me supongo que por eso en los restaurantes tenían un letrero que decía "Nos reservamos el derecho de admisión". Y con justa razón, si yo estoy comiendo en un restaurante familiar con mis hijos y de pronto llega un grupo de jóvenes que vienen tomados, haciendo ruido, cantando y fumando como si eso fuera cantina, convierte mi experiencia en algo desagradable y no volveré a ese restaurante.

Rony: Cuando estoy en USA, trato de volar con Southwest Airlines, es una aerolínea con un estilo juvenil, simple, práctico, casual, divertido y barato. Tiene muy buenos precios, muy buena frecuencia de vuelos, muchos destinos y un personal amable. Cuando vuelo con Southwest Airlines, me siento diferente. Ya sea que se trate de las azafatas o los representantes de servicio al cliente, siempre me tratan con respeto y casi siempre con una sonrisa.

Alex: Igual que el equipo de Volaris. Uff, esos son terribles. Siempre están de mal humor, sus vuelos son baratos, además siempre hay costos ocultos. La verdad que ya no vuelo con ellos no solo por su mal servicio, sino porque siento que son una compañía que engaña a la gente. La última vez que volé con mis hijos, el personal de mostrador decidió que nadie podía pasar con ningún tipo de alimento; al principio no lo cuestioné, pero lo entendí cuando comenzó el vuelo, pues todo, y cuando digo todo es TODO, lo cobraban. Esto llegó al punto extremo cuando a uno de mis hijos lo vi sudando y sufriendo, le pregunté qué pasaba y me dijo que quería ir al baño, pero que no quería pagar por entrar.

Ja ja ja, todos rieron con un poco de compasión por el niño.

Rony: Pues Volaris es como una copia mal hecha de Southwest, han intentado copiar su modelo sin éxito. Recuerdo una vez que estaba volando en un Boeing 737, y las azafatas comenzaron a contar chistes durante todo el proceso de instrucción de seguridad. El chico del micrófono, al momento de compartir la información de seguridad, lo convirtió en un proceso de stand up comedy, lo que suscitó una experiencia realmente agradable para lo que, generalmente, es aburrido o ni siquiera tiene nuestra atención. Eso ocurre con frecuencia en los vuelos de Southwest.

Rony: Sin embargo, resulta que a lo largo de los años no todos aprecian el humor tanto como yo. Les comparto una historia muy conocida en el mundo de los negocios, respecto a conocer bien a tu cliente ideal y dejar ir a aquel que no lo es. Un cliente tomó medidas extremas para informar a Southwest de su desaprobación. Una mujer que volaba con frecuencia en Southwest estaba constantemente decepcionada con todos los aspectos de la operación de la compañía. De hecho, se hizo conocida como la Sra. Quejas, porque después de cada vuelo escribía una queja. No le gustaba el hecho de que la compañía no asignaba asientos; a ella no le gustaba la ausencia de una sección de primera clase; a ella no le gustaba no tener una comida en vuelo; a ella no le gustó el procedimiento de embarque de Southwest; no le gustaban los uniformes deportivos de las azafatas y el ambiente informal; tampoco los chistes de parte de la tripulación respecto a las instrucciones de seguridad, donde explicaba la importancia que tenía la seguridad para ella y los tripulantes, y que era una grosería y falta de respeto para ella y para todos los tripulantes que cantaran o hicieran chistes antes de despegar. En su última carta, recitó una letanía de quejas, lo cual dejó perplejas a las personas de Servicio al Cliente, quienes decidieron subir el caso a Herb Kelleher, CEO de la empresa, junto con una nota que decía: "Esto es para ti". En 60 segundos, Kelleher le respondió y dijo: "Estimada Sra. Crabapple: La extrañaremos. Amor, Herb". Y además se tomó la delicadeza de publicarlo en los periódicos.

Dan: Nooooooo; en verdad, ¿hizo eso el CEO? ¡Qué agallas!

Rony: Sí, ¿por qué no lo haría? Tú le negarías le entrada a tu casa a alguien que trata mal a tu gente, se queja de la comida, se queja de x y z.

Dan: Sí, pero no le puedo negar la entrada a mi suegra.

Ja ja ja, rieron todos.

Rony: El cliente ideal de Southwest Airlines es un ejecutivo de una Start-up o empresa mediana, que tiene entre 30 a 45 años, viaja con mucha frecuencia, tiene familia en casa, tiene presupuesto limitado. La empresa decidió satisfacer a este cliente y hacerlo muy feliz, al grado que sus 3 promesas de Marca son las 3 L's en inglés: Lots of fun, Lots of flights and Low prices, es decir, tal vez en español serían las 3 M's: Mucha diversión, Muchos vuelos y Menores precios. Ellos conocen a su cliente ideal.

Alex: Me hace sentido, si trato de satisfacer a todos, a la gente que paga, al final no haré feliz a nadie. Sin embargo, si tenemos suficiente gente del tipo de cliente que queremos tener, ellos estarán felices y traerán a más gente similar.

Pasamos algunas horas evaluando y discutiendo punto por punto, para al final sacar una evaluación y poder detectar con número nuestro top 10 de nuestros clientes.

Dan: Por fin logro entender quiénes son los clientes clave de la empresa. La verdad, por algún momento, pensé que atender al cliente de Pachuca era clave porque era uno de nuestros clientes más grandes, pero ahora me doy cuenta de que no es tan grande, solo hacía mucho ruido y lo tenía a mucho en la mente.

Rony: Me alegro de que lo logres ver. Ya que estamos en este punto, ¿recuerdas que te mencionaba que no debes hacer felices a todos, sino solo a un grupo pequeño? Pues ese **Top 10** es al que debes tener MACRO FELICES, no a todos. ¿Se acuerdan de la historia de los novios en la boda?

Pues lo mismo: hagamos felices a esos 10 clientes, escuchemos sus ideas, sugerencias y recomendaciones, ellos sí nos harán crecer con bien. Ahora imagínense que podamos ir atrayendo más clientes con estas características.

Dan: Genial, si traemos más clientes de ese Top 10 podemos crecer mejor, con mayor previsión y más rentabilidad. Ahora veo lo que dices; esto nos puede volver más eficientes, estandarizados y sencillos. Esos otros 60 clientes generan muchas problemáticas en diferentes niveles y áreas de la empresa. Lástima que los Top 10 no generan los ingresos suficientes para correr a los 60 clientes.

Rony: Correcto, pero, con un plan para atraer clientes del Top 10, iremos generando nuevos ingresos. Sin embargo, de los 60 clientes, hay algunos con los cuales ya no deberían trabajar; para empezar, los que no son rentables, los que no pagan y los que maltratan a tus empleados.

Dan: Pero ¿cómo hago para eliminar clientes de este tipo sin ser grosero, sin hablarles para decirles "ya no te vendo más"? No me quiero quemar en el mercado.

Rony: Para empezar, tienes todo el derecho de decirle a un cliente que ya no le quieres brindar servicios, pero si lo quieres hacer más político, pues podrías generar un documento en el cual pongas nuevas restricciones de venta de tu parte, nuevos estándares que el Top 10 cumple y el resto no necesariamente. De esa forma aquellos que no estén dispuestos a cumplir con tus restricciones decidirán dejar de trabajar contigo. Así serán ellos los que tomarán la decisión.

Dan: De acuerdo. Me quedo de tarea con el equipo comercial hacer un plan de trabajo de salida de clientes y un plan de comunicación, donde les explicaremos nuestras nuevas condiciones de venta; si no las aceptan, pues ellos son los que tomarán la decisión.

Rony: Para multiplicar el Top 10, debemos hacer el ejercicio de generar nuestro Buyer Persona. Un Buyer Persona es una representación semificticia de nuestro consumidor final (o potencial), construida a partir de su información demográfica, comportamiento, necesidades y motivaciones. Al final, se trata de ponernos aún más en los zapatos de nuestro público objetivo para entender qué necesita de nosotros. Así comprenderemos mejor al cliente ideal, sus miedos, deseos, necesidades, gustos y más.

Carlos: Yo estoy un tanto familiarizado con el concepto de Buyer Persona, que también lo conocemos como cliente ideal. Cuando llegué a la empresa, hicimos un ejercicio inicial, terminamos con un borrador, pero nunca le sacamos provecho. No sé dónde lo dejé para que lo utilicemos.

Rony: Yo creo que con la información que hay en este documento de Excel y el gráfico tenemos suficiente y puede ser que haya cambiado con el tiempo.

Dan: Después valdrá la pena que compares el resultado de ese ejercicio con el que haremos hoy.

Rony: De este grupo de clientes, el Top 10, ¿cuáles son las características similares entre ellos?

Diana: Casi todos son hombres y son los fundadores de su empresa.

Carlos: La mayoría utiliza nuestros productos para envasar el suyo, que es de cuidado personal. Así mismo, sus productos los venden a cadenas grandes de supermercados.

Dan: A todos estos los conozco personalmente y son gente con la que me siento muy cómodo invitándola a comer; las conversaciones son muy interesantes.

Alex: No sé si agrega valor, pero, en sus departamentos de cuentas por cobrar, son mujeres las que atienden.

Rony: Todo agrega valor, al final construiremos la fotografía completa. ¿Qué más se les ocurre?

Víctor: De ellos contamos con un plan de necesidades de manera anticipada. Es muy raro que tengamos que cambiar el programa de producción.

Y así continuó la reunión, donde fuimos encontrando las similitudes de los clientes Top 10.

Rony: Perfecto, ya tenemos algo mucho más claro. Ahora es momento de que entendamos el perfil de estos clientes Top 10 a una mayor profundidad. Cuando ellos contratan nuestros servicios o productos, ¿cuáles son los miedos, deseos y necesidades que se relacionan con la necesidad que tienen?

Hubo silencio por unos minutos. Todos tomaron su cuaderno y escribieron de manera individual poniendo sus ideas en orden para después compartirlas con el grupo. Después de hacer la lluvia de ideas, categorizar y limpiar, quedó el resultado final:

Nuestro cliente ideal se llama Marcos, tiene entre 35 y 45 años, es emprendedor y es el fundador. Tiene esposa y 2.5 hijos, con un nivel educativo de licenciatura en Administración. Le gusta viajar a Las Vegas una vez por año a la convención de CES en enero. Es amante de los desarrollos tecnológicos. Le gusta leer libros de Isaac Asimov, Salim Ismail y Dan Ariely. Es un hombre al que le gusta que se cumpla lo que se promete y la transparencia. Vende productos y artículos de cuidado personal, sobre todo cuidado de la piel. Sus clientes son cadenas internacionales de supermercados como Wal-Mart. Sus deseo es contar con la seguridad de que nuestras entregas se hagan el día en que se pactó, en tiempo y forma. Su miedo es que la calidad y la impresión de nuestros productos estén por debajo de su expectativa, ya que nuestro envase es la ropa o primera mirada que tiene la gente de su producto.

Víctor: Poniendo en comparación, se parece el resultado del ejercicio pasado, pero este está mucho más completo. Con este podríamos contratar una agencia de marketing digital para que nos consiga prospectos con estas características. Ese servicio se llama lead generation y casi siempre se piden estos datos. ¡Qué bueno que hicimos el ejercicio en conjunto!

Dan: Nunca había tenido tan claro a mi cliente; incluso saber sus gustos y preferencias de lectura me ayudará enormemente, porque ahora sé de qué podemos hablar. Creo que veré películas como la de *I am a robot* de Will Smith, que está basada en el libro de Asimov, para tener temas de conversación en las comidas.

Alex: Claro, y así la conexión será mucho más profunda. Será como hacer negocios con amigos.

Rony: Esa es la idea. Fíjense cómo, a partir de ahora, en vez de que sea el viento el que decida en qué dirección vamos, **somos nosotros los que decidimos cómo queremos que crezca la empresa**. Estamos diseñando el futuro de la organización.

Dan: No nos podemos dar el lujo de perder a ninguno de estos clientes Top 10, a ningún "Marcos", al contrario, debemos traer más de esos y eliminar a los clientes pesadilla como el de Pachuca.

Rony: Es mucho más caro traer nuevos clientes que retener a los viejos.

Diana: No entendí, ¿me podrías explicar un poco más?

Rony: Para traer un nuevo cliente, se hacen muchos esfuerzos, visitas, reuniones, propuestas, cotizaciones. Es un proceso caro y largo. Pero ya que tienes clientes recurrentes que compran con frecuencia, es mucho más sencillo y económico atender a los que ya existen.

Víctor: Es cierto. Traer a un nuevo cliente puede tardar meses y muchas reuniones: emails van y vienen sin llegar a nada; entretanto, a los clientes que ya surtimos normalmente solo debemos darles seguimiento a sus necesidades de los meses siguientes y surtirles.

Alex: Tengo sentimientos encontrados. Entiendo la lógica de traer más clientes Top 10 o Marcos, e ir eliminando clientes pesadilla, como les dice Dan, pero ¿eso no sería una especie de racismo o clasismo?

Dan: Propongo que cambiemos clientes pesadilla por Bellow 10, así tendremos claridad quiénes son **Top 10 y Bellow 10**.

Rony: Respondiendo la pregunta de Alex, ¿acaso las aerolíneas no tienen programa de reconocimiento de sus clientes VIP (very important people)? Como Aeroméxico, que tiene a los miembros Platino de Club Premier a los cuales les brinda beneficios de millas, ascensos a primera clase, salones en aeropuertos, o American Express, con sus clientes VIP con su tarjeta Black, que solo es otorgada a pocos y bajo invitación; Amazon, con su programa de Amazon Prime, que da beneficios extra. Como puedes ver las empresas cada vez empiezan a ver la fuerza que hay detrás de reconocer a sus clientes Top 10 y buscan la forma de mantenerlos lo más felices posible, porque son ellos los que te traerán a otros clientes similares.

Dan: Me encanta, si nuestros Top 10 nos traen otros clientes, dejaré de invertir en publicidad y empezaré a invertir en comidas con ellos y regalarles libros de ciencia ficción. Son ellos los que nos generarán la reputación y mercadotecnia que necesitamos.

Conforme iban pasando los minutos el equipo se iba entusiasmando cada vez más, poniendo planes a ejecutar para generar más satisfacción en sus clientes Top 10, así como atraer más "Marcos" a la empresa.

Rony: Es importante que apliquemos un cuestionario de satisfacción de cliente a este Top 10, para identificar más claro qué hacemos bien, qué hacemos mal y qué podemos hacer mejor.

Carlos: Sí, yo tengo un cuestionario que les enviamos cada trimestre.

Rony: ¿Cuántos lo contestan?

Carlos: Un 7% (dijo con orgullo).

Rony: Ese número es muy bajo, no es suficiente para poder tomar decisiones o hacer evaluaciones. ¿Nos podrías mostrar el cuestionario?

En la pantalla se podía proyectar un cuestionario de 12 preguntas, en las cuales había mucho texto e información.

Rony: Recuerden las características de Marcos, su cliente ideal: hombre ocupado, una familia y empresa que atender. ¿Alguno de ustedes logra ver por qué solo reciben 7% de respuestas?

Dan: Ni yo contestaría ese cuestionario, está de flojera. Es mucho esfuerzo.

Rony: Le diste a la clave: es mucho esfuerzo para el cliente y por eso no va a cooperar. Hace unos años Fred Reichheld creó una metodología llamada NPS, que por sus siglas en inglés significa: Net Promotor Score, es una herramienta que propone medir la lealtad y satisfacción del cliente. Su primera referencia apareció en 2003, en el artículo titulado "The One Number You Need to Grow", escrito por Reichheld y publicado en Harvard Business Review. Solo utiliza 1 pregunta: *¿qué posibilidades hay de que recomiende nuestra empresa/ producto/servicio a un amigo o colega?*

Dan: Si es una sola pregunta, sí lo contesto, no me va a quitar tiempo.

Rony: Yo les sugiero que agreguemos una segunda pregunta, la cual sería "¿por qué?". De esa forma tendremos información un poco más profunda y la respuesta vendrá íntegramente de parte del cliente. Entonces el cliente recibe la pregunta de: "Del 0 al 10, ¿cuánto recomendarías nuestros productos o servicios?, ¿por qué?".

Carlos: Eso suena más sencillo, 2 respuestas del cliente nos ayudarán a analizar mejor los resultados y seguramente recibiremos más respuestas, aunque creo que nos podemos quedar cortos de información.

Dan: Si obtenemos un 70% de respuestas con 2 preguntas, tendremos más información que hoy con un 7% de respuestas con 12 preguntas.

Alex: ¿Y cómo podremos **cuantificar los resultados?** Disculpen, yo soy mucho de números y creo que el tener información tangible, objetiva y que podamos graficar nos ayudará a tomar mejores decisiones.

Rony: Eso es lo bello de este modelo. Para contestar a la respuesta del NPS, solo deben seleccionar un número del 0 al 10.

Alex: Perfecto y esos los promediamos.

Rony: No vamos a promediar, la metodología de Fred tiene un cálculo diferente, donde considera a aquellos que contesten de 0 a 6 como detractores, 7 y 8 como neutros, 9 y 10 como promotores. Los detractores son aquellos que hablan mal de la marca, los neutros son aquellos que no les importa y no tienen lealtad, los promotores son aquellos clientes que están tan satisfechos, son leales a la marca y, como dice su nombre, promueven y hacen mejor reputación. Hay una calculadora online que te da los resultados según la metodología: http://www.npscalculator.com/en

Víctor: Me acabo de meter a la calculadora y veo que están semaforizados los tipos de gente que responde a la encuesta. Detractores como rojo; neutros, amarillo y los promotores son verdes. Una vez más se ve el impacto del uso de colores, me encanta.

Rony: Para que se den cuenta de cuánto ya se usa esta metodología alrededor de ustedes, y aún no se han dado cuenta, cada vez que van a Wal-Mart, en algunos bancos, en los baños públicos de centros comerciales, etc., hay una pequeña pantalla en la cual dice: "¿Qué tan satisfecho está con nuestro servicio?". Y vienen 3 caras, una roja, una amarilla y una verde. Incluso en YouTube de cuando en cuando aparece un letrero para que califiques tu experiencia con una serie de caritas. Todos estos ejemplos están basados en la misma metodología.

Dan: No lo puedo creer, tienes razón. Aunque he de ser sincero, cada vez que me atienden mal le pongo la cara roja varias veces.

Víctor:¿Así demuestras tu enojo ante la mesera que te atendió mal? Eso es pasivo-agresivo.

Ja ja ja, reímos todos.

Dan: Sí me declaro culpable de calificar únicamente cuando está mal el servicio; debo hacer el hábito de reconocer cuando lo hacen bien.

Diana: Yo creo que es un hábito que todos debemos desarrollar. El reconocimiento y ver lo positivo es algo que debemos de hacer, y hay que empezar por reconocer las cosas buenas que hace el personal en la empresa, no solo regañarlo.

Rony: Excelentes puntos. Les prometo que cuando trabajemos el ciclo de vida de los empleados, tocaremos base en conversar acerca de la importancia de reconocimiento.

Dan: Entonces, colocamos en el plan de acción el diseño y envío del nuevo cuestionario; Carlos, te pido que te encargues de esto.

Rony: Para cerrar el círculo respecto a clientes, quisiera compartirles acerca de servicio al cliente y experiencia de usuario. Y para eso, arranco con esta frase: "Al final del día, la gente no recordará lo que dijiste o hiciste, recordarán cómo los hiciste sentir", de Maya Angelou. Los clientes son más inteligentes que nunca. Saben lo que significa tener una buena experiencia de servicio al cliente. Marcas como Apple, Amazon y Zappos lo han enseñado una y otra vez. Tus clientes ya no te comparan con tu competencia, te comparan con cualquier compañía que les brinde una experiencia memorable, y cuando les fallas, se preguntan por qué no puede ser tan bueno como ellos.

Dan: Pero nosotros no competimos con Amazon ni con sus productos.

Víctor: Pero la gente sí usa esos servicios e inevitablemente nos comparan contra ellos.

Rony: El servicio al cliente es el asesoramiento y la asistencia prestados por una empresa a los clientes antes, durante y después de comprar o utilizar sus productos/servicios. Las marcas se esfuerzan por aumentar la satisfacción del cliente y la lealtad, así crean relaciones duraderas. Es una actividad principalmente reactiva. La experiencia del cliente es la suma de todas las interacciones que un cliente tiene con una empresa, sus productos y/o servicios. Es la percepción del cliente sobre una compañía. Según Forrester, customer experience (CX), o experiencia del cliente, se define así: "cómo los clientes perciben sus interacciones con una empresa". Esta es una actividad proactiva.

Ejemplos de diferencia entre experiencia del cliente y servicio al cliente

Servicio al cliente	Experencia del cliente
Qué tan amable es el personal y qué tan rápido trae la comida.	La limpieza del restaurante, el sabor/calidad de la comida, la variedad de opciones de menú, el ambiente, los precios y cómo se sienten mientras comen allí.
Qué tan bien un representante en una tienda responde las preguntas de un cliente.	La facilidad de navegar en la tienda, la disponibilidad de los productos deseados, la variedad de opciones disponibles y la velocidad de pago.
Qué tan rápido se resuelve el problema de un cliente.	Por qué el cliente tenía un problema o una pregunta, para comenzar, y con qué frecuencia tiene problemas con su negocio.

Dan: Nosotros somos sumamente reactivos, nos hemos concentrado en atender a los clientes cuando estos se quejan o nos llaman, pero no hemos buscado formas de hacer que su experiencia a lo largo de su interacción con nosotros sea memorable, que eso es la experiencia de usuario. A partir de ahora concentraremos nuestros esfuerzos en hacer muy feliz a nuestro Top 10, con el fin de que nos traiga más clientes.

Carlos: Yo empezaré a buscar más clientes con estas características, nuestro "Marcos" es muy ilustrativo, si disminuimos nuestros clientes Bellow 10 y tenemos más Top 10, será más probable que las quejas disminuyan.

Diana: Yo siento que, al tener más clientes tipo Top 10, seremos una empresa más rentable, efectiva y más feliz para trabajar. Creo que habrá menos drama y Dan ya no hará tantos corajes.

Dan: Brindo por el comentario de Diana.

Conclusiones

● Clasificar a tus clientes te ayuda a identificar el grupo de clientes ideales. Este solo paso es enorme, hacer la transición a poder eliminar a los clientes Bellow 10 y atraer a más clientes ideales del Top 10 lleva a tener una empresa más estandarizada, predecible y rentable.

● Para poder lograr un grupo más selecto de clientes, más satisfechos, debes contar con un grupo de empleados que estén a la altura de lo que necesitas para poder cumplir con tus clientes.

CICLO DE VIDA DEL EMPLEADO

- Los Rolling Stones dicen en una canción: "You can't always get what you want... You get what you need".

- Todas las empresas tienen algo en común, todas cuentan con empleados; la nómina generalmente es lo que más absorbe el presupuesto mensual. Los empleados le dan forma a la cultura, esa capacidad de ser una comunidad que está unida por el mismo fin. Pero esto no sucede por generación espontánea, esto se debe obtener bajo diseño y ejecución del plan.

Rony: ¿Cómo te sientes con lo que llevamos del proceso?

Dan: Muy bien, ha sido, como dicen los gringos, un "eye opener"; en verdad que me ha revelado información que no había tenido oportunidad de entender para ver el impacto de algunas decisiones y de la realidad en la que vivía. Me ha hecho cambiar mi perspectiva. No he descubierto nada que no supiera, sino que tu proceso me ha obligado a poner las cosas claras y en perspectiva para tomar decisiones que me permitan tener control de la empresa y de mi vida. De hecho, mi esposa ha notado el cambio y está muy contenta de que estoy trabajando contigo este proceso. Quiere invitarte a ti y a tu esposa a cenar a nuestra casa el último jueves de este mes por la noche. ¿Nos podrán acompañar?

Rony: Claro, con muchísimo gusto. ¿Qué les llevamos?

Dan: Una botella de vino de su gusto.

Rony: Mientras tanto, pongámonos a trabajar. Este es uno de los pilares que más están en tu control para tomar decisiones y, por lo tanto, será posiblemente la más dolorosa: **empleados**. Cuando la empresa es pequeña: entre 2 a 15 empleados, todos fueron reclutados por ti; son gente que conoces y son afines a ti, te tienen confianza y lealtad. Pero pasando los 15 empleados ya hay una persona que te ayuda a hacer las contrataciones y, conforme vas creciendo, te vas sorprendiendo que cada vez conoces menos gente en la empresa. Con el tiempo te vas dando cuenta de que el tipo de gente, sus actitudes y valores, pueden o no estar alineados contigo, lo cual genera una sensación extraña de desconocer la empresa y no poder tener control en ella. Si las cosas no toman rumbo, se pone peor, mucho peor. El drama empieza a surgir en la empresa; se dan de cuando en cuando peleas a golpes entre empleados; el radio pasillo domina la comunicación de la empresa, comienzan a darse relaciones de parejas y la lista continúa. Se vuelve un lugar desconocido para ti.

Dan: Wow, pareciera que vivieras en esta empresa. Aunque tuviste algo incorrecto. La persona de RH que contraté para empezar a hacer el proceso del personal entró a la empresa cuando tuve 20 empleados y ya no podía manejar todos los requerimientos y demandas relacionadas con el personal. Era mucho entrevistar, dar de alta, preocuparme por el cálculo del pago de nómina y muchas cosas más. Es cuando contraté a Diana y ella ha venido a quitarme muchísima carga en la operación diaria relacionada con el personal, pero han comenzado nuevos dolores de cabeza.

Rony: Es normal que tengas nuevos dolores de cabeza. ¿En algún momento le entregaste a Diana un manual de cómo reclutar, contratar, introducir, desarrollar, motivar, jubilar y/o correr?

Dan: No, para nada, ese es su trabajo.

Rony: Sí, es correcto que es su trabajo, pero ¿basado en qué? ¿Cuál es su guía para hacerlo?

Dan: Por cierto, dijiste un montón de actividades que no había entendido que eran su responsabilidad, solo la había contemplado para contratar y pago de nómina; eventualmente, me comenzó a ayudar con el tema de despidos.

Rony: Sí, a todas esas actividades que te comenté se les conoce como "el ciclo del empleado", que contempla desde que buscamos atraer nuevo talento hasta el momento en que se separa de la empresa. Y es más fácil si contamos con una receta que ella pueda repetir una y otra vez.

Dan: ¿Receta?

Rony: Sí, así como un chef en la cocina tiene una receta para hacer un pastel de piña volteada una y otra vez quedando casi igual, repitiendo el proceso y su receta, lo mismo pasa en recursos humanos. Debemos tener una receta para cada uno de los pasos, de lo contrario sus esfuerzos no tendrán éxito en el futuro. Además, es mejor diseñar el tipo de cultura que quieres tener en vez de tener que lidiar con lo que se formó.

Rony: Por ejemplo, en un bar en California llamado Happy sunshine, que estaba lleno de empleados muy alegres, joviales, generalmente rubios, contrataron, para manejar el área de Recursos Humanos, a una chica con tendencias "darketas" que comenzó a contratar gente afín a ella, así que poco a poco el bar se llenaba de empleados con tatuajes, rímel en los ojos, pelo negro, vestimenta totalmente obscura y un collar en el cuello como correa de perros con picos. Así que el dueño de Happy sunshine dejó que la empresa se convirtiera en *Twilight saga*, cosa que no le gustó ni a él ni a sus clientes.

Dan: Pobre tipo, perdió el control de la empresa y se transformó en otra cosa diferente. Dime al menos que el negocio se volvió rentable.

Rony: Sí, ese bar se volvió exitoso, pero no era un bar que el dueño le gustaba atender y cuidar, no se sentía identificado, así que lo vendió y volvió a crear Happy sunshine, en otra ubicación, solo que esta vez se preocupó de tener una receta en "el ciclo del empleado".

Dan: Entiendo tu punto. Estoy de acuerdo. Debemos tener una forma más sencilla de atraer y retener el talento.

Rony: Ya que mencionas retener el talento, ¿tienes una idea de cuánto te cuesta la rotación de personal?

Dan: No tengo idea, quisiera pensar que su liquidación.

Rony: Es sumamente caro, ya que te cuesta el seleccionar candidatos, entrenar, los errores que comete en la curva de aprendizaje y su salida; eso, sin contar con el daño moral que se hace en la empresa con la salida de mucha gente de manera constante.

Rony: En el trabajo realizado por el Dr. Brad Smart, autor de Topgrading, el costo estimado de una mala contratación oscila entre 5 y 27 veces la cantidad del salario real de la persona. Utilizando la investigación de más de 50 compañías, pudo resumir que el costo promedio de una contratación indebida de un gerente que gana \$33 kUSD al año (\$2,800 USD al mes) es de \$490,909 USD; es decir, 15 veces el salario base de la persona. Como puedes ver, financieramente, es muy caro el no contratar bien y, como dijimos, no solo por la parte económica, sino también por la moral de la gente.

Dan: ¿15 veces el salario por una mala contratación? Vaya que ese es un mal negocio. Nunca había entendido el impacto de la entrada y salida de la gente. Yo simplemente contrataba bajo la necesidad de cubrir las posiciones lo antes posible y cubrir la demanda de los clientes.

Rony: Claro, ese es un hábito normal de una Start-up, pero en el momento en que te encuentras debemos pensar diferente; debemos operar bajo la filosofía de "hire slow, fire fast", es decir, "contrata lento y despide rápido".

Dan: Sí, esa frase la escuché un par de veces en algunos de mis amigos que son CEO's de varias empresas. Pero la verdad los tomé de a locos. Sinceramente, me ha sido imposible contratar lento. Siempre estamos corriendo por conseguir gente.

Rony: Pues eso es algo que debemos detener y comenzar a realizar procesos que permitan atraer y filtrar a la gente de manera más adecuada. Para atraer gente, no solo es publicar en internet en páginas de oportunidades laborales, debemos generar una cultura organizacional, que los mismos empleados causen buena reputación en la calle, pues la reputación es lo que te va a ayudar a que la gente toque la puerta para trabajar aquí. Tus empleados son parte de la solución de traer gente de talento. Así que debemos generar esa empresa en la que los empleados se sientan orgullosos del lugar donde trabajan.

Dan: Podríamos aplicar el NPS con los empleados para poder medir la satisfacción de estos y poder hacer mejoras que se requieran.

Rony: Eres un genio, de hecho, esa idea ya está plasmada en una continuación de la metodología de NPS, que se llama **ENPS, es decir, Employee Net Promotor Score**, que se basa en los mismos principios.

Dan: En este momento, Diana solo aplica las entrevistas de salida que nos dan algo de información de lo que funciona, y no de la empresa. Pero no sé qué tanto confiar en esa información, ya que ya no hay mucho que hacer, solo nos deja ser reactivos, no podemos anticiparnos a nada o ser proactivos. Con el ENPS creo que podremos conseguir suficiente información para ser proactivos y generar un lugar de trabajo del que los empleados se sientan dignos, orgullosos y que entonces se vuelvan "promotores" de la marca.

Rony: En definitiva, si son los mismos empleados los que van a atraer talento será más sencillo tu proceso de reclutamiento y selección. Incluso será más económico que todo el gasto en el que incurres el día de hoy. Por el otro lado, debemos definir los valores, es decir, el tipo de actitud que quieres que esta gente tenga.

Dan: Querrás decir aptitud, ¿no?

Rony: Escuchaste bien, dije "actitud". Hasta ahora has contratado con base en su aptitud, en sus habilidades técnicas para desarrollar una tarea en particular, pero también debemos medir su actitud. ¿De qué te sirve tener un excelente estratega financiero si no confías en él? ¿Para qué quieres al mejor vendedor de la industria si temes que se va a robar a tus clientes y hasta tus productos? Yo te diría que debe ser 80 actitud y 20 aptitud. Obvio, cuando busquen gente para una posición es óptimo que cuente con la aptitud (habilidad) de desempeñar el trabajo, por lo menos los fundamentos, eso te hará ahorrar tiempo.

Dan: Ahora sí creo que estás medio loco, pero estoy dispuesto a escuchar. Ya ha habido varias veces que me has demostrado que he estado equivocado.

Rony: No estás equivocado, simplemente nadie te enseñó esto y resolviste tus necesidades como pudiste. Mira, a cualquier persona le puedes enseñar a operar una maquinaria muy difícil sin que tenga conocimiento alguno de la máquina, o ¿acaso todos tus operadores de maquinaria ya sabían manejar tus máquinas?

Dan: No, para nada, solo aquellos que nos robamos de la competencia sabían usar las máquinas; al resto le hemos enseñado aquí.

Rony: ¿Qué me dices de tu gente en administración? Seguramente pasaste tiempo entrenándola sobre cómo se maneja la administración y contabilidad en la empresa. Obvio, es más sencillo si llegan con conocimientos básicos, para que no tengas que empezar de cero.

Rony: Entonces, a cualquiera le puedes enseñar aptitudes/habilidades, el qué de las actividades diarias, pero es sumamente difícil enseñar actitudes; es decir, valores, formas de actuar, el cómo comportarse. Más exactamente, no le puedes enseñar a ser puntual, optimista, honrado, leal, etc. Las actitudes o valores son ese 80% del que te hablo. ¿Tienes algún ejemplo de alguna persona en la empresa a la que quieras clonar, que haya entrado sin saber NADA del negocio, aprendió a través del tiempo, y que su vibra, la forma en "como se comporta y actúa" con sus compañeros y dentro de la empresa sea ejemplar?

Dan: Sí, se llama Eric. Es una persona increíble, todos lo quieren. Es buena persona, es un ejemplo a seguir. Entró a la empresa sin saber nada de la industria, llegó con una buena actitud. Aquí le enseñamos todo y hoy es un ejemplo a seguir.

Rony: ¿Tienes ejemplos de gente que es sumamente eficiente, es decir, tienen muy buena aptitud/habilidades, pero desconfías de ellos?

Dan: Sí, se llama Elías. Es un vendedor que ha sido muy eficiente en los años, siempre llega a sus resultados, pero sus métodos para lograrlos me dejan inquieto. Ha mentido al almacén, creo que hasta tuvo un amorío con la gerente de Compras de uno de nuestros mejores clientes. Pero debo admitir que llega a los resultados.

Rony: ¿A qué precio? ¿Llegar a sus resultados sin importar a quien atropelle en el camino incluyendo el nombre y reputación de la empresa? A este tipo de gente se le conoce como "lobos disfrazados de ovejas", son gente muy peligrosa en la empresa y son difíciles de dejar ir, porque dan resultados, pero dejan mucho daño colateral en el proceso. La mejor forma de tener un claro **mapa de talento** es utilizando una gráfica en la cual el eje x debe medir la eficiencia de la gente, el qué aporta a la empresa, su experiencia, o sea, su aptitud; en el eje y, debes medir su actitud, el cómo hacen las cosas, el nivel de cumplimiento de los valores de la empresa. Aquellos empleados que cumplen altamente los valores y la eficiencia son empleados tipo A, los que tienen deficiencia en alguna de las 2 son empleados B, y aquellos que tengan una alta deficiencia en alguna de las 2 son empleados tipo C. Mira la gráfica que te presento en el pizarrón. En esta matriz hay un error, ¿cuál es?

Dan: Pues la C que está hasta la derecha; ese, para mí, es un empleado B.

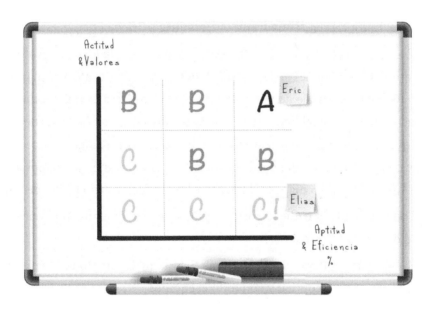

Rony: Ese que mencionas es precisamente el "lobo disfrazado de oveja", ese es Elías. Es eficiente, pero a costa de lo que sea.

Dan: ¡Ya veo! Uy, pero es difícil estar sin él. Él consigue grandes negocios.

Rony: Ya trabajaremos esa situación en particular. Primero quiero que entiendas el modelo completo y después tomarás decisiones de qué hacer. No nos adelantemos. Entonces, ¿cuál es el error en la gráfica?

Dan: La C que está hasta la izquierda y abajo.

Rony: No, ese sí es un C. Es una piedra en el zapato. Es alguien que no es querida ni tampoco da resultados, es alguien que podrías sacar muy rápido de la organización.

Dan: En ese caso, entonces el error está en la C que está hasta arriba del eje y, porque es alguien que cumple con los valores de la empresa, pero no da resultados. Tal vez es alguien nuevo.

Rony: Correcto. No solo puede ser alguien nuevo, puede ser alguien que está pasando por un problema personal y no está siendo efectivo en el trabajo, o una persona que cambiaste de posición a la que le está tomando tiempo dar resultados.

Dan: Entonces, en el cuadrante A, ¿pondría a Eric?

Rony: Correcto. Lo que te pido ahora es que con este formato evalúes a tu equipo y los coloques en la matriz. A su vez, que ellos evalúen a su gente. Solo te doy un mensaje de precaución, esta herramienta es muy poderosa, muestra mucho la realidad y si sale de la confidencialidad de la junta en la que estamos causa pánico en la empresa. Por lo tanto, el equipo directivo no debe compartir los resultados de la tabla. Es una herramienta que nos ayuda a "diagnosticar" o mapear el talento y tomar decisiones a partir de ahí.

Dan: Entiendo, a nadie le gusta que lo etiqueten y menos con la posibilidad de perder tu trabajo.

Rony: Así es. ¿Para cuándo tendrás lista la matriz de toda la empresa para que me reúna contigo y con todo el equipo?

Dan: Calculo que para esto tardaré unas 3 semanas. ¿Puedes el miércoles de esa semana?

Rony: Sí, claro. En esa reunión, además de ver el mapa de talento, les explicaré el ciclo del empleado para que tomemos acciones en cada uno de los pasos. Este es uno de los más críticos.

Dan: Perfecto, nos vemos en 3 semanas. Me quedo entusiasmado, ya estoy visualizando cómo puede quedar el mapa de talento. Por lo menos, ya me queda más claro quiénes son empleados que quiero tener en la empresa y quiénes no.

Rony: Perfecto, esa es la intención, que te dé visibilidad y puedas tomar decisiones.

Por la mañana del miércoles antes de la reunión, recibí un mensaje de WhatsApp de Dan, donde me decía: "Rony, estoy espantado del resultado que salió del mapa de talento, parece que debo correr a mucha gente de la empresa. ¿Podemos hablar?". Le respondí: "Llego unos 10 minutos antes de la reunión y platicamos". Al llegar me recibe Dan en su oficina y me ofrece algo de tomar.

Dan: Wow, estoy sorprendido de lo que me mostró esa herramienta y ahora tengo más claro que con el tiempo llenamos la organización de gente no adecuada; fue la necesidad la que nos empujó a conseguir gente a toda costa y no fuimos muy selectivos. Tenemos alrededor de un 25% de los empleados como tipo C; 70%, tipo B y solo un 5%, tipo A. Así no llegaré muy lejos y menos si yo me encuentro en el cuadrante B. Yo hubiera pensado que yo sería un A, pero no lo estoy siendo, veo que estoy siendo muy reactivo y distraído, he explotado muchas veces en los últimos meses y no soy el mejor ejemplo. Ahora entiendo lo que me decías de que las empresas se parecen a sus dueños: si yo soy un B pues lo más seguro es que estaré rodeado de B. Este ejercicio fue muy doloroso, ver la realidad de la empresa y de mi liderazgo.

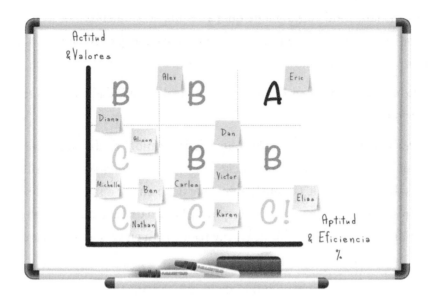

Rony: ¡Qué bien que pudiste descubrir eso! Entiendo la incomodidad que representa, pero, por lo menos ahora, tienes una fotografía más clara con la cual puedes tomar decisiones.

Dan: ¿Qué debo hacer con la gente?

Rony: La sugerencia es que a los empleados A debemos encontrar la forma de motivarlos; a los B, además de encontrar formas de motivarlos, hay que hacerles un plan de trabajo para mejorar ya sea su desempeño o su actitud en la empresa; a los C, debemos hacer un plan de salida de la organización poco a poco, aunque algunos de ellos saldrán de forma natural, porque en una cultura donde se muestran los resultados de manera pública y se rinden cuentas (accountability), los C tienden a huir, no les gusta ese ambiente.

Dan: Pero ¿para qué dejar ir a los C? Mejor les doy entrenamiento o les ayudo a corregir su comportamiento o actitud.

Rony: ¿Para qué hacer esa inversión? Ya sabes que son gente que no es adecuada para tu empresa. Esta no es una escuela, es un negocio. Muchos dueños de negocio sufren con esta situación de dejar ir a la gente que no es adecuada a su empresa.

Dan: Claro, siento apego a esa gente y a la inversión que ya hice.

Rony: Si le tienes aprecio a esa gente, lo mejor que puedes hacer es dejarla ir; el hecho de que estén en un lugar donde no se siente bienvenida o exitosa, le destruirá su autoestima y oportunidades. Recuerda el ejemplo que te platiqué de Joyce.

Dan: Me duele, pero entiendo, me hace todo el sentido. De cierta forma, va en contra de la lógica, pero por eso estamos haciendo este proceso, porque debemos llevar las cosas diferentes. Con la limpieza de gente tipo C, tendremos gente más adecuada, orientada a buenos resultados y más apegada a la cultura de la organización e inclusive a nuestro propósito. Al tener menos gente, nuestro RPE mejorará sustancialmente y la organización comenzará a ser más eficiente.

Rony: Ahora, en conjunto con el equipo, tomaremos más decisiones que tienen por impacto acciones para que atraigas y retengas el mejor talento. Creo que debemos irnos a la sala de juntas, para comenzar.

Rony: Buenos días a todos, comencemos nuestra junta con buenas noticias.

Una vez que todos los miembros del equipo directivo compartieron sus buenas noticias empezamos a profundizar en el ciclo del empleado.

Rony: La gente es el elemento más importante de la empresa, además de ser el mayor gasto en los presupuestos; sin la fuerza de trabajo no hay empresa. Los empleados satisfechos traen a nuevos elementos y aquellos que se van de la empresa molestos generan mala reputación. Aunque ustedes no lo vean, el tener una buena o mala reputación genera un impacto enorme en los resultados de la empresa, porque, en un lugar donde la gente no está satisfecha, la gente es mucho menos eficiente e incluso llegan al punto de sabotear los objetivos.

Alex: Supongo que por eso nació la lista de Great place to work, que promueve una serie de acciones y actividades a realizar para estar dentro.

Dan: En este momento no me interesa que aparezcamos en la lista de Great place to work, pero sí me importa que implementemos la filosofía, que los empleados estén contentos y productivos, y, a su vez, que ellos nos traigan candidatos para trabajar en la empresa.

Rony: Así es, no estamos en este momento buscando la certificación, pero sí tener los principios de GPW. Como todo tiene ciclos y la vida laboral de los empleados lleva un ciclo que ya se ha definido, debemos contemplar todas las etapas que vive un empleado, desde el atracción, reclutamiento y selección, inducción (on boarding), desarrollo, fidelización/motivación y salida, ya sea por despido, jubilación o salida voluntaria.

- **Atracción.** Comienza mucho antes de que exista la vacante y de que el profesional sea empleado. La atracción también se conoce como "reputación de empleador". En ella influye el **reconocimiento de la marca** y el valor percibido. En redes sociales y ciertas páginas como LinkedIn, Glassdor y Apesta.com, se publica mucha información acerca de la experiencia de los empleados en la empresa. Recuerden que son los empleados y exempleados quienes forman la reputación.

- **Selección/Reclutamiento.** Se basa en encontrar a la persona indicada, el right fit para cada posición dentro de una organización. Algunas compañías y especialistas en recursos humanos visualizan esto de una manera similar al clásico **embudo de conversión** o marketing funnel. En este modelo, los pasos que sigue un eventual candidato son: Conocimiento, Interés, Búsqueda activa, Aplicación, Evaluación y, finalmente, Contratación. El proceso de aplicación es un hito en la **experiencia** de los candidatos. Procuren que sea tan sencillo y agradable como sea posible. No quieren que sus clientes pasen por procesos de compra largos y complicados, ¿verdad? Pues lo mismo aplica para quienes buscan trabajo.

- **Bienvenida.** A esta etapa también se la denomina **on boarding** o **inducción.** Ayuda a los nuevos empleados a entender la cultura de la compañía, fija las expectativas, facilita información y herramientas que necesita el empleado para empezar a trabajar. Mientras más involucrados y preparados se sientan los nuevos colaboradores, más rápido estarán en condiciones de aportar éxito a la compañía. **Es la oportu-**

nidad clave para implicar al empleado en la cultura de la compañía y es crucial para asegurar la retención. Se estima que cerca del 50% de los empleados seniors se van de la empresa en los primeros 18 meses de contratación. Un proceso de inducción bien ejecutado ayudará a los empleados a **entender** qué se espera de ellos. Estas expectativas comprenden tanto el desempeño en las tareas inherentes al puesto de trabajo como los aspectos sociales.

● **Desarrollo.** Generar **experiencias** de aprendizaje y ofrecer oportunidades profesionales es la mejor manera de fidelizar a aquellos empleados que buscan crecer profesionalmente dentro de la compañía. Las estadísticas muestran que la falta de oportunidades para desarrollar su carrera es el principal motivo por el que los empleados renuncian. El objetivo principal es alargar esta fase lo máximo posible, para evitar que los niveles de motivación decaigan y que el empleado pierda productividad y empiece a plantearse pasar a la fase de desvinculación. El desarrollo de carrera debería ser máxima prioridad para los empleadores. Sin embargo, cerca del 70% de los empleados dicen estar insatisfechos con las oportunidades de crecimiento en las empresas en donde trabajan.

● **Fidelización.** Hay muchas formas en las que las empresas pueden fidelizar a sus empleados. Además, está demostrado que el reconocimiento incide de manera positiva en la productividad de los colaboradores y promueve una comunicación abierta y fluida entre los empleados y el management. El primer paso a la hora de retener empleados talentosos es bastante sencillo: **escúchalos** con atención. Se trata de entender qué les está pasando y cómo les puedes ayudar. Retener talento tiene un impacto directo en el **desempeño** general de las organizaciones. Vigila de manera constante los niveles de satisfacción laboral de la empresa; a la larga ahorrarás tiempo y dinero. Una de las acciones a implementar son las encuestas de satisfacción como el ENPS. En promedio, el 40% de los empleados no se sienten apreciados por las empresas en donde trabajan. Una herramienta de reconocimiento como **StarMeUp** te ayudará a trasladar los valores corporativos a comportamientos concretos. Además de motivar a las personas, obtendrás información analítica para conocer en tiempo real qué está sucediendo con el talento humano. Podrás reconocer a los líderes positivos, como también anticipar la partida de trabajadores descontentos, logrando así la retención de las personas clave de la empresa.

- **Separación.** Este es el fin del ciclo de vida del trabajador. Puede llegar por diversas razones: edad, cambio de trabajo, razones personales, despido, etc. Para la empresa este es el momento de aprendizaje. A esta etapa también se la nombra como "desvinculación", pero en el entorno VUCA que vivimos y en un mundo globalizado, es importante mantener el vínculo con aquellos profesionales que abandonan la compañía y convertirlos en promotores de la marca. Cuando un empleado deja un equipo, el resto de la gente puede sentirse triste, desconcertada o insegura. Involúcrate en la transición de las tareas y asegúrate de que la separación sea lo menos estresante posible para todos.

Alex: ¡Qué ilustrativo! No había entendido todas las fases que pasamos como empleados en una empresa. Me hace mucho sentido y, siendo muy franco, no creo que en la empresa estemos teniendo cuidado de cada uno de ellos. Me da la impresión de que reclutamos gente, los metemos a trabajar cuanto antes, aprenden sobre la marcha y después se van.

Diana: En el pasado había implementado algunos de los elementos del ciclo de vida del empleado, pero aquí no he podido hacerlo, entre que no me ha dado tiempo y que tampoco ha sido una prioridad.

Dan: Ya lo es. Debemos poner atención y recursos a que el ciclo del empleado sea bueno. Si formamos un muy buen equipo, podremos vencer cualquier crisis que venga.

Rony: Si por azares de la vida no pudiéramos seguir produciendo el producto que hacemos hoy, pero tienen un muy buen equipo de trabajo y cultura organizacional, ¿podrían iniciar con otro producto?

Dan: En definitiva, es más difícil formar el equipo y contar con el talento. Hoy vendemos empaques, pero si tenemos un equipo extraordinario, nos podríamos dedicar a lo que fuera.

Rony: Les propongo que profundicemos en cada uno de los puntos del ciclo y definamos acciones que nos permitan mejorar.

Rony: **Atracción o reputación.** Es un elemento que, bien manejado, ayuda a que posibles empleados lleguen solos a la empresa. Google ha hecho tan buen trabajo en generar una reputación increíble como empleador, que la gente se forma para trabajar ahí. En el 2018, una empresa llamada Blinkist hizo una estrategia publicitaria donde entrevistó a 1,600 candidatos, de los cuales 73 fueron contratados. La tasa de aceptación de Blinkist fue de 4.6%, y la tasa de aceptación de Harvard es de 5.2%. De esta forma, en Blinkist generaron una reputación de ser un lugar tan exclusivo para trabajar que generó miles de aplicantes.

Rony: En un intento de reclutar a un gran número de trabajadores para su nueva tienda en Australia, IKEA decidió incluir "Instrucciones de Carrera" en cada uno de sus paquetes. Todos los clientes que se llevaron a casa sus muebles también recibieron de una manera muy ingeniosa una solicitud de trabajo sin darse cuenta. La inteligente iniciativa no solo minimizó los costos de publicidad, sino que también aseguró que los fanáticos de IKEA fueran atraídos. ¡Y vaya que funcionó! La campaña atrajo a 4,285 solicitantes de empleo, lo que resultó en 280 nuevas contrataciones para su megatienda. Estos son ejemplos creativos que les pueden ilustrar formas diferentes de lograr reputación y atracción de talento.

Diana: Hoy estamos muy pobres en este campo, conseguir que venga gente a entrevistas es muy difícil. He publicado las vacantes en LinkedIn y en OCC.com; sin embargo, no tenemos mucho éxito.

Rony: ¿Conocen una página que se llama www.cofounderslab.com? En esta se puede buscar candidatos y también posibles socios, es una plataforma muy interesante. ¿Qué más podemos hacer diferente?

Alex: creo que podríamos implementar un programa de referidos. Algo así como lo que se hace con el de clientes, donde si un cliente nos refiere a otro, le damos algún tipo de beneficio. En este caso le podríamos proponer a la gente de la empresa que traiga candidatos y que si estos son contratados les damos algún beneficio.

Dan: Excelente idea. En vez de solo tener a una persona buscando talento, tendríamos a 70 buscando talento. Pero debemos tener cuidado de que no traigan a gente mala o gente que no se quede, que solo venga a estar un mes y después se vaya.

Rony: Con otro cliente implementamos un proceso similar de "empleados referidos", en el cual se estableció que aquellos candidatos que pasen todos los filtros y comiencen a trabajar recibirían el 30% del bono establecido, el otro 40% del bono lo recibirían a los 3 meses de buenos resultados de sus referidos y el 30% restante lo recibirían a los 9 meses de desempeño. De esa forma los empleados no solo se encargaban de traer buenos elementos, sino que también les daban seguimiento, mentoring y coaching a sus referidos, para recibir los beneficios.

Dan: Excelente, vamos por muy buen camino. ¿Cómo podemos mejorar la reputación de la empresa para que aquellos posibles empleados nos tengan en la mente?

Víctor: Con los materiales que son desperdicio, podríamos ayudar a construir los techos de familias de bajos recursos; de esa forma, nuestros empleados sentirán que están contribuyendo a la sociedad y aquellos a los que ayudemos hablarán de nuestra labor.

Carlos: Incluso podríamos publicar en revistas universitarias nuestra labor y, de esa forma, también los estudiantes conocerían de nuestra empresa y labor social.

Rony: **Reclutamiento y selección.** Las empresas pasan mucho tiempo en el proceso de reclutamiento y selección, ya que si publicas la posición en alguna página de internet, la gente aplica sin leer las instrucciones, lo cual provoca un reto para filtrar y minimizar los candidatos que pasarán a la siguiente etapa de la entrevista. Una estrategia que se ha usado es colocar instrucciones escondidas en el texto de la publicación, que ayudan a eliminar candidatos. Por ejemplo, en algún punto del cuerpo escriben Pensilvania69 y más adelante en el texto dice: "Si has leído hasta aquí y encontraste la clave que es una ciudad con un número, la cual usarás como título del email, por favor, envíanos tu CV en formato PDF junto con una foto tuya de niño". De esa forma el departamento de RH solo revisará los emails que vengan con el título de Pensilvania69 y que tengan su CV en PDF junto con foto de niño. De esa forma eliminan alrededor de 80% de los aplicantes que envían solicitudes a todas las empresas y posiciones que les aparecen.

Rony: Para las entrevistas no solo es importante valorar las habilidades técnicas (aptitudes) de los candidatos, también es importante evaluar su actitud que vaya acorde con la cultura de la empresa. Un gran ejemplo de esto fue la empresa Heineken, que realizó lo que es conocido como "entrevistas de comportamiento". Son entrevistas para las cuales no te puedes preparar, ya que miden la forma en la que reaccionas, entre ellas, ayudar a un equipo de bomberos durante una emergencia o saber cómo reaccionar cuando el entrevistador los llevaba de la mano hasta el lugar de la entrevista. Después de entrevistar a todos los candidatos Heineken publicó en una plataforma interna a los tres mejores postulantes para que el equipo de marketing eligiera al adecuado. El candidato más votado fue invitado al estadio de la Juventus para un partido de la Champions League, evento patrocinado por Heineken, y allí oficialmente le informaron a través de un video proyectado en las pantallas gigantes del estadio que era el elegido. Además, con propósito de generar una gran reputación como empresa, editaron y publicaron el video titulado "El candidato de Heineken" el cual, en solo tres días, alcanzó 816,000 visitas.

Rony: Otra estrategia es hacer que los candidatos hagan algún tipo de tarea previa a su entrevista, como escribir una carta dirigida a su líder de su comunidad, en la cual deben proponer ideas de mejora. En caso de que el candidato llegara sin la carta, no hay necesidad de hacer la entrevista. En caso de que sí tuviera la carta, en ella se pueden ver la forma en la que piensa la gente y su disposición a mejorar las cosas.

Diana: Las primeras dos ideas las veo difícil de aplicar con nosotros, pero, en definitiva, les podríamos pedir que hagan una carta.

Dan: Me encantaría que la gente lea algún libro y nos traigan una hoja con sus aprendizajes. Podría ser el libro de Odín Dupeyron, *Colorín Colorado, este cuento no se ha acabado*. Además de ser un libro pequeño, es un libro que quiero que todos lean en la empresa, porque su enseñanza es clave para estar rodeado de gente que se haga cargo de su vida, que deje de ser víctima.

Rony: **Bienvenida y on boarding**. La experiencia de tu primer día de trabajo genera el apego y cariño a la empresa. El día que llegué a trabajar a Nestlé Suiza, me esperaba afuera una persona que me acompañó hasta mi escritorio, en el cual estaba mi gafete (badge), un paquete de tarjetas de presentación, un paquete de bolígrafos que son muy apreciados en el ambiente de Nestlé y tenían organizada una comida con el que sería mi jefe y un par de compañeros. Me hicieron sentir especial.

Víctor: He visto gente que publica en Instagram fotos de su escritorio el primer día de trabajo, donde les dejan una camisa con el logo de la empresa y su nombre bordado, una mochila, un cuaderno y dulces para su escritorio.

Dan: Un amigo mío tiene la práctica de enviar un ramo de flores a la esposa de sus nuevos empleados, con una nota que dice: "Bienvenidos a la familia UXF. Gracias por compartir con nosotros el talento de tu esposo".

Alex: ¿Y qué si son mujeres?

Dan: Le envían al esposo una botella de vino para que la comparta con la esposa en la noche y le platique cómo fue su primer día.

Diana: En definitiva, necesitamos poner en práctica alguna idea, además de que la gente debe pasar un tiempo en capacitación. Le deberíamos mostrar las instalaciones, la historia y filosofía de la empresa, el organigrama y capacitación en el área en la que trabajará. No podemos asumir que conoce la maquinaria con la que trabajamos.

Rony: **Desarrollo**. Bien lo dijo Michael Dell, el fundador de Computadoras Dell, "contrata ejecutivos inteligentes y mantenlos inteligentes". Según la empresa de estadísticas Statista, en el 2019, las empresas pequeñas dieron alrededor de 49 horas de capacitación. En Statista consideran empresas pequeñas a las de 100 a 999 empleados. (https://www.statista.com/statistics/795813/hours-of-training-per-employee-by-company-size-us/)

Diana: En la empresa les damos alrededor de 20 horas de capacitación al año.

Dan: En definitiva, debemos mejorar nuestra capacitación y el tiempo que invertimos en los empleados. Creo que debemos tener un programa integral de capacitación a la empresa. Ya no debemos contratar gente y ponerla a trabajar de inmediato, debemos tener al menos una semana para que la gente se capacite, conozca todas las áreas de la empresa, a la gente. Sería genial que el programa de capacitación pase por todas las áreas, pero siguiendo la lógica del proceso de principio a fin, desde la planeación hasta la entrega.

Rony: Debemos asegurarnos de que nuestra gente encuentre en la empresa capacitación de desarrollo tanto personal como profesional. Eso incluye capacitación en maquinaria, administración, finanzas y cualquier elemento que convierta a nuestro personal en mejor talento.

Víctor: Pero mi miedo es que capacitemos a la gente y la competencia se la robe. No quiero que seamos la universidad de otras empresas.

Dan: Entonces, ¿prefieres que tengamos empleados mediocres o con poco conocimiento?

Víctor: Obvio no, pero es un problema que tenemos que la gente se va.

Alex: Entonces debemos encontrar la forma de que la gente se quiera quedar, pero, en definitiva, debemos dar capacitación. A mí me pasó en mi trabajo anterior, donde llegué con mucho entusiasmo y conocimiento. Al principio sentí que aprendí y progresé mucho, pero después de 2 años de no recibir capacitación alguna porque nunca había tiempo, solo me dedicaba a sacar mis responsabilidades. Me sentí atascado.

Rony: ¿Y qué sucede cuando la gente se empieza a sentir atascada y muy posiblemente frustrada?

Diana: Buscan otras opciones o comienzan a hacer cosas en la empresa que van en contra de la cultura, como armar sabotajes y muchos chismes.

Víctor: Veo el punto. Creo que sí es mejor que se invierta en el desarrollo y capacitación del personal, pero debemos generar planes que nos aseguren que la gente se quede, que haya permanencia. Ya estoy cansado de la rotación de personal. Cada vez que se va gente y traemos nuevos, debemos empezar de nuevo y la productividad de la empresa baja.

Rony: Precisamente, ese es el siguiente punto: **Fidelización**. ¿Cómo hacer que los empleados se sientan como en casa, que estén orgullosos y no se quieran ir? Para empezar, algunos de los puntos ya los tocamos, capacitación, un proceso adecuado de ingreso. Otros elementos que ayudan son: reconocimientos, un líder que los escuche, posibilidad de contribuir a la empresa, flexibilidad de horarios, beneficios como seguro médico, salario competente, autonomía de labores.

Rony: Me encanta el hallazgo que hizo Daniel Pink en su investigación, que plasmó en su libro *La sorprendente verdad que nos motiva*, en la cual, de manera sencilla, dice que debemos cumplir con MAP's, el cual es el acrónimo de Maestría, Autonomía, Propósito y Salario. Si cumplimos estos 4 elementos logramos motivar de una forma fantástica a los empleados. Revisando cada uno de ellos empezando por el obvio, salario, cada colega de la empresa debe tener un salario competitivo relacionado con sus funciones. Si la gente recibe un buen salario, no estará pensando en otras formas de llevar dinero a su casa, es aquí donde aplica el proverbio de "If you pay peanuts you get monkeys".

Rony: Acerca de *Maestría,* es dominar la tarea que nos asignan. Si una persona es del equipo de mantenimiento queremos que tenga tanto conocimiento de su área que se pueda volver maestro, por lo que lo puede llevar a tener *Autonomía*, que es el deseo de dirigirse a uno mismo y de hacer contribuciones decisivas, es poder tomar decisiones y hacerse cargo de los resultados, lo cual lo lleva a rendir cuentas. Por último, tenemos *Propósito*, es que las tareas y actividades tengan una razón que valga la pena, que contribuyan con todo.

Dan: Reconozco que por un tiempo quería pagar lo menos posible en salarios, hasta que entendí el impacto que tenía el hecho de que no podíamos traer gente adecuada a la empresa. Al principio costó trabajo poder hacer inversión, pero, poco a poco, pudimos traer a mejor gente y tuvimos mejores resultados.

Diana: En reconocimientos estamos muy pobres. Aquí sabemos regañar a la gente, pero no somos buenos reconociendo las buenas acciones y contribuciones de los empleados. Creo que deberíamos implementar una reunión mensual en la cual hagamos reconocimientos a la gente que haga cosas extraordinarias. He visto programas de reconocimiento en otras empresa y generan mucha motivación y cariño al negocio. Podríamos entregar pins, como si fueran soldados, porque cumplieron una misión importante; seguramente los portarán con orgullo en el pecho y, al llegar a casa, compartirían con su familia que fueron reconocidos.

Dan: Me encanta la idea, también deberíamos, en esa reunión mensual, presentar los resultados de la empresa. Ya es momento de que todos sepan cómo vamos y a dónde vamos.

Rony: Podrían aprovechar en su reunión mensual celebrar a aquellos que cumplen años en ese mes. De esa forma, en esa junta de la compañía pueden presentar los resultados del mes anterior, los objetivos y prioridades del mes siguiente, reconocimiento de los empleados, celebrar cumpleaños.

Carlos: Además de tener a la gente informada y motivada, también estaremos todos alineados, sabiendo de dónde venimos y a dónde vamos.

Rony: Otra herramienta que ayuda mucho a la fidelización y desarrollo de los empleados son las reuniones mensuales de retroalimentación o evaluaciones de desempeño, donde se revisan los resultados, actitudes, capacitación, etc., del empleado. Es el momento adecuado para hacerle saber si está teniendo un buen desempeño.

Alex: O sea que si alguien hace algo mal, ¿nos debemos esperar hasta esa reunión de evaluación de desempeño en el mes?

Rony: No, para nada, si la persona hace algo mal se debe hacer saber lo antes posible, y si hace algo muy bueno, hay que reconocerlo lo antes posible. La evaluación de desempeño es una reunión formal en la cual, de manera privada, se comparte retroalimentación y se hace un plan de trabajo en conjunto para que los empleados cada vez sean mejores.

Víctor: Me gusta el modelo, de esa forma, yo, sabiendo que tendré reunión con x persona al final de mes, simplemente voy guardando la información hasta llegar a su junta.

Dan: En mi caso, como CEO, ¿también debería dar esa retroalimentación una vez al mes?

Rony: Sí, aunque, en tu caso, deberías tener una reunión semanal con cada uno de tus directores, con el fin de ayudarles a progresar en sus pendientes y de que te mantengan informado a detalle de lo que está sucediendo en su departamento. De manera práctica son sesiones en las cuales tú los vas a coachear a ellos.

Dan: Supongo que si dices coachear, quiere decir que debo hacer un montón de preguntas y no darles las respuestas.

Rony: Así es, tu objetivo en esas reuniones es dirigirlos y enseñarles a pensar como piensas tú. Se trata de que les enseñes a pensar en cómo ellos pueden resolver las cosas, de cierta forma que entiendan la fotografía completa del negocio desde tu visión, sin que seas tú quien resuelve el problema.

Dan: ¿Una vez a la semana? Suena mucho y además no sé cómo hacerlo.

Rony: Si hoy contabilizaras la cantidad de veces y el tiempo que te reúnes con cada uno de ellos, es seguro que es mucho más que 60 minutos que te propongo. La diferencia es que el hecho de que tú y ellos saben que tienen su tiempo designado a la semana para ver ciertos temas, disminuirá la cantidad de interrupciones que tienes durante la semana y todos, incluyéndote a ti, se van a preparar para esa reunión. Respecto a tu duda de cómo hacerlo, les propongo que usen un modelo de coaching llamado **GROW**: Goal (objetivo), Reality (realidad), Options or Obstacules (opciones u obstáculos) y Way forward (camino a seguir).

La conversación como equipo siguió y las ideas continuaron. El entusiasmo del grupo iba subiendo conforme se compartían ideas y soluciones.

Rony: Acerca de **Separación**. Es algo que debemos contemplar. Los empleados eventualmente se irán de la empresa. Nadie aquí, ni siquiera tú, Dan, estará por siempre, así que debemos anticiparnos a cómo debemos manejar la salida de la gente. Digamos que hay 3 tipos de separación: salida voluntaria, despido o jubilación.

Alex: También está la muerte, esa es una separación.

Con risa nerviosa rieron todos los que estábamos en la junta.

Diana: Aun así deberíamos tener un protocolo de cómo debemos accionar, una serie de pasos con la que podamos reaccionar de manera sistemática, es decir, si muere un colaborador deberíamos hablar al seguro, enviar flores a su familia, publicar en el pizarrón de la empresa la información de las ceremonias.

Víctor: A mí me daría tranquilidad saber que la empresa se preocupa por mí aun cuando ya no vaya a estar.

Rony: En cualquiera que sea el caso, debe ser una separación digna, debemos tratar a la gente bien cuando se va. Recuerden que ella será nuestra voz allá afuera y generará gran parte de la reputación de la empresa. La salida voluntaria se puede deber a que la gente busca nuevas oportunidades ya sea como empleado en otra empresa o como emprendedor. El despido es cuando la empresa decide que la persona debe retirarse, generalmente se debe a su bajo desempeño, es decir, su aptitud, pero también debemos tener en el radar su incumplimiento de la actitud, es decir, los valores de la organización. Acuérdense de la matriz de talento que hicieron, donde mapearon a la gente por su actitud vs. aptitud. Jubilación es el momento en que las personas han cumplido un ciclo tras el cual, por su edad o por sus años de trabajo, se deben retirar de la empresa y se les da una compensación de acuerdo con la ley. Algunas empresas deciden apoyar a la gente que sale de la empresa con un proceso conocido como outplacement, el cual es una asesoría para que los empleados puedan recolocarse en otra empresa o que puedan ajustarse a su nueva vida. ¿Se imaginan lo que le pasa a una persona que trabajó por 35 años en una empresa, se levantaba todos los días a la misma hora, se preparaba y salía de casa a las 7 a. m.?

Dan: Aun cuando ya no trabajan están en la puerta de su casa a las 7 a. m. sin saber a dónde ir. Me tocó ver ese caso con el papá de un amigo mío, que, al jubilarlo, no sabía qué hacer de su vida y seguía manteniendo de cierta forma la rutina que tenía cuando trabajaba, pero no sabía qué hacer; por fortuna, encontró cómo mantenerse ocupado, porque he escuchado que la gente que se jubila y no encuentra qué hacer o un nuevo propósito, se muere un par de años después.

Rony: Entonces, ¿qué otras acciones estamos haciendo o deberíamos hacer en este rubro?

Diana: En todas las salidas de personal hacemos *entrevistas de salida*.

Carlos: Suena muy loca la idea que voy a dar, pero qué pasaría si hiciéramos una pequeña fiesta de despedida a aquellos que se van.

Dan: ¿Y para qué haríamos una fiesta de despedida a quien se va? Mejor hagamos fiesta a quien llega a la empresa.

Rony: Es una excelente idea hacer ambas fiestas al mismo tiempo. Para que a aquellos que llegan se les da la bienvenida y a aquellos que se van les damos las gracias.

Víctor: ¿Para qué le haríamos fiesta a quien se va por ser mal empleado?

Dan: Pues porque por fin se va.

Rieron todos y la conversación siguió por un tiempo encontrando más ideas y soluciones que el equipo colocó en el plan de acción.

Conclusiones

● Contar con la gente adecuada que sea parte de "esta comunidad de colaboración" es clave para que alcances la siguiente etapa de la organización. Para ello debes mapear el talento y hacer planes específicos según el resultado mostrado.

● El camino que vienes recorriendo no ha sido sencillo, pero te ha dado visibilidad y claridad para tomar decisiones difíciles, como los productos que debes tener en la empresa, los clientes y los empleados. Ahora debes trabajar un pilar más de la empresa, los proveedores.

13 PROVEEDORES QUE REALMENTE SOPORTAN EL CRECIMIENTO

- If the input in the system is bullshit, don't expect something different in the output.

- Contar con una red de proveedores confiables nos permite tomar mejores decisiones y tener el mayor control sobre variantes que impactan directamente en poder ofrecer servicios y productos que prometemos.

Rony: Un grupo de telemercadeo Yak Yak en Pakistán tercerizó su programa de telemercadeo telefónico a The Hello Telemarketing Agency, con sede en Cleveland. La agencia de Yak Yak, que es la tercera más grande del país, ha decidido que sería mucho más productivo tener representantes y agentes telefónicos estadounidenses que tener representantes pakistaníes hablando con clientes de Yak Yak. Esto, a razón de que realizaron un estudio de investigación donde demostraron que cuando recibían llamadas en el centro telefónico en Pakistán, se perdía mucho tiempo precioso cuando el cliente que llamaba se veía en la necesidad de preguntar "¿Podría repetir eso otra vez? Lo siento, pero no pude entenderte". El estudio de seis meses de duración concluyó que esta frase fue pronunciada por los clientes al menos 87,000 veces al día, lo que es bastante teniendo en cuenta que el centro telefónico promedió 22,000 llamadas por día, lo que da un promedio de 3.95 veces por llamada.

Dan: ¿Es esto verdad? ¡Qué ironía que un call center en India contrate un servicio en USA?

Rony: No es real el ejemplo, pero, en definitiva, ilustra muy bien el hecho de la importancia que tiene el encontrar el proveedor adecuado en el cual vas a sostener tu operación.

Dan: Claro, si los clientes no entienden el acento del operador del call center, va a generar mala experiencia para el usuario y al final del día hará mala reputación a la empresa. Por el email que recibí tuyo del objetivo de esta reunión de Categorización de Proveedores, asumo que vamos a trabajar un proceso similar como hicimos con los empleados, clientes y productos, para descifrar con cuáles proveedores debemos trabajar.

Rony: Correcto. Debemos verificar el negocio de 360 grados, de esa forma nos aseguramos de que en todos los rubros cuentes con los mejores recursos.

Dan: Después de lo que hemos hecho y las decisiones difíciles que se han tomado en este proceso, ya no me da miedo este análisis y decisión respecto a los proveedores.

Rony: Me encanta escucharte con esa confianza y seguridad.

Dan: La verdad es que el proceso me ha ayudado a ir ganando confianza en mí y en mi equipo directivo. Las decisiones ahora son más racionales y objetivas. Ya tenemos una metodología y mapa de trabajo.

Rony: Pues comencemos con la tarea que nos apremia el día de hoy. Los proveedores son tus socios comerciales. Su éxito depende del tuyo y vicever-sa. ¿Cuentas con proveedores confiables y estables que aseguren el éxito de la empresa?

Dan: En su gran mayoría, sí, aunque hay algunos proveedores que su caos impacta a nuestra organización, por lo cual me debo abastecer con más volumen de materia prima por la incertidumbre que ellos nos generan, lo que significa unos costos altos y nos ocupa espacio de almacén que podría ser utilizado para otros productos.

Rony: En caso de que uno de los proveedores desaparezca o se vaya a bancarrota, ¿tienes quién lo reemplace?

Dan: La verdad, nunca había pensado en una situación similar, aunque sí nos han pasado situaciones de ese tipo y, cuando sucede, pues simplemente salimos a buscar de emergencia quién pueda entrar de reemplazo.

Rony: Así como tienes una banca virtual de empleados en caso de que uno se vaya y con clientes manejas un pipeline de prospectos, con proveedores también quieres tener backups, que te aseguren la continuidad de tu negocio. Recuerda que queremos blindar a la empresa y asegurar su continuidad, los proveedores son otro de los pilares de que la empresa pueda ser exitosa.

Dan: Para la materia prima de polietileno, que es la principal en nuestro negocio, contamos con varios proveedores confiables, ya que hay mucha oferta en el mercado y además es clave para mi operación diaria. En su momento eso me quitó el sueño porque solo teníamos un proveedor que era confiable, pero como era nuestro único proveedor de cuando en cuando abusaba de nosotros, cambiaba los precios y condiciones, me tenía vuelto loco, así que decidí hacer algunos cambios y busqué proveedores alternativos.

Rony: Suena como el caso de Víctor, en el que te sentías atrapado con él por falta de opciones.

Dan: Así es, estaba atrapado.

Rony: Debes tener la tranquilidad de que te van a entregar en tiempo y en forma, además, de que la empresa es lo suficientemente estable para que perdure en el tiempo y que tú puedas hacer compromisos de largo plazo. Esa es la clave. A esto comúnmente se le llama Gestión de Proveedores. Según la norma ISO 9001 establece que: "La organización debe evaluar y seleccionar los proveedores en función de su capacidad para suministrar productos de acuerdo con los requisitos de la organización". Por tanto, deben establecerse una serie de criterios para la selección, evaluación y reevaluación de los proveedores.

Rony: Para considerar una verdadera fuente de ventaja la gestión de aprovisionamiento dentro de la cadena de abastecimiento, esta exige procesos logísticos más eficientes. Su estrategia debe ir alineada con la estrategia empresarial y con los objetivos generales de competitividad; por lo tanto, las metas de aprovisionamiento se deben fijar en función de una serie de criterios como el coste, la calidad, la disponibilidad, los plazos de entrega, el servicio y la forma de pago. Muchas veces, estos criterios hacen que el proceso de selección de proveedores sea complejo, debido a que son criterios, en la mayoría de los casos, de carácter eminentemente subjetivo, y se producen diferencias significativas en la clasificación de un mismo proveedor, en función de quien realice la evaluación.

Dan: Pero ¿cómo puedo eliminar la subjetividad en el proceso de la selección de proveedores empleando herramientas concretas?

Rony: Eso es lo que vamos a trabajar precisamente. ¿Cuál es el criterio más importante cuando evalúas a tus proveedores?

Dan: Pues no tengo uno en particular, pero, en definitiva, calidad, precio, entregas oportunas, línea de crédito y otros tantos más.

Rony: Hace algunos años entré a una tintorería, donde tenían un letrero: "Ofrecemos 3 clases de servicios: bueno, barato y rápido. Escoja 2 de ellos. Si es bueno y barato, no será rápido. Si es rápido y bueno, no será barato. Si es barato y rápido, no será bueno".

Dan: Ilustrativo el ejemplo.

Rony: Escoger a los mejores proveedores es una decisión multicriterio y de impacto estratégico, donde puedes y debes identificar las características más importantes para tu negocio, donde debes saber que no contarás con todos los requisitos que quieres de ellos. La selección de proveedores ha sido estudiada y desarrollada por numerosos académicos e investigadores. Ya existen modelos y formas de gestión de proveedores desde 1966, cuando Dickson fue pionero en buscar aquellos criterios relevantes a la hora de seleccionar proveedores. Él identificó y analizó la importancia de 23 criterios y concluyó que la **calidad** era el criterio más importante, seguida por las entregas **a tiempo y** el buen **desempeño** histórico de la organización.

Rony: En la década de los 80 los empresarios de EE. UU. consideraban cuatro prioridades competitivas básicas: **costes, flexibilidad, calidad y entregas**; posteriormente, a principios de los 90, una revisión de literatura publicada por Weber, Current y Benton (1991), basada en el análisis de 74 artículos científicos, estableció que las prioridades más importantes eran la **calidad** y la **fiabilidad en la entrega**. Ya durante esos años se empezó a hablar de dos nuevas prioridades competitivas: el **servicio** y la **innovación**, y un poco más tarde, a finales de los 90 y principios de este siglo, cuando se detecta una nueva prioridad: la **responsabilidad social y ambiental**.

Rony: Chen y Li (2005) hicieron una investigación en la que analizaron propuestas de diferentes autores en relación con la importancia que cada uno de ellos daba a los criterios en un proceso de selección, el resultado de dicha investigación concluyó que la **calidad** ocupaba el primer lugar como criterio de decisión.

Rony: Goffin y Lemke (2006), por su parte, destacaron cómo las buenas relaciones con los proveedores hacían reducir costes a los fabricantes, mejorar la calidad y mejorar el desarrollo de nuevos productos.

Rony: Huang y Keskar (2007) plantearon que el elemento fundamental para garantizar el éxito de un proceso de selección de proveedores se sustentaba en determinar cuidadosamente aquellos criterios que respondían a la estrategia y a los objetivos de la organización; de igual manera, reconocían la importancia de revisar continuamente los criterios y analizar su grado de concordancia con las condiciones del mercado y de la competencia, de tal forma que se pudieran actualizar constantemente.

Rony: Para mí, no creo que haya un criterio único que sea clave, creo que es la combinación de varios elementos: debes evaluar una serie de cosas que te den un número final y puedas categorizar a los proveedores, dando una cifra última de **CONFIABILIDAD**, que es la combinación de varios elementos evaluados que arrojan como resultado el grado de confiabilidad. No existe una fórmula universal de categorización de proveedores, ya que depende de la industria, la cultura del país y muchos elementos.

Dan: Estoy de acuerdo, no solo puedo considerar el precio o calidad como los factores únicos para escoger a mis proveedores. De hecho, recientemente tuve un prospecto que estaba buscando un nuevo proveedor de empaques para un nuevo producto suyo. Resulta que los dos pertenecemos a asociaciones similares y tenemos amigos en común. A pesar de que nosotros somos un poco más caros y nuestra logística lleva un mayor tiempo de entrega, el ahora ya cliente decidió trabajar con nosotros porque, según sus palabras, "uno debe crecer con la gente cerca, si él gana, todos ganamos". Ojalá hubiera más gente como él. Viviríamos en un mundo donde la gente pensaría de manera abundante y más en colaboración, en vez de vivir en la escasez y el egoísmo.

Rony: Hay 7 pasos principales que debes tener en cuenta respecto a la gestión de tus proveedores:

- Búsqueda de proveedores
- Selección
- Mantener relación con los backups
- Inspección de documentación
- Verificación de operaciones
- Desarrollo de tus proveedores
- Desarrollo de presupuestos

Rony: Hablemos de la **búsqueda de proveedores**.

Rony: Búsqueda de proveedores. Debes primero que nada entender bien cuál es el problema que tienes y que quieres que alguien lo solucione;

teniendo eso en claro será más fácil buscar un proveedor. ¿Te imaginas buscando fruta en una tienda de electrónicos?

Dan: No, claro que no, sería una pérdida de tiempo.

Rony: Pues eso mismo es lo que pasa en muchas empresas, que tienen una necesidad y salen corriendo a buscar quién la resuelva sin entender un poco más claramente las necesidades, problema o expectativa de la empresa. Es aquí donde Alex, dentro de sus responsabilidades como director del área de Administración y Finanzas, puede ayudar: una persona en su equipo que está encargada de las compras debe seguir los protocolos que en la empresa establezcas para tener nuevos proveedores y el manejo de los existentes. Es esta persona quien debe recibir la solicitud de búsqueda del proveedor, de preferencia, de manera escrita, donde quede muy claro las necesidades que debe cubrir a su cliente interno.

Dan: De esa forma, él podrá ser más efectivo en la búsqueda de proveedores. Siempre he querido institucionalizar que se debe tener 3 cotizaciones para una sola necesidad, de esa forma se pueden tomar mejores decisiones y hay alternativas.

Rony: Vas por buen camino. Precisamente, esa buena práctica de las 3 cotizaciones es fundamental para promover la competencia sana entre proveedores, transparencia en la organización.

Dan: Hace unos años, una persona que hacía las compras en la empresa solo traía una sola cotización. Después descubrimos que los números estaban inflados y que el proveedor le pagaba a nuestro comprador una comisión, lo cual hacía un conflicto de intereses, además de que yo le pagaba porque viera por los intereses de la empresa, no por los de él. Cuando descubrimos esto corrí al empleado y también al proveedor, ambos abusaron de la confianza e hicieron las cosas mal. Desde entonces quería implementar algo que previniera este tipo de situaciones de manera más efectiva, más allá del mero hecho de que yo reviso muchas de las compras que se hacen, doy una autorización final.

Rony: ¿Y cuánto tiempo te quita eso? ¿Y qué descuidas por estar revisando las compras?

Dan: Muchísimo tiempo, es una de las tantas tareas que no hace sentido que haga yo, pero se debe a falta de confianza y una metodología de trabajo. ¿Respecto a qué descuido? Pues la verdad pierdo cosas muy valiosas, como el hecho de no estar con clientes, revisando planes de desarrollo, capacitándome u otros.

Rony: Aunque nos estamos adelantando unos pasos, estás en lo correcto. Regresemos a la búsqueda de proveedores. Una persona responsable de la empresa recibe una solicitud interna detallando necesidad, restricciones, tiempos y otros. De esa forma, el responsable de compras debe comenzar a buscar proveedores. Hay muchas formas de buscar proveedores, LinkedIn, Google, Cámaras de Comercio, recomendación por amistades. Hoy en día, a la gente se le hace fácil hacer una pequeña búsqueda en Google, pero no va más allá. Te puedes sorprender de las recomendaciones que puedes recibir de otros dueños de negocio que tú conoces, o del comprador llamando a áreas de compra de empresas que no son competencia, y puedes utilizar proveedores similares.

Dan: Nunca lo había pensado, que el comprador de otra empresa nos pueda referir a alguno de sus proveedores.

Rony: Claro, si tiene la mentalidad correcta de abundancia te dará la información. Al final del día, a él también le va a convenir que su proveedor esté más estable y cuente con más clientes, de esa forma asegura la continuidad del negocio.

Dan: Pero la gran mayoría de la gente desgraciadamente piensa que su éxito depende de tu fracaso.

Rony: Sí, pero poco a poco irás encontrando gente que vaya de acuerdo con esta mentalidad de colaboración. Por cierto, es normal que haya tareas en la empresa que requieran de una especialidad en algo que no manejas, como hacer un logo, escribir un script o cosas de esa índole; hay una plataforma extraordinaria en la cual puedes contratar los servicios puntuales, con gente muy preparada y por una fracción del costo de lo que sería contratar a una persona de tiempo completo o incluso a una persona que te lo haga de manera puntual. La plataforma es Fiverr, es una plataforma donde encuentras servicios freelance ideales para tu negocio. También hay otra página llamada Topcoder, que hace un cruce de gente que ofrece sus servicios profesionales de programación de páginas, apps, data y ciencia.

Rony: **Selección.**

Dan: Para la selección de proveedores debemos hacer las cosas un poco diferentes a como las hacemos hoy. Deberíamos tener un listado o pasos a seguir para seleccionar a los proveedores, ya que debemos tener muestras y pruebas de laboratorio.

Rony: Además, debes tener la tranquilidad de que es una empresa constituida, que cuenta con los precios acordes a ti, tiempos, etc. Para ello, lo más practico es construir una matriz de evaluación, en la que debes colocar los proveedores, los diferentes criterios a evaluar, y a cada criterio debes asignarle un peso; de esa forma, puedes convertir el proceso de manera objetiva.

Dan: Pero hay cosas que son subjetivas, como por ejemplo si hay una relación de por medio, si me caen bien, si confío en ellos. Estos elementos no tienen números.

Rony: Claro que sí, todo se puede convertir en algún número; por ejemplo, del 0 al 10, ¿qué tanto confías en tu proveedor de limpieza y mantenimiento?

Dan: Ya veo. Estos atributos cualitativos se pueden convertir en cuantitativos. En definitiva, tener esta matriz nos ayudará a hacer el proceso más objetivo en la selección de proveedores, porque pueden ser muchos los factores que se involucren en la decisión. Se puede volver tan abrumador que, en ocasiones, tomamos decisiones basadas en solo uno o dos elementos. Pero con la matriz de selección de proveedores meteremos todos los atributos que queremos evaluar y al final nos dará un número.

Rony: Ese número, precisamente, es el que te mencionaba que es CONFIABILIDAD. La ponderación de todos los atributos te dará claridad acerca de cuál proveedor es más confiable que otro, lo cual los ayudará a tomar decisiones más transparentes, objetivas y de mayor beneficio a la empresa.

Rony: **Mantener relación con los backup.**

Dan: Supongo que así como tendremos la Banca Virtual para empleados, el pipeline para los prospectos y clientes, debemos tener un listado para proveedores.

Rony: Vaya, vas pasos adelante de mí, me da mucho gusto. Así es, ese listado se llama proveedores backup. Ese listado es importante que esté completo no solo por si alguno de tus proveedores te falla, sino también porque no tienes garantía de que tu comprador no se vaya de la empresa. Recuerda que debemos proteger a la empresa ante las eventualidades y, contando con el listado, sobre todo en un momento de emergencia, se puede accionar más rápido.

Rony: **Inspección de documentación y verificación de operaciones (due diligence).**

Rony: Desgraciadamente, hoy en día hay demasiados fraudes u operaciones indebidas. No te quieres ver involucrado con un proveedor que su operación esté en riesgo debido a su falta de pago de impuestos, o que no pueda facturar, o que cuente con muchas demandas o, peor aún, que utilice fuerza laboral infantil.

Dan: Para nada quiero estar involucrado en algo así.

Rony: ¿Cuándo fue la última vez que revisaron la documentación de tus proveedores y fueron a sus instalaciones a hacer una especie de auditoría de campo?

Dan: ¿La última vez? Pues la verdad es que nunca lo hemos hecho. Cada vez que tenemos una necesidad, encontramos al proveedor y es este quien viene a nuestra planta.

Rony: Este proceso de inspección de documentación y verificación de operaciones es mejor conocido como due diligence. Este lo puedes hacer tú o contratar a alguna firma de abogados o consultoría que lo haga. Lo importante es hacerlo.

Dan: Pero eso va a implicar más pasos en el proceso, nos puede volver burocráticos.

Rony: Sé que es un paso más en el proceso, pero ayuda a que conozcas mejor a tu proveedor. He escuchado historias de terror, donde comienzan a trabajar con un proveedor que es crítico para la operación y, un par de meses después, desaparece. En México, actualmente hay muchos fraudes que están sucediendo. Por ejemplo, en la industria alimenticia hay una fuerte problemática en el abasto del azúcar, ya que hay una serie de rufianes que crean empresas fantasma, con páginas web muy profesionales, que ofrecen contenedores de azúcar a muy buen precio, lo cual los hace muy atractivos. Resulta que fábricas de alimentos y dulces, por la urgencia de uno de sus insumos principales y el precio tan atractivo, persuadidos por una imagen extraordinaria en línea, comienzan a comprar azúcar de esos sitios. Al principio es un contenedor, después son varios. Cuando alcanzan un nivel de confianza de buen proveedor, los rufianes empiezan a cambiar algunas condiciones de pago y se les debe pagar por adelantado parte de los envíos del mes, y bajo la confianza de las entregas que han hecho en los últimos meses, se accede. Al siguiente mes, explican que requieren el pago por adelantado completo de todas las entregas del mes; naturalmente, se accede a ello y es ahí donde desaparecen. La página web es borrada, no se sabe dónde están sus instalaciones, la documentación era falsa. En fin, acaban estafando cantidades importantes de dinero.

Dan: Comprendo, ¿todo eso se puede evitar haciendo una revisión de sus instalaciones y documentación?

Rony: No enteramente, pero minimizas los riesgos. Por desgracia, hay mucho fraude y operaciones indebidas, como utilizar niños en su fuerza de trabajo, condiciones inhumanas en su fábricas y más.

Dan: Como decíamos antes, no me quiero ver involucrado en ese tipo de situaciones. Comenzaremos a hacer ese due diligence.

Rony: **Desarrollo de proveedores**.

Dan: Avanzando con el siguiente punto, ¿a qué te refieres con desarrollar a los proveedores?

Rony: La empresa crece y florece con el tiempo, requiriendo mayor atención, precisión, recursos, líneas de crédito. En la gran mayoría de los casos, los proveedores, al igual que los empleados, no crecen a la misma velocidad que la empresa, lo cual representa un riesgo para planes a largo plazo.

Dan: Hace sentido, si mis proveedores se quedan chicos, no me podrán dar el servicio como lo requiero, por lo cual me provocarán tener que salir y buscar nuevos proveedores que compensen la parte que no está siendo satisfecha. Pero mi negocio no es desarrollar proveedores.

Rony: Correcto, pero sí es de tu interés que progresen.

Dan: ¿Y cómo hago para desarrollarlos?

Rony: Debes identificar a aquellos proveedores que sean clave en la empresa, ya sea por el producto o servicio que te ofrecen. En aquellos que valga la pena, buscarás su desarrollo. Este puede venir en muchas formas: capacitación, pagos a tiempo, simplificando los procesos administrativos y otros.

Dan: ¿Capacitación? Ahora sí que te estás volviendo loco. ¿Cómo yo los voy a capacitar?

Rony: Hace un par de semanas pagaste a un consultor que diera un curso de Finanzas Personales, llenaste la sala de juntas principal con tus empleados. Haber colocado 6 lugares más para invitar a algunos de tus proveedores, les hubiera ayudado a su desarrollo personal y organizacional.

Dan: Excelente idea, además no me hubiera costado nada. Comprendo la idea, no lo había pensado. La verdad, a los proveedores no los tengo en el radar, pero debo asegurarme de que ellos estén bien para que nosotros estemos mejor. Mencionaste los pagos a tiempo, nosotros hacemos lo posible por pagar a tiempo, sin embargo, me gustaría saber por qué es importante ese rubro en este momento.

Rony: Si tú no pagas a tiempo a tus proveedores, no solo te generas mala reputación con ellos, los cuales te pueden traer clientes y empleados, también corres el riesgo de que, por falta de pago tuya y de otros clientes que ellos tengan, estén distraídos en cosas que no son tan importantes como darte el servicio o producto adecuado. El no pagar a tiempo daña la relación y la rentabilidad de su negocio.

Dan: Conozco muchos CEO's que abusan de sus proveedores con los tiempos de pago, para poder tener a su empresa estable o con flujo de efectivo.

Rony: En lo personal me parece una pésima práctica empresarial, ya que se están disparando en el pie. Los proveedores son parte esencial de tu empresa, son un engrane más, y si este da un mal resultado, adivina quién paga los platos rotos.

Dan: Nosotros y después nuestros clientes.

Rony: Entiendo que hay excepciones, situaciones extemporáneas en las cuales no puedes pagar. Cuando algo así se presenta, lo mejor es hablar con los proveedores con la verdad, de la misma forma en que te gustaría que tus clientes te trataran a ti.

Dan: Aplicar la regla de oro: trata a los demás como quisieras ser tratado.

Rony: Mejor no lo hubiera podido decir yo.

Rony: **Desarrollo de presupuestos.**

Rony: Háblame de tus presupuestos. ¿Cuentas con presupuestos claros que guíen las decisiones de la empresa?

Dan: Contar con presupuestos ha sido algo que he venido batallando en los últimos años. La verdad es que los gastos de la empresa están un poco descontrolados; yo soy el primero en poner el desorden, ya que uso la tarjeta de crédito de la empresa sin verificar si tenemos la capacidad de pagar.

Rony: Uno de los errores más comunes de los emprendedores, incluso entre aquellos que llevan varios años operando un negocio, es no **elaborar presupuestos**. La razón está en el desconocimiento, la falta de atención o la sencilla creencia de que será suficiente con "vender mucho". Pero lo cierto es que los **pronósticos financieros** son una herramienta clave para una administración sana y sostenible. Un presupuesto obliga a elaborar un panorama de la empresa en los próximos meses, a entender mejor qué resultados está dando y a **tomar las mejores decisiones**. Y la habilidad de establecer metas de ingresos, costos y ganancias es una de las principales virtudes de un emprendedor exitoso.

Dan: En verdad que entiendo la teoría e importancia de contar con presupuestos. Simplemente no le he dado lugar.

Rony: En definitiva, un presupuesto bien hecho mide la capacidad de crecimiento de la empresa, te dice cómo asignar los recursos y te ayuda a saber si el capital con el que cuentas o el que estás levantando será suficiente.

Dan: Yo creo que no he avanzado con los presupuestos porque siento que pueden ser muy complicados y que voy a burocratizar la empresa.

Rony: Un presupuesto puede ser tan sencillo o complejo como tú lo decidas, de acuerdo con la etapa de desarrollo del negocio. Ya sea que lo elabores en una hoja de papel o emplees algún formato como Excel, lo importante es que incluya:

- Proyección de ventas o ingresos.
- Proyección de los costos totales necesarios para alcanzar ese nivel de ventas o ingresos. Fijos y variables, en los cuales debes incluir:
  - De compra o producción del producto y/o servicio
  - De comercialización
  - De entrega
  - De ventas y mercadotecnia
  - De administración y operación
- Proyección de ganancias o pérdidas (como resultado de las dos cifras anteriores).
- Total acumulado de ganancias o pérdidas proyectadas a través del tiempo (durante un periodo determinado).

Dan: Vale, me comprometo a hacer un Excel junto con Alex para que manejemos un presupuesto.

Rony: ¿Por qué hacerlo con Alex? ¿Acaso no es su responsabilidad? Recuerda el poder de delegar.

Dan: Cierto, que lo haga él y me lo muestre, seguramente necesitará mi perspectiva.

Rony: Por cierto, ¿tú estás recibiendo un sueldo o estás ordeñando las utilidades de la empresa?

Dan: Ja ja, cuento con un sueldo, pero muy básico, así que conforme necesito dinero lo retiro de la empresa.

Rony: Esa es una pésima práctica que genera mucha incertidumbre para la empresa por lo impredecible que es. Además, no necesariamente tú puedes cobrar todos los meses.

Dan: ¿Y qué propones?

Rony: Que tengas un sueldo acorde a la posición que manejas. Debe ser un sueldo competitivo, en dado caso de que necesites más efectivo lo podrías retirar como utilidades de la empresa.

Dan: ¿Y qué diferencia hace? ¿Qué beneficios tiene?

Rony: La diferencia consiste en que si tienes un sueldo, es un gasto presupuestable de la empresa, genera más estabilidad y certidumbre para la empresa y para tu familia. Respecto a los beneficios, probablemente el más importante es que la empresa va a estar acostumbrada a pagar un sueldo por tu posición y el día de mañana, cuando quieras contratar a un CEO que te reemplace, el sueldo no será un obstáculo, ya que la empresa ya tiene ese sueldo en el presupuesto.

Rony: Deja te platico la historia de un cliente mío, es un dueño de 17 restaurantes en la ciudad de México; él no tenía un sueldo asignado, así que usaba a sus restaurantes como cajeros automáticos o ATM, lo cual provocaba una serie de problemáticas administrativas muy impactantes, sobre todo causaba problemas entre los gerentes de los restaurantes con el administrador general de la empresa, el cual les exigía que no le dieran dinero al dueño, que mejor él fuera a las oficinas centrales, ante lo cual los gerentes respondían: "¿Acaso quieres que le diga al jefe que no?".

Dan: Empieza a hacer sentido. Va a ser un reto el tener un sueldo fijo, creo que empezaré con un sueldo bajo y lo iré subiendo conforme pase el tiempo.

Rony: Es mejor a lo que haces el día de hoy.

Conclusiones

● Los proveedores son una pieza clave de la cadena de producción y de los resultados de la empresa. Es por ello que debes contar con los proveedores más confiables que aseguren que brindes el mejor servicio y producto a tus clientes.

● Los procesos de cambio y crecimiento organizacional son más llevaderos si son acompañados de la gente correcta y los apoyos necesarios, a los cuales les llamamos ambiente.

14 AMBIENTE QUE PROMUEVE EL CRECIMIENTO

- Ser el líder de una organización es una posición muy solitaria.

- Cualquier persona puede ser exitosa si genera el ambiente correcto que promueva su éxito, eso incluye grupos de Mastermind, consultores, utilizar buenas prácticas utilizadas en la industria, contar con alianzas estratégicas, junta de consejo y grupos de posibles inversionistas.

Llegué a la oficina de Dan para su sesión de coaching y me encontré con la grata sorpresa de que su oficina estaba ordenada. Por primera vez no tenía papeles por todos lados, post its por todas las paredes; finalmente se veía orden y se le veía en su semblante tranquilidad y control.

Dan: Buenos días, ¡qué gusto tenerte por aquí! En las últimas semanas ha habido muchos cambios. Gente se fue, a algunos les dimos las gracias; se respira un ambiente más amable, más orientado a resultados, menos drama. Algunos de los clientes, en particular los que están en el Top 10 han empezado a notar los cambios positivos y nos han hecho saber que están contentos con los cambios.

Rony: Me alegro de saber eso. La idea era y es crecer de una manera ordenada, que sea rentable y que la gente esté contenta. Noto que tu oficina está muy ordenada.

Dan: Sí, me di cuenta de que no solo tenía desorden en la compañía, sino también en mi oficina, en mi mente y en mi casa. Me acordé que me dijiste una vez: "La empresa es reflejo de su líder", por lo cual me puse a pensar qué tipo de empresa quiero tener para provocar que se refleje, así que si quiero una empresa ordenada y eficiente, debo ser el ejemplo a seguir, y qué mejor que lleguen a mi oficina y esté en orden.

Rony: Pues te felicito, fue una decisión muy madura de tu parte. ¿Cómo te fue con la salida de los empleados C?

Dan: Para mi sorpresa, como nos dijiste, algunos se fueron por su cuenta, no querían ser medidos, con otros tuvimos que tomar la decisión de que se fueran. La gran sorpresa fue que gente, sobre todo empleados A, vinieron a tocar la puerta de la oficina a felicitarme de las decisiones que se tomaron en dejar ir gente, especialmente a Elías, que generaba muy mal ambiente de trabajo. ¿Te acuerdas el lobo disfrazado de oveja? Hasta me dijeron que ya me había tardado en darme cuenta que no era un buen "fit" para la empresa.

Rony: Wow, esas son notas musicales para mis oídos. Bueno, pues, ahora es momento de comenzar a trabajar lo que tiene que ver con ambiente, aunque ya te adelantaste un par de pasos.

Dan: ¿Ambiente?

Rony: Sí, ambiente, son esas "herramientas" de apoyo que te ayudan a mejorar de manera constante. Solía creer que había personas exitosas y personas sin éxito. Supuse que la diferencia entre las dos era actitud, habilidades y mucho desarrollo personal. La verdad es que no existen personas exitosas y personas sin éxito; cualquiera puede tener éxito si tiene el entorno adecuado para tenerlo, mucho es dictaminado por el entorno o el ambiente que lo rodea. Un soldado podría ser poderoso, valiente y organizado dentro de un entorno militar. Después de abandonar ese entorno, esa misma persona puede tener dificultades para alcanzar niveles de vida básicos en el entorno civil. Un empleado de Google pensará en crear una aplicación que llegue a 10 millones de nuevos usuarios. Si lo sacas de Google tendrá dificultades para iniciar un negocio que llegue a 10,000 personas.

Dan: Alguna vez escuché que tus ingresos son el promedio de las 10 personas con las cuales tienes más contacto.

Rony: Según Jim Rohn son 5, él dijo: "Eres el promedio de las cinco personas con las que pasas la mayor parte del tiempo". ¡Cinco personas a tu alrededor están determinando tu éxito!

Dan: Creo que tengo que hacer una limpieza de la gente a mi alrededor, tengo un par de personas a las cuales debo sacar de mi círculo, son tóxicas y en vez de ayudarme a subir, en muchas ocasiones me bajan.

En ese momento me paré al rotafolios donde escribí la siguiente fórmula: +x>-/

Rony: Tal vez es momento de que apliques la fórmula de +x>-/, es decir, **"más vale sumar y multiplicar, que restar y dividir"**. Piensa como si tuvieras una balanza, de un lado es para aquella gente que agrega valor o energía a tu vida y, del otro lado, es para la gente que te quita valor o energía. De esa forma es más fácil poder evaluar a la gente que está en tu entorno. Por ejemplo, contar con consultores de confianza, alianzas estratégicas, grupos de Mastermind, posibles inversionistas y junta de consejo.

Dan: Pues de orden y limpieza, creo que vamos caminando en ello. Consultores, pues te tenemos a ti y estamos a punto de contratar a alguien que nos ayude a mejorar en el plan de mantenimiento de las máquinas, que presentan muchos problemas. Del resto de los puntos, me gustaría que me platiques un poco más, no estoy tan familiarizado.

Rony: Claro, esa es la idea, no solo que te platique, sino que tomes decisiones y complementemos a la organización con la gente que necesitas. Empecemos con posibles **inversionistas.** Pensando un poco catastróficamente, en caso de que la empresa se vea en un problema complicado económicamente, ¿tienes a quién acudir?

Dan: Pues como dicen por ahí: FFF, friends, family and fools. Pero no sé qué tanto pueda llegar a ellos, ya que fueron las fuentes de financiamiento al principio. A todos ya les pagué su préstamo, pero ya no me siento cómodo teniéndolos como inversionistas, prefiero tener separadas las relaciones con amigos y familia.

Rony: Entonces sí necesitas un grupo de inversionistas o gente que te preste dinero. ¿Tienes a quién recurrir?

Dan: La verdad, no me viene a la mente en este momento, pero me quedo con la tarea de hacer una lista de gente que podría ser de ayuda en caso necesario de inyectar capital. Ahora platícame de la junta de consejo.

Rony: La **junta de consejo** es una reunión que tiene lugar ya sea mensual o trimestralmente, donde se presentan los resultados de la empresa y el plan estratégico. A esa junta asisten empresarios y gente de tu confianza que quieren apoyarte con el desarrollo y éxito de la empresa. Ahí presentas los resultados obtenidos durante el mes o el trimestre, se comentan las problemáticas que vives y todos aportan ideas, soluciones, cuestionamientos, que te ayudan a tomar mejores decisiones, ya que la gente que va a asistir lo hace porque quiere lo mejor para la empresa y además no son de la industria, así que te traen una perspectiva totalmente diferente. Imagina que en la junta de consejo de un cliente que es desarrollador de software, tenemos a un restaurantero y un dueño de fábrica de calcetines. Te puedes sorprender de cómo su experiencia en otras industrias puede contribuir. Además, como se dice en México, la cereza del pastel, es decir, lo mejor de todo, es que vas a contar con un equipo que te hará responsable de tus compromisos.

Dan: ¿Que qué? ¿Hacerme responsable de mis compromisos? En verdad, ¿quieres que ahora haya gente presionándome?

Rony: No, para nada presionándote, pero es una realidad que el ser humano es maestro del autoengaño y de procrastinar. Tendemos a dejar las cosas al último momento. Si no hay a quien responder o rendir cuentas, tendemos a engañarnos. Acuérdate de la lección que aprendimos implementando rendimiento de cuentas o accountability en la empresa. Es el único sistema que permite que la gente obtenga altos resultados. A los consejeros les da igual si cumples o no, ellos van a funcionar como una herramienta para que cumplas tus compromisos, así como lo hacen los empleados contigo. Es a ti a quien le va a importar llegar a la reunión a mostrar que lograste los resultados. ¿Te acuerdas del fenómeno del dentista?

Dan: Sí, el fenómeno en que la gente se lava los dientes antes de ir a su cita con el dentista, aunque no hace sentido si lo hicieron bien durante los seis meses; es decir, la gente hace un esfuerzo extra para llegar a sus resultados.

Entiendo la idea, creo que la tendría que poner a prueba para saber si me funciona. Tengo sentimientos encontrados; por un lado, sí quiero contar con esas juntas para tener otras perspectivas, pero no me quiero sentir como un empleado.

Rony: Tranquilo, no vas a sentirte como empleado, todos estaremos ahí para apoyarte, será una reunión de pares, para darte perspectivas y empujarte a tu mejor desempeño. Además es un paso crucial para que la empresa y tú estén listos para dar el brinco cuando sea oportuno que un CEO te reemplace, y será ahí donde el CEO presentará a la junta de consejo sus planes y resultados, es ahí donde estarás tú sentado como parte de la junta y el CEO será responsable de la ejecución de la empresa.

Dan: Ahora me empieza a gustar más la idea, aunque para que haya un CEO que me reemplace falta tiempo.

Rony: Pues mientras lo tenemos, puedes ir formando el hábito de las juntas. Te hará muy bien y te preparará para el siguiente nivel, además de que los participantes de la junta te pueden traer nuevos negocios. Ahora hablemos de tu **Mastermind**. Este término fue acuñado por Napoleón Hill en su libro *Piense y hágase rico*, donde explica el poder y el potencial que tiene pertenecer a un grupo de gente con fines similares. Imagínate reunirte una vez al mes con un grupo de 6 a 10 empresarios, cada uno de otra industria, con el único fin de ayudarse a ser mejores y lograr mejores resultados. No se trata de una reunión de networking donde vas a buscar nuevos clientes o que te pasen referidos, ese es otro tipo de grupo.

Dan: ¿Cómo? Dueños de negocios que se reúnen, pero ¿no hacen negocios? Entonces, ¿qué hacen?

Rony: Nos reunimos todos los meses a compartir resultados de los compromisos hechos en la reunión anterior, tomamos una capacitación y tenemos un espacio para exponer problemáticas que estamos viviendo ya sea a nivel personal o laboral.

Dan: ¿Y para qué le compartiría mis problemas a un grupo de extraños?

Rony: Ese grupo deja de ser extraño muy rápido, se vuelve un grupo de apoyo, soporte y pensamiento creativo. Es ahí donde encontrarás un espacio en donde no necesitas pretender ser fuerte, porque todos están en lo mismo, todos son dueños de negocios con características similares, tamaño, cantidad de empleados y facturación. Así que todos comparten problemáticas similares. Es más efectivo que ir a un MBA. El MBA te da un buen conocimiento y tal vez buenos contactos, pero un Mastermind te da un nivel de pertenencia a un grupo muy selecto.

Dan: Parece como un tipo de club de dueños.

Rony: Me gusta tu forma de plasmarlo. El último viernes de este mes, te puedo invitar a que participes en un Mastermind que dirijo. Será en el restaurante El Secreto a las 2 p. m. Si quieres participar, necesito que me confirmes a más tardar el día de mañana, enviándome este NDA firmado.

Dan: Te lo firmo de una vez, suena interesante y misterioso.

Rony: Ya verás que obtendrás grandes cosas, sobre todo un grupo de apoyo; es más, ese grupo te hará "rendir cuentas" de tus compromisos.

Dan: Pareciera que es lo mismo que la junta de consejo.

Rony: Parece, pero son 2 cosas muy distintas. El Mastermind es para tu desarrollo personal y laboral. La junta de consejo es para asegurar los resultados de la organización. Me debo ir, pero nos vemos en la reunión del Mastermind.

Conclusiones

● Contar con el ambiente o entorno adecuado, promueve mejores resultados. Los líderes de los negocios se sienten solos, pero hay mucho apoyo alrededor, hay que crearlo.

CONTINUIDAD DEL NEGOCIO

> ● Si te atropella un camión, ¿tu empresa sobre-vive?
>
> ● Anticiparse a los diferentes escenarios fatalistas, ayuda a tener la organización preparada para eventualidades y asegura su continuidad.

Rony: Hola, Dan, vamos a hablar de un tema que suele ser muy incómodo y pareciera que es fatalista, pero no lo es.

Dan: Me estás espantando, Rony. Tú siempre eres alegre y optimista, y esto suena medio obscuro.

Rony: Uy, y aún no te he explicado. Todavía se puede poner más obscuro. Empecemos. En caso hipotético de que un camión te atropellara, ¿tu negocio sobreviviría? ¿Qué sucedería con todo este esfuerzo que has hecho? ¿Cómo puedes asegurar el bienestar y patrimonio de tu familia?

Dan: Ahora veo que sí es un tema medio fatalista. Uy, hablar de muerte es muy duro.

Rony: Sí, lo es, pero debemos hablar de ello, ya que, en teoría, estamos desarrollando de tu autoempleo a un negocio, el cual puede y debe perdurar, a pesar tuyo. Lo hablamos desde la primera vez que nos vimos. Este es uno de los escenarios que puede suceder y, posiblemente, es el más útil para tomar decisiones cruciales.

Dan: Contestando a tu pregunta, pues no, el negocio no sobreviviría.

Hay muchas cosas que dependen de mí o yo soy el único que tiene acceso a firmas o cuentas bancarias.

Rony: Entonces, ¿todo este trabajo y años de esfuerzo se van a esfumar? ¿Qué pasará con tu esposa e hijos?

Dan: Pues supongo que Andrea tomaría mi lugar en la empresa y continuaría.

Rony: ¿Está ella preparada? ¿Conoce algo del negocio? ¿Le gusta? ¿Le interesa?

Dan: Creo que no, pero la podemos preparar.

Rony: Preparar a Andrea es una opción, hay muchas más. Pero cualquiera que esta sea, la debemos preparar con anticipación. Debemos crear una receta para asegurar la continuidad de tu negocio y del ingreso para tu familia. En inglés se llama Business Continuity Plan.

Dan: Pareciera como si tuviéramos que preparar un testamento.

Rony: Se podría decir que es como un testamento. Es un documento que se prepara con anticipación y pensando qué se debería hacer en caso de que algo "malo suceda". Porque no solo es tu ausencia la única opción que puede destruir a la empresa, también una crisis financiera como la del 2008, o una pandemia como la covid-19 en 2020, o alguna guerra, o cambios de leyes en el país, etc. No vamos a poder tener todos los escenarios, pero entre más tengamos previstos, más preparación podemos hacer y dejar todo listo ante eventualidades.

Rony: Hoy en día, prácticamente todos los aspectos de la operación de una empresa son vulnerables a la interrupción. El riesgo y el costo de esa interrupción se extienden mucho más allá de las tecnologías de la información. El **Business Continuity Management (BCM)** se puede definir también como una compilación de procesos que permiten identificar y evaluar los riesgos potenciales que podrían interrumpir la actividad normal en la organización. Sirve para proponer las medidas oportunas a tomar para minimizar los impactos de negocio de los riesgos identificados y sometidos a evaluación. Con la adecuada implementación del BCM se pueden conseguir los siguientes objetivos: garantizar la continuidad operativa del negocio; establecer prioridades y ajustar los mecanismos de prevención, monitoreo y recuperación ante una falla o desastre.

• *El BCM tiene los siguientes componentes:*

● **Business Impact Analysis (BIA)**

• Se establecen escenarios en los que ocurre un siniestro de tal forma que toda la actividad se ve afectada.

• Se procede a identificar los sistemas afectados.

• Se cuantifica económicamente el impacto.

● **Disaster Recovery Plan (DRP)**

• Se cuenta con un plan estructurado que posibilite la recuperación de los sistemas de información del negocio.

• Se establecen procedimientos para respaldar la operación y apoyar la recuperación ante una incidencia.

● **Business Continuity Plan (BCP)**

• Consiste en la definición de procedimientos precisos para garantizar la continuidad de la operación.

• Se asegura el respaldo de información y recursos para la continuidad de la operación.

Rony: En tu caso, no tienes socios, pero cuando trabajo con socios, debemos estipular qué sucede con las esposas e hijos de la persona que muere. Algunos escogen que los familiares no pueden trabajar en la empresa y recibirán un sueldo además de las utilidades. En otros casos, el socio que queda con vida debe comprar la parte correspondiente del otro socio pagándola a la esposa.

Dan: Uy, sí, suena un tema delicado e incómodo, pero sí entiendo la necesidad de prepararnos a "sobrevivir a cosas malas".

Rony: Hace unos años conocí a una señora que quedó viuda y que, al morir su esposo, tomó su fábrica de caramelos, la cual fue exitosa por 20 años. A ella solo le tomó 4 años destruir lo que su esposo hizo en 20. La empresa desapareció junto con todo el patrimonio de la familia. Ella no sabía manejar el negocio. Por ello es tan importante hacer un plan de contingencia y, en este caso, se llama **plan de sucesión**. En el caso de tus empleados también debemos tener planes de sucesión, ya que no estamos exentos de que algo les suceda a ellos, desde que decidan irse a trabajar a otra empresa hasta situaciones mayores, o algo tan sencillo como que quieran una promoción o tomar otra posición.

Dan: Sí, eso me pasa seguido, se van de la empresa y estamos corriendo en conseguir quien los reemplace. Pero no veo cómo impacta si quieren una promoción o cambio de puesto.

Rony: En el 2016 tuve una conversación muy interesante con uno de mis mentores, Jim Tenuto, el cual vive en San Diego, me explicaba en una frase su filosofía respecto a este punto y me dijo: "If you are not replaceble, you are not promotable". Es decir, si no eres reemplazable, no te puedo promover. Le pedí me explicara a más detalle, así que me dijo que si una persona en la empresa no cuenta con una persona que lo reemplace no lo van a poder promover, situación que mueve temores internos de la gente, sobre todo en Latinoamérica, donde le tenemos mucho miedo a desarrollar a la gente debajo de nosotros porque, equivocadamente, pensamos que pueden ser nuestra competencia, o que si hay gente lista debajo de nosotros el jefe nos puede correr. Esto debería ser visto con un enfoque distinto: si preparo a mi gente, tendré un mejor equipo, tendré mejores resultados y, cuando llegue el momento adecuado, me podría mover a otra posición, porque ya tengo a la gente lista para que me reemplace.

Dan: Creo que hay una serie de HBO que habla de ese tema, se llama "Succession".

Rony: Así es, es una serie muy interesante que precisamente habla de cómo el líder de una empresa muy importante quiere preparar la empresa en su ausencia y precisamente eso sucede, él sufre una enfermedad y la guerra entre hijos comienza a pasar. No te platico más, vale la pena que la veas, te dará muchas ideas.

Dan: Voy a empezar a ver la serie.

Rony: Es muy común que los CEO's que son fundadores se sientan un tanto atrapados o en ocasiones secuestrados por sus empleados, sobre todo de los que son sus manos derechas.

Dan: Así me siento con Víctor. En un momento crítico de la empresa lo tomé como mi mano derecha, delegué toda responsabilidad con él de las operaciones. Al principio fue extraordinario, me ayudó muchísimo; sin embargo, hoy se ha convertido en un monstruo. Tiene dominada la operación, no me deja ver qué sucede ahí, sus resultados no son buenos y, para colmo, me tiene agarrado de las bolas, porque me ha amenazado con irse de la empresa, así que me siento caminando en cáscaras de huevo y no puedo hacer nada, no hay quien tome sus responsabilidades en caso de que se vaya, dependo de él enteramente.

Rony: Abiertamente, ¿te ha amenazado con irse o asumiste?

Dan: Asumo. La verdad es que nunca me ha dicho abiertamente que se va, pero lo presiento y me da miedo, porque mucho depende de él y, para ser franco, no quiero dar pasos para atrás. Me da miedo que si se va, yo me voy a tener que acabar metiendo y no tengo tiempo para ello.

Rony: Vives en una situación muy incómoda. No le puedes exigir resultados. Los americanos le llaman catch 22. Se denomina una trampa 22 a aquella situación en la que una persona se ve afectada por una regla en la que cualquier alternativa que elija le acaba perjudicando. El término (catch 22) procede de la novela de Joseph Heller del mismo título, publicada en 1961, en la que se narra la historia de un piloto estadounidense en la Segunda Guerra Mundial, que trata de evitar entrar en combate haciéndose pasar por loco. Paradójicamente, el artículo 22 del reglamento establece que nadie en su sano juicio querría pilotar un bombardero en semejantes circunstancias, de modo que su alegación demuestra en realidad que está cuerdo y que debe seguir pilotando. De acuerdo con esta regla, todo piloto que quiera volar demuestra que no está en sus cabales y debe ser relevado, pero para ello debe enviar una solicitud de revisión. En el momento en que lo hace, la trampa se cierra sobre sí misma y el aviador pasa a ser considerado como cuerdo, puesto que ningún loco presentaría una queja. En definitiva, no hay elección posible ni manera de salir del sistema.

Rony: Este tipo de trampas lógicas son más frecuentes de lo que pensamos en la vida real, especialmente en lo referente a trámites burocráticos. En *Straight Dope* citan el ejemplo de un ciudadano australiano que se muda a vivir a EE. UU. y quiere asegurar su coche. Para ello, la aseguradora le pide que demuestre que es asegurable, lo que implica que debe haber estado asegurado anteriormente en EE. UU., de modo que, al final, no le conceden el seguro porque no tiene un seguro. Un caso parecido se ha dado alguna vez con los inmigrantes, a los que se solicita un permiso de trabajo para trabajar y un trabajo para obtener el permiso de trabajo.

Dan: Es como le pasa a la gente que empieza a buscar trabajo, que le piden experiencia de trabajo y no la tiene, y para tener experiencia necesitan el trabajo. Pues sí, en definitiva, me siento en Catch 22. Por un lado, siento que no le puedo decir ni exigir nada por miedo a que se vaya, así que no mejora la eficiencia de la operación, me siento atrapado y sin control, frustrado de la situación.

Rony: ¿Y quién crees que creó esa situación?

Dan: Pues Víctor.

Rony: Estás incorrecto. Lo creaste tú. Fuiste tú quien le otorgó el poder a Víctor. Pero todo está en tu mente, eres tú quien se debe sentir en control. Debes controlar ese miedo que tienes a que se vaya. Estás definiendo una relación tóxica, la cual solo se alimenta de miedos y suposiciones.

Dan: Tienes razón, nunca lo había visto así. Es mi miedo el que me tiene prisionero, pero mi miedo es real.

Rony: En inglés la palabra para 'miedo' es "fear", la cual es un acrónimo de False Evidence Appear Real, es decir, que es una falsa evidencia que aparentemente es real. Hay muchas cosas a las que tememos que no son reales, son solo suposiciones de nuestra mente. Vivir con miedo activa una zona del cerebro que se llama amígdala, la cual controla las emociones, esta no ha evolucionado mucho en nuestra transición como humanos, de cierta forma sigue operando como cuando éramos cavernícolas, que debíamos mantenernos alertas ante el ataque de un animal salvaje y debíamos reaccionar de manera inmediata ya sea paralizándonos, corriendo o combatiendo, que son las 3 reacciones principales ante el miedo. Hoy en día la gran mayoría de nosotros ya no convivimos con animales salvajes, vivimos en un entorno pacífico, sin embargo, la amígdala sigue operando de manera similar. Eso lo sabe la gente de marketing y especialmente los noticieros que venden a través del miedo. Es tan irracional e innato el miedo, que nos provoca tomar decisiones irracionales.

Dan: Es por ello que ya no veo noticias, solo me genera ansiedad.

Rony: Regresando a la situación de Víctor. ¿Cuánta gente hay en el mercado que podría hacer las cosas mejor y hasta más baratas que Víctor?

Dan: Supongo que muchos.

Rony: Si tuvieras candidatos o reemplazos que pudieran tomar la responsabilidad de Víctor, ¿te sentirías con ese miedo o atrapado?

Dan: Para nada, si supiera que hay gente disponible que entre de manera inmediata, no me sentiría amenazado, es más, a la primera amenaza de renuncia lo pondría en su lugar y en caso de que se vaya, traigo un reemplazo.

Rony: Es ahí de donde proviene parte de tu miedo, como no cuentas con una banca virtual de candidatos para la empresa, estás a expensas de la gente que tienes.

Dan: ¿Qué es una Banca Virtual?

Rony: La Banca Virtual es un grupo de talento que has cultivado con el tiempo y que puedes aprovechar cuando lo necesites, según las necesidades de la organización.

Rony: La Banca se cultiva y desarrolla cuando no la necesitas con urgencia. Es estar alerta cuando encuentras personas excelentes que podrían agregar valor y que pueden potencialmente ocupar una posición en la empresa. Ya sea que activamente estés buscando siempre tener gente en la banca o simplemente que la conoces a través de eventos, expos, reuniones e incluso cuando vas a Starbucks, siempre estás en contacto con gente y alguna puede ser candidata.

Dan: De cierta forma es como en el futbol soccer, que un equipo de Primera División tiene jugadores en la banca del mismo nivel que los que juegan en la cancha, en dado caso de que se requiera que entren al campo de juego. ¿Y cómo hago eso?

Rony: Es una práctica y un hábito a la vez. Siempre debes estar pendiente de quien puede ser candidato. De la misma forma que das seguimiento a prospectos para venderles en un sistema pipeline con un CRM como Zoho, puedes tener una lista de posibles candidatos que conoces según las posiciones. Conforme sabes de ellos, te mantienes en contacto y los reclutas suavemente desarrollando una relación creíble. A medida que se construye la relación, descubres más sobre ellos, compartes los planes de crecimiento de tu empresa y cómo podrían encajar. Debes asegurar la continuidad de tu negocio con la menor cantidad de ansiedad posible. Esta herramienta es muy útil.

Dan: Sin embargo, hoy no tengo a nadie en la banca virtual para reemplazar a Víctor ni a ninguno de mi equipo.

Rony: Pues es momento de empezar a buscar talento que pueda subsistir a cualquier miembro de tu equipo, incluyéndote a ti.

Dan: ¿A mí? Si yo no me quiero ir de la empresa.

Rony: Me queda claro que no te quieres ir, pero, en caso de alguna eventualidad tuya, la empresa está en muy alto riesgo, como lo vimos en el hecho de que no te puedes ausentar. En pensamiento fatalista, nadie está exento de sufrir algún accidente. Y, por el lado optimista, está la opción de que te surjan nuevas y mejores oportunidades de negocios que requieran tu atención.

Dan: Es cierto, no puedo dejar desprotegida a mi familia. He invertido muchos años en formar este patrimonio, el cual puede cuidar de mi familia en caso de que yo no esté.

Rony: Ahora, viéndolo de un lado más optimista, el hecho de que tú tengas candidatos que te puedan reemplazar es una oportunidad de liberarte de las funciones en las cuales no eres tan bueno, pues hay gente en el mercado que puede hacer lo que tú haces de manera más eficiente y más económica, lo que te da la posibilidad de realizar las actividades que en verdad disfrutas, y así agregas más valor.

Dan: De cierta forma es lo que hice con administración, tarea que no tolero, que me distrae de lo que es importante, me aburre y, además, no sé mucho del tema. Me encantaría poderme dedicar al desarrollo de nuevos productos y hacer grandes negocios. Honestamente, hoy no puedo dedicar tiempo a esas dos actividades, porque estoy sumergido en la operación diaria resolviendo emergencias, temas legales y administrativos. Los miembros del equipo directivo me han venido quitando carga y responsabilidad, pero aún no me siento listo para que alguien de ellos tome mi lugar.

Rony: Desde mi perspectiva, no veo que ninguno de ellos esté listo o estará listo para ser tu reemplazo en este momento. Tienes la opción de desarrollar a alguno de ellos para reemplazarte o traer una persona de fuera. La idea es que la empresa cada vez crezca más y llegue al punto de que no la sepas manejar por el tamaño que tiene y que puedas pasar a tomar un rol de accionista, en ese momento habrás logrado subir al siguiente nivel y mantener el crecimiento de la empresa.

Dan: ¿Es común que el fundador deje de ser el CEO y siga trabajando en un área como desarrollo de negocios reportándole al nuevo CEO?

Rony: Solo aquellos fundadores que logran dominar su ego logran ese resultado. Aseguran la continuidad de su negocio, se dedican a lo que son buenos y les gusta, y pasan a un rol de accionistas. Si no dan ese paso, es imposible que la empresa pase a una segunda generación.

Dan: No sé si mi negocio estará en manos de mis hijos, faltan muchos años para eso, pero, en definitiva, me ayudaría ir tomando pasos y acciones para que la empresa esté más sólida y asegurar la continuidad.

Rony: En cualquiera de los casos, pérdida de empleados, bancarrota de proveedores, restricciones de ley, cambios de sistemas, etc., debes hacer un plan de trabajo, junto con tu equipo, sobre cómo deberían reaccionar. Es mucho más fácil actuar bajo un protocolo ya establecido en un momento de emergencia que cuando estás en la emergencia y quieres inventar los pasos a seguir. Es por ello que, en la industria aeronáutica, cada vez que se suben los pasajeros, sin importar cuántos vuelos tengan, siempre repiten las medidas de seguridad y frente al asiento están los pasos a seguir de manera sencilla de lo que se debe hacer. En la cabina de pilotos, existe una carpeta QRH, en la cual se especifican los pasos a seguir en caso de un siniestro, es una carpeta muy completa. En una escena de la película *Sully*, basada en el incidente del río Hudson, protagonizada por Tom Hanks, el comandante de la aeronave le dice a su copiloto que acaban de perder los dos motores y que mire el QRH. Esto es algo que no se explica en la película y la mayoría de las personas desconoce. El QRH, en inglés, Quick Reference Handbook, es un manual de referencia rápida o una lista de verificación y procedimientos de los posibles problemas técnicos, situaciones anormales y de emergencia a bordo de la aeronave. No es el manual de vuelo ni el manual de operaciones del avión, el QRH trata todos estos procedimientos antes mencionados en un formato fácil de usar.

Dan: Es como una guía de casos de emergencia.

Rony: Sí, también de casos anormales, alertas y fallas. Los pilotos no solo tienen el libro en la cabina, sino que también deben entrenar múltiples veces en simulador diferentes escenarios en los cuales se ven en la necesidad de utilizar el QRH. Es un trabajo que se hace anticipadamente para que, al momento de estar en una emergencia, solo deban seguir los pasos en vez de tener que reaccionar ante la situación que, por la ansiedad y la adrenalina, es más difícil.

Dan: En la primaria en la que estudié se hacía un simulacro de evacuación por mes, en el cual, al sonar la alarma, nos formábamos en la puerta, minutos después llegaba un chico de preparatoria a escoltarnos. Practicábamos seguido con el fin de hacer cada vez menos tiempo. Cuando yo estuve en la preparatoria y yo estaba encargado de un salón de primaria, debía estar preparado y conocer los diferentes protocolos en caso de incendio, en caso de amenaza de bomba, temblor y otros. Recuerdo que había una carpeta con los diferentes escenarios, en la cual venían pasos a seguir y debíamos memorizar, pero yo nunca hice alguna de las carpetas.

Rony: Reúne a un equipo de trabajo de diferentes áreas y niveles de la empresa, para que hagan el ejercicio de Business Contuinity Plan , en el cual deben hacer lluvia de ideas de posibles escenarios fatalistas; eso sí, sin caer en locuras como invasión de aliens o caída de un meteorito, escenarios que sean realistas y puedan suceder. Después deben seleccionar aquellas más realistas, nivel de impacto y riesgo para la empresa; eso te dará la pauta para decidir por cuál de ellas empezar. Por cada situación de riesgo, debes crear un plan de respuesta o de recuperación detallado con pasos, responsables, datos de contactos. Una vez que tengas listo esto debes ponerlo a prueba simulando los planes que hicieron, para que vean si pudieron ser exitosos en contener el siniestro y que entonces puedan refinar el análisis y los pasos a seguir. Todo esto lo pondrán en una carpeta, a la cual cada uno de los directores de la empresa debe tener acceso para que reaccionen ante alguna crisis. De manera resumida los pasos son: identifica y ordena las amenazas, análisis del impacto en la empresa; crea un plan de respuesta y recuperación; prueba el plan y refina el análisis.

Dan: Supongo que el Pentágono y los ejércitos alrededor del mundo son especialistas haciendo este tipo de ejercicios, para saber reaccionar.

Rony: Así es, ellos son de los equipos que más se preparan de manera anticipada ante siniestros. Si ellos lo hacen y lo practican continuamente, no veo por qué las empresas no deban hacer lo mismo. Miles de empresas en México en septiembre de 2017 sufrieron innumerables daños físicos, de salud y financieros por no estar preparadas ante un temblor de alto impacto ni saber qué acciones debieron implementar de manera automática; entonces, ante la crisis inmediata, las decisiones eran emocionales y, en muchas ocasiones, poco eficientes. En mi caso, recién comenzaba a trabajar con un cliente que su negocio es call center y se vio afectado por el temblor. Me reuní con el equipo directivo para que tomara decisiones de emergencia, pero no podía acceder a su edificio ni servidores. De haber tenido listo su BCP, seguramente hubiera tenido un protocolo de acción ante un temblor. En México son frecuentes estos fenómenos y ya en 1985 la ciudad había sido devastada. Si se hubiera tenido la experiencia en cuenta, la reacción del equipo hubiera sido proactiva, controlada y sistemática, pero fue reactiva, caótica e impredecible.

Dan: En definitiva quiero una empresa que sea proactiva, controlada y sistemática. Es mejor pasar un poco de tiempo pensando y mucho tiempo actuando. Como diría Thomas Alva Edison, "1% inspiración y 99% transpiración". Me haré tiempo para hacer el ejercicio con el equipo y contar con la carpeta de BCP, por lo menos haremos los casos básicos.

Rony: Para este proceso puedes incluir a la gente de tu Mastermind y tu junta de consejo, para que te ayuden a tener una visión más completa y tener un plan más completo. Muchos de tus colegas del Mastermind ya tienen su plan y ya tuvieron que pasar por las decisiones incómodas de hacer un ejercicio como este.

Conclusiones

● Asegurar la continuidad de tu empresa es más que un deseo, es hacer planes y tomar acción orientada a que tu negocio esté lo más preparado y blindado ante eventualidades.

CONCLUSIONES

> ● "Somos productos de nuestro pasado, pero no tenemos que ser prisioneros de él".
>
> Rick Warren
>
> ● "Es solo después de haber salido de su zona de confort que comienza a cambiar, crecer y transformarse".
>
> Roy T. Bennett

El crecimiento de la empresa no es un juego de azar, es un proceso, hay una metodología detrás del mismo. De esa forma, cualquier dueño de un negocio en rápido crecimiento puede implementar las diferentes herramientas descritas en este libro para poner orden y retomar el crecimiento de su empresa.

Es momento de que el CEO/fundador no se encuentre a la merced de las necesidades de la empresa ni se sienta atrapado en un círculo vicioso que él mismo fue creando a través del tiempo, que lo hace sentir que todo depende de él, solo, atrapado y frustrado. Al contrario, los negocios deberían ser algo que el CEO disfrute, controle y de lo que saque provecho.

Empezamos este libro hablando de cómo el crecimiento de la empresa genera complejidad y una toma de decisiones que, con el paso del tiempo, hace cada vez más difícil la operación diaria y ni se diga acerca de un plan de crecimiento. Así pues, se debe entender la etapa en la que se encuentra la empresa y aplicar las herramientas necesarias.

En el recorrido que se vivió en la historia de Dan, el CEO de Plastypack, de cambio y desarrollo organizacional, se implementó una serie de herramientas que son utilizadas en empresas medianas de rápido crecimiento alrededor del mundo. No hay una fórmula exacta del orden en el cual se deben implementar, ya que cada empresa tiene necesidades distintas según el momento que están viviendo; sin embargo, todas las herramientas expuestas son de utilidad y deben ser aplicadas con el fin de retomar el control de la empresa por lo que, muy probablemente, el orden presentado de implementación de las herramientas es el más óptimo.

Aunque esta historia fue basada en una empresa de productos, los principios aplican también a empresas de servicios, ya que, en esencia, presentan las mismas problemáticas en el proceso de desarrollo y crecimiento organizacional.

Típicamente, este proceso puede durar entre 12 a 18 meses. No hay necesidad de ajustar todos los cambios de un solo golpe, aplicar una por una de las herramientas, evaluar los resultados y hacer los ajustes correspondientes. Hay empresas que pueden implementar más herramientas en menos tiempo, pero no es una carrera de 100 metros planos, es un maratón, para el cual hay que tener paciencia, resistencia y persistencia.

En nuestra página https://adaptable.com.mx/contenidos-eventos/herramientas/ y http://www.colanomuevaalperro.com/ pueden encontrar herramientas, formatos, agendas de reuniones y más, los cuales pueden bajar sin costo, para que comiencen a implementar los cambios necesarios.

Acompañamos a Dan, el CEO de Plastypack, en su recorrido de cambio y desarrollo organizacional, donde comenzamos identificando su GPS organizacional comprendiendo su situación actual, su punto A, con la mayor claridad posible para entender la realidad de la empresa, así como algunas de las causas raíces de su complejidad actual.

Después establecimos una visión, la segunda parte del GPS, el punto B, ese destino final al cual quiere llegar el empresario con la mayor claridad posible, con el fin de enfocar sus esfuerzos hacia ese destino.

Posteriormente, identificamos el lenguaje particular que la empresa vive, con el fin de desarrollar su "diccionario organizacional", para minimizar las confusiones y retrabajos.

Conocimos las diferentes etapas de las organizaciones, así como las problemáticas y hábitos tóxicos más comunes que existen según el momento que estén viviendo que, primordialmente, dependen de la cantidad de gente y el volumen de facturación que se tenga.

Después incorporamos al proceso al equipo directivo, el cual será un apoyo directo para el CEO no solo en la implementación de las herramientas, sino en el manejo adecuado de las tareas del día a día, lo que libera el potencial del CEO, así como de cada uno de los departamentos y hace más ágil la toma de decisiones.

También integramos a más gente en la problemática, que se hace dueña de las soluciones, las cuales usualmente son muy creativas, ya que es esa gente la que vive los problemas diarios. Generamos la estructura adecuada basada en las necesidades y la realidad de la empresa.

Exploramos las diferentes formas de tomar decisiones, las cuales deben ser compartidas en las reuniones para tener expectativas claras y decisiones oportunas. Más adelante, creamos los diferentes tableros de indicadores y KPI's, que reflejan la realidad de la empresa de una manera visual, con el fin de dejar de trabajar bajo supuestos y urgencias, de suerte que se cambie el enfoque hacia proactividad, a lo que realmente es importante y crítico.

Una vez que se puede medir el desempeño, individual, grupal y organizacional, se comienza a generar una cultura de accountability o de rendimiento de cuentas, donde la palabra de la gente comienza a tomar un mayor peso, ya que se empieza a pensar "cumple lo que prometes y si no cumples, pues deja de prometer", lo que eleva la confiabilidad de los pronósticos y los resultados.

Después exploramos las juntas de trabajo como una herramienta a ser utilizada de manera correcta que permita mantener la sincronización de los miembros y generar el progreso adecuado hacia el objetivo deseado.

Continuamos con la definición del core business, que permite identificar las soluciones principales las cuales la empresa puede generar para sus clientes y, a su vez, eliminar aquellas distracciones de su razón de ser principal, lo que le permite ser más selectiva y efectiva.

Una vez teniendo esa claridad, logramos la postura de poder comprender a mayor profundidad los diferentes productos que tiene la empresa y apostar a aquellos que realmente contribuyen al éxito de esta, con la ayuda del principio de Pareto (80/20) y la matriz de productos ABC retomando el control de ser extraordinarios en un pequeño grupo de productos en vez de ser mediocres en muchos.

A razón de ese análisis, se puede comprender quiénes son los clientes a los cuales realmente se les puede brindar un servicio extraordinario; se identifica entonces el Top 10 de los clientes en los cuales la empresa enfocará sus acciones para satisfacer las necesidades de este selecto grupo.

Comprendimos el ciclo de vida de los empleados en la organización, desde la atracción hasta la separación, y mencionamos una serie de estrategias que permiten mejorar la reputación de la empresa como empleador, lo que hará el trabajo de Recursos Humanos más sencillo. Así mismo, vimos la categorización de los empleados en función de la Matriz de Talento, donde evaluamos de manera conjunta su actitud vs. su aptitud.

Con la evaluación de los proveedores, que son esos socios comerciales de la empresa, avanzamos e identificamos cuáles son los que apoyarán con el crecimiento de la empresa y las acciones que hay que tomar para asegurar una operación efectiva.

De ahí se exploraron algunos de los elementos de ambiente que promueven cambios adecuados de la empresa, como es el orden y la limpieza, un grupo de Mastermind, apoyo de coaches y consultores externos.

Todos estos puntos se consolidan con el punto final de la continuidad del negocio, con el fin de asegurar que la empresa siga ante las diferentes eventualidades que se pueden presentar incluyendo la muerte del CEO; de esa forma, se blinda lo más posible el patrimonio formado con tanto esfuerzo.

Ahora que has terminado el libro y comprendido algunas de las diferentes herramientas que utilizamos, es momento de comenzar a ponerlas en práctica.

Al principio será un poco complicado, sin embargo, con el tiempo verás cómo las piezas del rompecabezas se empiezan a acomodar y la imagen se empieza a revelar.

No se trata de que implementes todas las herramientas de una sola vez, sino de que vayas introduciendo una por una y vayas midiendo el progreso de la organización, que veas cómo puedes retomar el control de la empresa.

REFERENCIAS

Sitios web

http://www.npscalculator.com/en

https://hbr.org/2009/05/why-teams-dont-work

https://www.statista.com/statistics/795813/hours-of-training-per-employee-by-company-size-us/)

https://www.youtube.com/watch?v=KkAlRZ8F4LI

Bibliografía

Adizes, I. (1988). *Corporate lifecycles: how and why corporations grow and die and what to do about it.* Englewood Cliffs, N. J.: Prentice Hall.

Bloom, R. H. y Conti, D. (2008). *The inside advantage: the strategy that unlocks the hidden growth in your business.* New York: McGraw-Hill.

Bossidy, L., Charan, R. y Burck, Ch. (2002). *Execution: the discipline of getting things done.* New York: Crown Business.

Bustin, G. (2014). *Accountability: the key to driving a high-performance culture.* New York: McGraw-Hill Education.

Collins, J. C. y Hansen, M. T. (2011). *Great by choice: uncertainty, chaos, and luc : why some thrive despite them all.* New York, NY: HarperCollins Publishers.

Collins, J. C. y Porras, J. (1995). *Built to last: successful habits of visionary companies.* London: Century Business.

Collins, J. C. y Hansen, M. T. (2011). *Great by choice: uncertainty, chaos, and luck: why some thrive despite them all.* New York, NY: HarperCollins Publishers.

Coyle, D. (2018). *The culture code: the secrets of highly successful groups.* New York: Bantam Books.

Crabtree, G. y Harzog, B. (2011). *Simple numbers, straight talk, big profits!: 4 keys to unlock your business potential.* Austin, Tex: Greenleaf Book Group Press.

De Boer, L., Labro, E. y Morlacchi, P. A (2001). Review of methods supporting supplier selection. *European Journal of Purchasing and Supply Management.*

Dickson, G. (1966). An analysis of vendor selection systems and decisions. *Journal of Purchasing & Supply Management.*

Drucker, P. F. (1993). *Managing for results: economic tasks and risk-taking decisions.* New York: Harper Business.

Goffin, K. y Lemke, F. (2006). An exploratory study of "close" supplier–manufacturer relationships. *Journal of Operations Management.*

Goldratt, E. M. y Cox, J. (2004). *The goal: a process of ongoing improvement.* Aldershot: Gower.

Hamel, G. y Prahalad, C. K. (1994). *Competing for the future.* Boston, Mass: Harvard Business School Press.

Harnish, Verne. Dominando los hábitos de Rockefeller: qué debe hacer para acrecentar el valor de su empresa de rápido crecimiento. Ashburn, Virginia.

Harnish, V. (2014). *Scaling up: cómo es que Algunas Compañías lo Logran... y Por qué las Demás No.* Ashburn, Virginia: Gazelles Inc.

Herold, C. (2011). *DOUBLE DOUBLE: How to Double Your Revenue and Profit in 3 Years or Less.* Austin, Texas: GREENLEAF Book Group Press.

Hoffman, J. y Finkel, D. (2014). *Scale: seven proven principles to grow your business and get your life back.* New York: Portfolio Hardcover.

Huang, S. and Keskar, H. (2007). Comprehensive and configurable metrics for supplier selection. *International Journal of Production Economics.*

Ismail, S. *et al.* (2014). *Exponential organizations: why new organizations are ten times better, faster, and cheaper than yours (and what to do about it).* New York, New York: Diversion Books.

Kim, W C. y Mauborgne, R. (2005). *Blue ocean strategy: how to create uncontested market space and make the competition irrelevant.* Boston, Mass: Harvard Business School Press.

LeBlanc, L. A., Nosik, M. R. Planning and Leading Effective Meetings. *Behav. Analysis Practice* 12, 696-708 (2019). https://doi.org/10.1007/s40617-019-00330-z

Lencioni, P. (2003). *Las cinco disfunciones de un equipo: un inteligente modelo para formar un equipo cohesionado y eficaz.* Barcelona: Ediciones Urano.

Logan, D., King, J. y Wright, H. (2011). *Tribal leadership: leveraging natural groups to build a thriving organization.* New York: Harper Business.

Michalowicz, M. (2012). *The pumpkin plan: a simple strategy to grow a remarkable business in any field.* New York: Portfolio/Penguin.

Moran, R. A. (2011). *Sins and CEOs: lessons from leaders and losers that will change your career.* New York: Heliotrope Books.

Osterwalder, A. *et al.* (2014). *Value proposition design: how to create products and services customers want.* Hoboken: John Wiley & Sons.

Praes, J. (2005). *Esquezofrenia: manual para una nueva vida.* México: Jacobo Neuman Praes.

Priestley, D. (2017). *24 assets: create a digital, scalable, valuable and fun business that will thrive in a fast changing world.* Gorleston Great Britain: Dent. Books.

Reichheld, F. F. y Markey, R. (2011). *The ultimate question 2.0: how net promoter companies thrive in a customer-driven world.* Boston, Mass: Harvard Business Press.

Tilson, B. R. (2018). *Go slow to grow fast: how to keep your company driving and thriving in a fast-paced, competitive business world.* Charleston, South Carolina: ForbesBooks.

Voss, C. y Raz, T. (2017). *Never split the difference: negotiating as if your life depended on it.* London: Rh Business Books.

Wickman, G. (2011). *Traction: get a grip on your business*. Dallas, TX: BenBella Books.

Shirkani, J. (2013). *Ego vs. EQ: how top leaders beat 8 ego traps with emotional intelligence*. Brookline, MA: Bibliomotion, Inc.

Zook, C. y Allen, J. (2016). *The founder's mentality: how to overcome the predictable crises of growth*. Boston, Massachusetts: Harvard Business Review Press.

Made in the USA
Middletown, DE
07 November 2021

51819837R00139